城市建设与
政治关怀

国家视野下的民国市政思想

高路 著

中国社会科学出版社

图书在版编目（CIP）数据

城市建设与政治关怀：国家视野下的民国市政思想／高路著.
—北京：中国社会科学出版社，2024.4
ISBN 978-7-5227-3355-5

Ⅰ.①城⋯ Ⅱ.①高⋯ Ⅲ.①城市管理—研究—中国—民国
Ⅳ.①F299.296

中国国家版本馆 CIP 数据核字（2024）第 066083 号

出 版 人	赵剑英
责任编辑	吴丽平
责任校对	周　昊
责任印制	李寡寡

出　　版	中国社会科学出版社
社　　址	北京鼓楼西大街甲 158 号
邮　　编	100720
网　　址	http://www.csspw.cn
发 行 部	010-84083685
门 市 部	010-84029450
经　　销	新华书店及其他书店
印　　刷	北京明恒达印务有限公司
装　　订	廊坊市广阳区广增装订厂
版　　次	2024 年 4 月第 1 版
印　　次	2024 年 4 月第 1 次印刷
开　　本	710×1000　1/16
印　　张	21
插　　页	2
字　　数	295 千字
定　　价	118.00 元

凡购买中国社会科学出版社图书，如有质量问题请与本社营销中心联系调换
电话：010-84083683
版权所有　侵权必究

目 录

导　言　　　　　　　　　　　　　　　　　　　　　　　001

第一章　市政与国家：民族情怀下城市意识的觉醒　　003
　第一节　为建国大业服务的市政认识　　　　　　　　004
　第二节　市政观背后的文化危机意识　　　　　　　　020
　第三节　"中国人"的城市　　　　　　　　　　　　030
　余　论　　　　　　　　　　　　　　　　　　　　　047

第二章　"独""统"并立：城市的自治和统制　　　　050
　第一节　从"城乡合一"到"城乡分治"　　　　　　050
　第二节　"城市自治"的诉求　　　　　　　　　　　064
　第三节　走向"统制"的自治　　　　　　　　　　　070
　第四节　"反资本主义"市政　　　　　　　　　　　093
　第五节　难如人意的"统制"　　　　　　　　　　　105
　余　论　　　　　　　　　　　　　　　　　　　　　110

第三章　特殊的统制："专家治市"　　　　　　　　115
　第一节　学者对官僚治市的批判　　　　　　　　　　115
　第二节　"专家治市"的呼声　　　　　　　　　　　121
　第三节　"专家治市"的经济与历史动因探析　　　　132
　第四节　城市官僚主义的顽固　　　　　　　　　　　146
　余　论　　　　　　　　　　　　　　　　　　　　　158

第四章　城以载道：政治化的城市生活建构　164
第一节　城市生活背后的政治关照　165
第二节　城市"政治化"的历史缘由分析　189
第三节　"政治化"与"世俗化"的共同扭曲　195
余　论　216

第五章　"中西"和"新旧"：市政民族化与现代化的矛盾　218
第一节　"吾国之固有传统"　218
第二节　市政规划里的新旧之争：以老建筑为例　227
第三节　"本土化"和"西洋化"　239
第四节　民国文化产业思想——以老北京为例　253
余　论　261

第六章　"乡村城市化"：城市改造乡村与国家再造　264
第一节　城市整合农村的方案　264
第二节　现实里的民国城乡关系再思考　273
余　论　284

第七章　"逆城市化"浪潮：民族危机催动的文明重构　286
第一节　"城市乡村化"　287
第二节　国防与工业视野下的"小城市"计划　294
第三节　"城市疏散"　301
余　论　316

参考文献　319

导　言

著名历史学家蒋廷黻在1938年出版的《中国近代史》一书中说过一段广为人知的话：

> 近百年的中华民族根本只有一个问题，那就是：中国人能近代化吗？能赶上西洋人吗？能利用科学和机械吗？能废除我们家族和家乡观念而组织一个近代的民族国家吗？能的话我们民族的前途是光明的；不能的话，我们这个民族是没有前途的。[1]

鲜为人知的是，还是在20世纪30年代，在蒋廷黻之前，有人已经说过意思相近的话，但是他给出了一个实现"近代化"或"现代化"的明确途径：

> 中国目下的问题，概括的从根本处着眼，当然是如何"现代化"的问题。这似乎是没有人可以否认的吧。要分析研究这个问题，自然我们可以分出：（一）中国现代化的先决条件；（二）中国现代化应采取的方式。……其实在今日之中国，"现代化"的方式之问题已无甚若何重要性，主要的当头之问题，是"现代化"从哪里做起。……在我们有一种武断的看法，认为要中国"现代化"的首要工作是"城市建设"。[2]

---

[1] 蒋廷黻：《中国近代史·总论》，上海古籍出版社2006年版，第2页。
[2] 姜春华：《城市建设中的几个建议》，《市政评论》第2卷第10期，1934年，第10页。

"城市建设"主要是指市政建设,这被市政学家认为是中国"现代化"的首要事情。有人在这之后更加明确提出:"中国需要现代化,就必须先有现代化的市政工程建设。"① 这些观点的提出,表明"城市建设"在中国现代化运动中的地位越来越受到世人的关注。中国市政学主要在民国时期兴起,时人关于探讨各种市政理论的自觉性也在民国时期基本形成,这种现象也是近代中国"城市化"运动发展的一个结果。市政学作为研究市政现象,市政过程内在、本质、必然的联系,有广义市政和狭义市政之分。狭义的市政从属于行政管理学的研究范围,特指城市的行政管理事务,如城市规划、基础设施建设等。而广义的市政则从属于政治学的研究范围,既包括城市的性质、地位、编制,又包括城市的职权、结构和作用。本书的研究对象是广义的市政,是将"市政"看作"城市的政治",这个"政治"又主要着眼于城市与国家发展之间的种种关系。英国剑桥大学社会人类学教授厄内斯特·盖尔纳认为,民族国家的兴起具有与现代化不言自明的关系,它被理解为现代性的本质内容。② 如果说,中国现代化运动其实就是"现代中国的构建",即蒋廷黻所说的如何从一个传统的宗法国家转型为一个现代的民族国家,那么在民国市政界,"市政建设"正是实现中国现代化、建立现代民族国家的一种途径,构建"都市中国"也是构建"现代中国"的一个重要内容。在此种视野下,近代中国市政思想的发展一直与"民族国家的建构"这一历史任务发生着深刻的联系。

---

① 倪世槐:《中国市政工程之建设》,《市政评论》第6卷第6期,1941年,第7页。
② 转引自[美]卡尔·瑞贝尔《世界大舞台——十九、二十世纪之交中国的民族主义》,高瑾译,生活·读书·新知三联书店2008年版,第24页。

第一章
市政与国家：民族情怀下城市意识的觉醒

　　自西欧中世纪和文艺复兴运动以来，城市在社会发展中的地位越来越重要，城市在欧洲成为人们对抗专制王权、反对封建贵族的阵地，后来又成为资产阶级革命和工业革命发生的舞台。从欧洲城市兴起和发展的经验来看，城市长期具有高度自治权，这种特点，形成了欧洲很多城市都是相对于国家的独立存在，并对国家权力形成有效制约的局面。与欧洲历史有所不同的是，中国虽是一个有着数千年历史的农业大国，80%以上的人口生活在乡村，可长期以来，"乡村"似乎倒是相对于国家来说有点"自治"色彩的王化不到之地，尽管这种"自治"的真实性质和程度在今天多有学者质疑，如"皇权是否下县"的讨论，但主要的"城市"比"乡村"离王朝政治权力更近则是无疑的。因为即使是"乡土中国"，王朝的政治统治中心和最发达的文教、贸易中心仍然在城市，不是在乡村。自晚清以来，城市的"政治性"也表现得远比乡村浓厚。这主要体现在国人的"民族主义"意识发轫于城市，"国家"意识最为鲜明、救国意识最为强烈的也恰是一批城市精英。严复翻译的西方社会科学、林琴南翻译的西方文学、康梁领导的维新变法，全是以城市为活动舞台。20世纪初的思想启蒙运动和革命运动主要集中于北京、上海、广州等大城市，如新文化运动、五四运动、革命党人发动的多次武装起义直到辛亥革命、第一次国内革命战争，等等。众多出身农村的近代精英人物也多是到了城市或受到城市风气影响以后才成为具有改革救亡觉悟的有识之士，从而展开了他们在近代历史舞台上的风云传奇。

民国有市政学者总结过这种现象的原因：

> 乡区的人民，实在所处的地位太鄙塞，耳目既不周，所受的刺激，也决没有在城市中一般重大，于是，他们大部分似乎很甘于退后，没有城市人民一般兴奋。中国历来受外国的欺侮，各大埠像上海、广州、天津等处，总有各人民团体热烈的表示，虽流血亦所不却；乡区就没有如此热烈，而且从事于这般运动的人民，为数更是不在多数。①

是以，"在本世纪10至20年代，20世纪的'国家'危机的观念并没有被大部分农民所接受。所谓的国家危机，只被中国城市精英所承认。……民族主义的建构，变成是一种以城市为基础，以外国人为反抗对象的运动"。② 在同时期的西方人看来本应作为地方自治运动阵地的城市，在中国却是"民族国家建构"的大本营。直到中国共产党将革命活动深入到农村以前，城市一直是各种改良、革命和爱国救亡运动的中心。在这样一种以城市为基础的民族主义运动背景下，直接以城市作为研究和改造对象的知识精英群体会更直接受到这种运动的较大影响。当时的市政学者和市政改革家们正是这些怀抱民族主义理念的城市精英中的一部分，他们所从事的市政研究和城市规划，直接是从属于"构建民族国家"大业的一个组成部分。

第一节　为建国大业服务的市政认识

一般认为，中国自古以来"重乡治而轻市政"，因为农业中国的基础是广大乡村的小农经济，"乡治"才关系着国家的经济税

---

① 上海法学社编辑：《市政学纲要》，广益书局1928年版，第24—25页。
② 王国斌：《转变的中国——历史变迁与欧洲经验的局限》，江苏人民出版社2008年版，第153页。

收和政治稳定。在重农的传统下，许多人都将城市视为商贾趋利之地，不屑谈论市政。进入20世纪，随着中国工商业水平的发展，人口已经越来越集中到城市，各种矛盾应运而生，纷繁复杂，市政建设方才引起更多人的关注。不过此前市政在中国历史上倒也不是一片空白，若要追溯渊源，远可至民国一些学者所宣称的"周礼"，近可至清代以来的以汉口为代表的部分城市的市民自治传统，特别是和晚清以来的城市慈善事业、福利机构的发展具有很多承续关系，而那些善堂善会的领导人在筹办这些慈善事业之时，已经表现出"一种超越小社区的民族关怀和国家意识"[1]。并且，在有的城市市民运动中，还表现出了一种追求民族主义与自治权益的统一，比如在晚清时期的上海租界华人维权运动。当时，上海租界当局在执行检疫、防疫过程中长期存在简单、粗暴的做派，1910年上海租界因在甘肃路、阿拉百司脱路、北山西路等地发现鼠疫，遂组成检疫队伍，对甘肃路及临近街区封闭，将患者及其家人强制隔离，并且准备将检疫、防疫范围向华界闸北毗邻地段延伸。华界官员提出抗议，不少民众也举起捍卫国家主权的大旗予以抗争，"卫生重欤？主权重欤？"后来在华人精英的斡旋下，外国市政当局让步，同意了华人自主检疫。[2] 诚然，这场运动表面上举的是"爱国主义"旗帜，实际上却具有租界华人向外国市政当局争取自治权利的性质，如有研究者所指出"似更多受到争取个人权利的自由主义精神之鼓舞，而非来自抵御异族侵略的单一民族主义理念之动员"[3]。但是，这却说明，对于那些城市精

---

[1] 梁元生：《晚清上海：一个城市的历史记忆》，广西师范大学出版社2010年版，第225页。

[2] 根据胡成《合作中的反抗：华人社群与外人市政当局——以1910年上海鼠疫流行期间的检疫和防疫为中心》，载中国社会科学院近代史研究所民国史研究室、四川师范大学历史文化学院编《1910年代的中国》，社会科学文献出版社2007年版。

[3] 胡成：《合作中的反抗：华人社群与外人市政当局——以1910年上海鼠疫流行期间的检疫和防疫为中心》，载中国社会科学院近代史研究所民国史研究室、四川师范大学历史文化学院编《1910年代的中国》，社会科学文献出版社2007年版，第458页。

英而言，在近代即使要实现自治、自由这些诉求，也往往需要通过弘扬国家主义、民族主义的形式来实现，民族主义和自由主义在近代中国常常并非截然对立的二事。时人看来，要追求自由，须先有国家的自由；要实现自治，须先有民族的自治。是以首先须构建一个独立、强大的国家，方有个体之独立、自由，也方有城市之自由、自治。构建国家既然与独立自治不是绝对对立的二事，与城市发展自然也不必定是对立存在。

而且，宣扬爱国主义，也并非都是一种策略。追求现代化的市政建设，在当时确实带有真实的甚至还有更加宏大的民族情怀，民国时期的许多执政者和市政学家在中西市政的强烈对比之下，都在文字里透露出打造先进市政以促进国家进步的决心。1914年，袁世凯时期的北洋政府通告里较早明确表达了对巴黎市政的崇尚和学习西方先进城市创办中国市政的决心。著名市政学家白敦庸在他所著的《市政举要》自序中描述了自己转变学业专攻市政科学的心理动机："民国八年，敦庸负笈美国，见彼邦城市之治理，迥异中土，市民熙熙攘攘，共享太平，心慕而乐之。回忆当时北京市政草创之种种建设，似亦不无可观。以为事在人为，彼能者我亦何独不能？遂变更出国前之志趣，弃工厂管理之学而攻市政管理。"[①]"彼能者我亦何独不能"表达了当时大多数市政研究者的共同心态，甚至是很多近代中国科学家的共同想法。还有一个具有强烈民族主义情怀的重要市政学家不得不提，那就是梁思成。梁思成的民族主义倾向在市政学家里是极具代表性的，其情怀又主要体现在他的建筑思想里。有研究者认为，某种意义上来讲，梁思成在中国建筑学术方面的成就，是其父梁启超所未尽的"民族复兴"大业的延续，坚强的民族复兴之信念一直是他们的根本支柱。梁再冰在回忆其父亲的文中这样说道："可能是由于生长在国外，而当时我们的国家又处于巨大忧患之中的缘故，在祖父的思想影响

---

① 白敦庸：《市政举要》，大东书局1931年版，第20页。

下，父亲自幼就有一种深刻的民族危机感，对自己的祖国怀有一种海外赤子的爱国热忱，这种爱国心贯穿于他的一生。"①

而且，民国还有不少市政学者和市政官员有过革命活动经历或者参加过政治斗争，比如担任京沪杭甬铁路管理局局长的黄巽，参加过辛亥革命；当过南京市和广州市市长的刘纪文加入过同盟会，留学过日本和英国。孙中山羊城蒙难之时，他曾救护孙的警卫。1931年宁粤分裂之时，刘纪文又属于孙科那一派，联手反对过蒋介石。1931年任南京市市长的马超俊是明治大学研究政治经济出身，也是同盟会员，参加过镇南关、黄花岗等起义，在武昌起义中亲率敢死队苦守汉阳兵工厂，并为黎元洪劝说炮轰武昌的萨镇冰归义，保全了武昌城。之后又追随孙中山进行了反袁护国运动、讨伐陈炯明之役等斗争，在1927年国民政府统治建立后又经常卷入政治斗争，参加"西山会议派"、促成宁粤合流，等等。这些经历促成了这些学者、官员极其强烈的国家政治意识，直接影响了他们后来在城市里的市政规划或建设的导向。黄巽从事市政后便自然而然地将他在革命活动中形成的强烈民族主义情怀投射到了市政建设和土木工程建设活动中，平日里经常以为民族、国家服务自任，并以此教导周围；刘纪文等人在市政建设里也总是不忘强调市政要为国家大政服务；后来许多城市里的一些规划也都体现出强烈企图追赶欧美大都市的民族自尊心。

自民国建立以来，内忧外患，纷扰不断，国家几乎未有片刻安宁，是以许多城市执政者和有识者提出要停止破坏、重视"建设"的主张，《中国建设》也如是宣传自己的目标："鼓吹建设之思潮，发明建设之原理，冀广传吾党建设之主义，成为国民之常识。使人人知建设为今日之需要，使人人知建设为易行之事功，鼓其勇而作其气，坚其志而定其识，由是万众一心以赴之，而建

---

① 根据赵辰《"民族主义"与"古典主义"——梁思成建筑理论体系的矛盾性与悲剧性之分析》，载张复合主编《中国近代建筑研究与保护》第2册《2000年中国近代建筑史国际研讨会论文集》，清华大学出版社2001年版，第78页。

设一世界最富强最快乐之国家,为民所有,为民所治,为民所享。"南京国民政府成立以后,自认为已经完成了全国统一,当前要将重心放在"建设"了。所以国民政府自成立伊始就组建了建设委员会,从中央到地方设了建设厅,县里还有建设局,这些都是北洋时代所没有的机构,国民政府要借此向社会标示自己比北洋政府更有"建设"之自觉。有一些城市执政者的言论就反映了这种想法:"民国肇建以来,外侮纷乘,内乱迭起,直至今日,始睹统一之象……然只有破坏而无建设,则其危险匪可言喻。十八年来国人日日破坏,无所不用其极,而建设则渺乎莫睹,此有识者之所深忧也。孙中山先生著建国方略、建国大纲,当其在日日讨国人而申儆之诏,以破坏之不可恃,建设之不可缓,其立意深而用心苦矣。"① 而建设厅的职掌范围包括"铁路也、公路也、河海水利工程也、汽车电业之管理也,皆属焉"②。这些正是市政建设里的重要内容,因此市政建设自是"建设"中的重要一环。市政学在中国的正式兴起,主要就是在20世纪二三十年代,特别是国民政府统治中国之后。

孙中山的"建设"理论成为当时建设工作的一个重要理论依据。孙中山强调过,建设有寻常之建设与非常之建设两种,寻常之建设就是"随社会趋势之自然,因势利导而为之"。而革命之建设,即"非常之建设也,亦速成之建设也"。其特征是"革命之破坏与革命之建设必相辅而行,犹人之两足鸟之双翼也"。他认为,中国当时的建设必须为"革命之建设"。许多关心建设的人在国民革命刚结束时也据此认为中国当前的建设必须是非常的、速成的建设,要能迅速使人耳目一新,否则人们将会对国民革命失望。"这种建设必须于最短时间内完成,因为如果不图迅速,那

---

① 孙其昌:《吉林省建设厅公报发刊词》,《吉林省建设厅公报》第1期,1929年,第1页。
② 孙其昌:《吉林省建设厅公报发刊词》,《吉林省建设厅公报》第1期,1929年,第1页。

就在革命破坏之后,疮痍满目的景象随着时间的迁延而无法补救,将使紧张着的革命情绪渐次消失而无余,形成了积重难返的形势。特别是民众们的耳目不能一新,由失望而灰心,而怀疑革命。其结果将影响于全部国民革命的失败,而中国的局面又陷于军阀割据、官僚纵横、祸乱相寻、江河日下……而目前的阶段中,那就不能不用最迅速的手段来解决建设的问题,以维持革命的情绪、坚定革命的信念、保障革命的胜利了。"[1]市政建设的理念也不能不受这种建设理念之影响,刘纪文就认为,市政是国民政府之下的一种新政治组织,是革命的产物,比什么都重要。[2]南京市政府张贴的标语里就有"实施最革命的市政治"一条,市政府的邵鸿猷认为,"革命"不仅是破坏,还包括建设,"应该尽量建设,务必要造成一个最完善的新都市"。[3]"革命的、速成的市政建设"和亟欲打造追赶欧美的大都市文明心态恰成交相呼应之势。

在国民政府时期,许多外国市政理论进入中国,也出现了大量的市政学著作。而市政学兴起之时,又正是"联省自治""联邦主义""地方自治"这些思潮在国内趋于式微之际,市政界人士几乎无人再主张联邦制,都更多地强调城市作为国家下属单位和为国家大政服务的性质。如行政学专家薛伯康提出:"我们设立城市政府的最主要原因,是要建设地方事业,巩固国家的基础。"[4]并且有些市政专家和官员如前述马超俊、刘纪文等人,本来就参与过反对"联省自治"和陈炯明的斗争,因此民国市政思潮具有鲜明的为建立统一国家服务的旨趣。

民间市政研究也同样表现出此种倾向。市政研究团体里最有影响的一个是在抗战前由邱致中、凌均吉、谢乐康、张又新等人筹办的中国市政研究会,其中有很多人是成都市政府人员。该会

---

[1] 何凯诒:《革命建设的认识》,《江苏旬刊》第9期,1928年,第2—3页。
[2] 刘纪文:《市政与教育》,《南京特别市市政公报补编》,1928年,第11页。
[3] 邵鸿猷:《实施最革命的市政治》,《首都市政公报》第23期,1928年,第2页。
[4] 薛伯康:《对于中国市政的观感》,《市政评论》第5卷第6期,1937年,第5页。

在抗战期间曾一度改为"中国市政建设协会",抗战后又改回原名。其办有《市政研究》刊物,章程里明确说道"以研究市政学术协助国家全面市政建设为宗旨"①,这表明了它首先是一个辅助国家的团体。另一个著名团体——市政问题研究会,于1933年在北平②建立,办有《市政评论》杂志。总编殷体扬承认自己创刊时,"当时编者服务市府"③,表明了他与政府的关系。他的文字里常有强烈的民族、国家情怀,矢志不渝地呼唤以市政建立强大统一国家。在临近抗战结束前,又有一个"中国市政协会"成立,集合了400多位政府人员和有留学经历的市政专家,其中40名市政专家中又有36人是中国市政研究会成员,其协会研究宗旨就是为"抗战建国"大计服务。在当时的历史大势下,民国市政学者在倡导发展城市的同时,始终不忘强调发展城市对于促进国家富强的必要性,并且将实现国家统一、促进国家强大看作是发展城市的最终目的。在城市与国家的关系上,当时的市政界并不简单地认为城市地位就应高于国家、独立性越强现代化程度就越高,而是对城市与国家的关系做了许多探讨,民国市政从一开始就没有自外于国家的大政。

有学者从理论上论证城市与国家不可分割的关系,将欧美国家强盛归因为城市的发达,"为什么英法美等国家能够在世界上称雄呢?因为他们城市发达,国家富强"。④ "泰西各国,于市政之修倍切于宫阙苑囿,凡所施设,亦以国家全力,自都会而及乡村,无不秩序井然。入其境者,雍容肃穆,乐而忘返焉。盖非欲以此示财富民阜,眩外人之目;繁文缛节,导人民以侈。而市政一修,

---

① 《中国市政研究会章程》,《市政建设》第1卷第1期,1948年,第47页。
② 1928年,北京改称"北平";日本占领期间,又改称"北京";抗战胜利后,改回"北平"。直到1949年后至今,仍然称为"北京"。本书"北平""北京"的用法,一般情况遵照上述分期,无明确分期时,使用"北京"。
③ 殷体扬:《城市革新运动——祝主席寿辰偶感》,《市政评论》第8卷第9期,1946年,第1页。
④ 薛伯康:《对于中国市政的观感》,《市政评论》第5卷第6期,1937年,第5页。

财富民阜，实寓于无形，强国之基，是特其大者尔。"① 而且，这是欧洲历史长期的经验，刘纪文认为："罗马帝国之所以强大，在乎它国境内所包含的通都大邑多；欧洲中世纪黑暗时代的文化之所以崩坏，在乎城市人民的衰落。"②

也有人分析了，城市之所以能够促进国家强大，乃在城市能够凝聚百姓，塑造国民。因为，人民强大，国家才能强大，可人民的力量如何强大起来呢？"人民愈团结得拢，发生的力量也就愈大。"人民怎样能够团结起来呢？"第一要人民与人民多接近的机会。城市，就是人民与人民最能接近最能发生关系的地方；所以，一个国家的城市发达，国家的力量也随以俱大。"③ 也因此，城市的人民也最容易诞生国家、国民意识，"城市人民脑神经的被刺激力，特别灵敏于乡区人士。这因为城市中一切设备，完善而周到，关于一切消息，自然特别灵通，绝不像乡区一般的麻木。城市中多一般领导者的提倡，大部分能够明瞭国家和自身的关系，而爱护国家。它们在种种方面，都肯以国家为自己的国家，不致漫不关心。"④ 特别是大城市，"大城市是足以团结人民的力量，城市愈发达，国家的力量，自然也随以俱大。也可说城市里愈发达，人民和国家愈接近"⑤。因此，城市越大越好、积极发展大城市的观念，背后有着这样一种构建新国民的逻辑链在推动。

国民具有一种"共同体意识"，这是建立现代民族国家不可缺少的要素。可传统中国"公共性"淡薄，文化上信奉家族血缘，小团体思想盛行。其重要原因在于分散的小农经济占据了主导地位，国家的统治重心在少数城市。在这种格局下，国家只能主要

---

① 《顾在埏序》，载陆丹林编《市政全书》第1编，中华全国道路建设协会1931年版，第4页。
② 刘纪文：《市政与教育》，《南京特别市市政公报补编》，1928年，第11页。
③ 上海法学社编辑：《市政学纲要》，广益书局1928年版，第23—24页。
④ 上海法学社编辑：《市政学纲要》，广益书局1928年版，第24页。
⑤ 上海法学社编辑：《市政学纲要》，广益书局1928年版，第25页。

依靠宗法伦理来维系如此庞大的国土、庞大的人口，特别是无数小农的形式统一。所以中国几千年来一直是靠文化伦理维持的表面统一，底层却处于缺乏稳固组织维系的涣散状态。民国也有人认为中国无所谓国家，只有"天下"，"由集团方面说，是天下，由个体方面说，却只有家族。所谓中国者就是若干家族以家族形式结合的大团体。……原来乡村的基础就建筑在家族上面"。① 所以，传统中国一直是一个宗法社会，宗法社会里人们公益心淡薄，家族意识浓厚，这非常不利于现代国家观念的形成。人们常说的国人各种性格缺点：自私、苟安、敷衍、忍耐力太强，等等，都是这种社会的产物，有市政人士认识到："我国人民的生活，生长养育老死，一向以家庭为生活本位，缺乏团体生活的机会，因此养成狭窄、贪鄙、自私、妒忌、掠夺或自守、宿命等种种恶习性，影响到整个社会与国家。"② 近代要建立"公共性"的国家，前提是超越宗法血缘的狭隘界限，打破封闭的小农经济模式，形成广泛交往的市民生活，从而造就一个有机的社会组织。城市生活则可以使人们走出狭隘的乡居家庭生活，在广阔的都市交往中，人们头脑中的那些封闭的血缘、地缘、职业的宗法观念得以步步松动，现代社会的团体生活方式得以产生，集体和公共意识得以建立，继而公民、国民意识也就有条件产生出来。在市政界看来，市政建设就是培养这种意识的最直接手段。"今后我国市政建设的展望，必然的一致要求是：'环境集团化'，也就是生活集团化，使市政建设不论在物质或精神建设方面，必须配合创造出集团生活的新环境，陶熔默移，培养出民族新生的力量。"③ 著名市政学

---

① 薰宇：《中国的国家秩序与社会秩序》，载范祥善《现代社会问题评论集》，《民国丛书》第5编第20册，上海书店1996年版，第3页。

② 王克：《我国市政建设必具的条件》，《市政评论》第6卷第2期，1941年，第6页。

③ 王克：《我国市政建设必具的条件》，《市政评论》第6卷第2期，1941年，第6页。

家董修甲提出国民的主体是市民，市民只能在都市熏陶而成，"国家合市乡而成，国家的国民，皆散布于乡间，都市人口，日趋集中，是以都市的市民，要多国家最重要的国民。……要有良好的国民，非从市乡找去不可，而且尤以都市方面找良好国民，更为重要。"① 还有一位著名市政学家杨哲明则认为都市是协调政府与社会之间关系的中介，都市发达，才可使政府社会打成一片，形成更为巩固的国家。他明确说道：

> 都市是立于国家与社会之间的，担负了极大的使命，以图国家与社会的调节。时代日趋文明，自由的竞争亦愈烈，这是势所必然的。国家虽有防止剧烈竞争的流弊与谋社会平均发达的任务。但都市的人民，如能使其参与公共之事务，则其共同生活的利害，必因之而渐渐的为一般社会所了解。人民之公共精神，亦因此而养成；国家社会利益之调节，都市实有一部分很大的力量。②

还有人是从国家的利益出发论证市政的重要性，表明市政和国家是互相促进的。有人介绍了美国专家对于如何爱国的观点："真正爱国不只是说一个人到了救国的时候肯把他最大的牺牲拿出来就算完了，而且说这个人应当常常对于虽不显著却很重要的责任肯牺牲他的光阴和才能才是。他所应办的是维持公共秩序，保护私人财产，更要驱除藏匿在卑陋民居中、不洁食物中，及一切伤害市民的恶浊市政中的危险，以保存他那同胞的生命。"③ 董修甲说："都市的市民，同时也就是国家的国民，都市事业建设起来，也就是国家事业建设起来。所以有了良好的市民，与良好的

---

① 董修甲：《市民与市政》，《市政月刊》第6期，1931年，第5—6页。
② 杨哲明：《都市的经纬》，《市政期刊》创刊号，1930年，第3页。
③ 臧启芳：《市政和促进市政之方法》，载陆丹林编《市政全书》第1编《论著》，中华全国道路建设协会1931年版，第31页。

市政，中华民国的基础方可稳固。救国的市民，何不团结起来研究如何可以做良好市民的道理与促进良好市政的方法？因为救国之道，莫过于此。"① 他们所提的这些想法，和蒋廷黻所提出的"废除我们家族和家乡观念而组织一个近代的民族国家"任务如出一辙。并且这些想法和官方的某些政策宣传也十分吻合，当时发起"新生活运动"时，官方号召南昌要迅速形成一种新风气、一个新南昌，如此风动全国，那时，无论是要废除一切不平等条约，还是要报仇雪恨复兴民族，都不是什么难事。这就是企图借助市政激发国民的民族意识和国民意识以达到实现国政和党治的目的。在宁夏这等西北重镇，当地官员还宣称其建设负有带动甘肃、青海乃至内蒙古河套等地的建设活动，从而"振起三边观听，开拓五族心胸"②，以达到凝聚当地民族关系的意义。

当然，市政人士们也明白，要发展市政来形成市民的公共意识、国家观念，并非单靠说教宣传可以奏效，还必须让物质建设得到进步，"城市既发达，市民财富必增加，国家财富亦必随之增加。于是教育普及，文化昌明，及交通便利，实业发达，而国家民族亦由之兴盛矣"。③ 由于现代社会是以工商业文明为根基，都市比传统乡镇更有利于促进工商业的发展，"其发扬文化，发展工商，更非县镇所能望其肩背"，④ 有市政学家认识到建设都市的根本目的就是为推动产业发展创造条件，市政管理就和企业管理一样，是为产业进步服务的，如杨哲明所言，"在西洋，产业发达的结果是产生都市；在中国，为要启发产业，实有应先建设都市以促进产业的必要"。⑤ 白敦庸声称自己"弃工厂管理之学而攻市政管理"，

---

① 董修甲：《市民与市政》，《市政月刊》第6期，1931年，第7页。
② 魏鸿发：《发刊词》，《中国建设·宁夏省建设专号》第6卷第5期，1932年11月。
③ 刘永耀：《城市发达之趋势及建设武汉财政问题》，《汉市市政公报》第1卷第1期，1929年，第17页。
④ 《如何达到都市计划成功的路》，《广州市市政公报》第161期，1925年。
⑤ 杨哲明：《现代市政通论·序言》，民智书局1929年版。

也是认为打造出一个创造产业的都市空间比直接从事实业更重要。

即使在"九一八"事变后、国难日趋迫近的情势下,许多人仍然不忘提醒市政对于救国的重要性。杭州市市长赵志游在一次演说中宣称:"在这国难时间,我们来谈市的计划,未免言之过于迂阔,不过据兄弟见解,除军队尽御侮的救国责任外,各界只要尽责也就是救国,我们看看外国都会的市政发达,是什么一个景象。我们固然不能拿外国有历史的市政,来和中国幼稚的市政来作比较,但是物质文明的进化,全靠自强不息,方能达到最高的境域,因为社会进化,不单是精神上或制度上的改良所能达到目的,必须物质上有了改良方能成功,我们日常生活均在物质环境之中,物质不改良,社会哪能进步?"① 殷体扬说:"做一个中国十五万人口的城市的人民,还不及外国一万人口城市市民的幸福,有疾病没有完善的公立医院可以治疗,贫寒子弟没有免费的公立学校可以求学。这样的人民,自然愚弱无能,一切的政治,就因此不见进步。所以目前谈救国,谈复兴国家,对于市政的企图,是不容忽视,并且亟待促进、努力经营。"② 他认为并不是只有获得设市资格的城市人民才能去谈论市政,所有城市都应普遍推进市政建设。

这时也有人主要是从国家形象的层面意识到市政的重要性。"国家之有市政,犹人身之有仪饰也。觇人国者每睹其市政之良窳,而政治之美恶,国运之隆替,胥于是焉判之。其关系之重且大如此,顾可以忽之哉?我国以数千年之文化旧邦,屹立东方,世人近瞩远瞻,靡或不加之意,而环视境内,关于市政需要之设施,容有未备。"③ 一些城市官方宣称市政乃"观瞻所系,尤为国

---

① 赵志游:《杭州市政之现状及其发展之趋向》,《市政月刊》第11期,1931年,第4页。

② 殷体扬:《我国市行政问题与县市政计划》,《行政问题》第1卷第3期,1936年,第561页。

③ 《王正廷序》,载陆丹林编《市政全书》,中华全国道路建设协会1931年版,第5页。

体所关"。① 如汉口"本市璇南北枢纽，华洋杂处，睹市面之状况，系中外之观瞻，区区行路之秩序尚不能守，遑其他？是一举足之间，足引外人之非笑，贻国家之污点"。② 首都建设对于国家的意义尤为规划者和官员们所强调，"首都所在，设置必求完备，建筑必求壮丽，方足以称中央之体制，标民治之宏模，监全国之信仰，起国际之重视，断不可补苴罅漏，搪塞市政"。③ 国家形象当然重要，城市确是国家的门面。但是，这种想法在实践中很容易发展为将市政建设只当作一种面子工程展开，而忽视城市文明的真正内涵。

在市政界看来，国家政治是否良善，也由市政决定。南京特别市成立时的市政府官员声称："中国政治，素来腐败，要由市政不良促成……世界各文明都市，公务之暇，有各种娱乐，中国则否，因之政治日益腐败。"④ 这种观念表现着一批上层人士力图以城市取代乡村为中国文明之中心，变"乡土中国"为"都市中国"。尽管这些官员的讲话可能只是一种政治宣传，可能言不由衷，但宣传话语的演变往往也能反映出社会潮流和人们观念的变化。当然，发展市政也有当局和规划者借此消弭无产阶级革命和人民民主运动的企图。董修甲认为自民国肇基以来，战乱和革命交相呼应，都是因为国家未能给大多数人提供稳定的生计，而这又是由于市政不兴，"中华民国之不稳定，皆由于人民生计维艰，人民生计维艰，皆由于良市政，未能出现"。⑤ 显然，市政建设属于近代中国的一种改良主义的尝试。

另外，关心市政的人不仅认为国家强盛必须依靠城市的发展，

---

① 《呈省长请令行财政厅按月在税契项下划拨二万元以为修路之用由》，《广州市市政公报》第182期，1925年，第25页。

② 《整理道路交通》，《新汉口市政公报》第1卷第6期，1929年，第197页。

③ 《呈国民政府为市政经费支绌请予国库补助由》，《南京特别市市政公报补编》1928年，第44页。

④ 《市政府及各局成立记》，《南京特别市市政公报补编》，1928年，第3页。

⑤ 董修甲：《市民与市政》，《市民月刊》第6期，1931年，第7页。

也力图从理论上论证国家对于城市进步的重要性。曾留学美国的著名市政学家张慰慈研究了西欧城市史后认为西欧在中世纪的城市并不独立,所以想极力冲破种种束缚,正逢当时国王与贵族矛盾尖锐,于是,"城市就与国王联络起来,互相帮忙。之后贵族失败,城市固然得了他们的自由,不过同时国王的权力也随之增加了许多。在中世纪末,欧洲的民族国家渐渐发现了,城市从前得到的自由权,又失去了,渐渐变成国家行政区域之一种"。[1] 他的阐释意在说明欧洲中世纪城市与王权结盟方才摆脱贵族控制获得了更大自由,以及城市充当了构建民族国家,甚至强化王权的工具这一过程,这个解读和几十年后布罗代尔、布雷纳等人对于中世纪城市的解读颇有相似之处。他通过对于欧洲城市历史的解读,来阐发他本人对于当时中国城市所亟应承担的构建民族国家使命的理想。言外之意,城市发展与巩固中央政权,并非对立的二事,双方当互相结合,共建统一中国。

国家的强盛文明深深与城市市政的发展互相渗透,确实不独中国如此,也不仅中世纪的欧洲如此。放眼寰球,至工业革命以后,国家的强盛与否常常是直接通过该国城市文明发展程度来得到反映。第一次世界大战期间,英国盖德斯教授指出表面看来是几个大国在打仗,其实只是"巴黎、柏林、伦敦、圣彼得堡、维也纳等在那里出奇制胜"。还说:"不怪我们武力敌不过德国,原来是我们的文事——城市方面——比较起来是太落后了。"[2] 所以,在当时的欧美发达国家,城市的发展程度也是和国家的强盛与否联系在一起,城市又通过国家的盛衰展现自己的发展水平,处于呀呀学语阶段的民国市政界就更是将城市与国家命运关联到了一起。在这种"市政"与"国政"直接挂钩的思路下,国民政府统治时期兴起了"以城建国"的口号。蒋小秋说道:

---

[1] 张慰慈:《美国城市自治的约章制度》,《新青年》第7卷第2号,1920年,第27页。

[2] 朱皆平:《新城市运动》,《时事月报》第8卷第3期,1933年,第213页。

都市地方，因为是群众萃处，容易从这共同生活上利害相调点，加以适切的训练，建国上的政治运动，极能普遍的。因其为商工业繁盛的地点，从劳动阶级聚集的关系上，建国上社会运动，也容易宣传的。……但凡一切行政上、事业上，给予民众参预的机会，非常之多，阅历和熟练的效率，自然是宏大，民众能力充分，还要他们实际来担负市政咧。所以市政的目的，就可以说，完全是民有、民治、民享，市政上的百端建设，自然是和三民主义，完全是相系属的。所以只要是一个都市里把整个的崭新的市政，实际上开发了。那么，但凡关于这都市的政治、教育、社会、风俗、经济、道德、生计，等等，确实地表现了充分的福利，便是国民党党义上所希望的。全民醒觉、全民组织、群众运动、文化建设、社会革新，一概能先由都市方面涵育而养成，一国的群众从此自可以上了新轨道，实现了新生命。"救国""建国"上一切期待，在基础上严格的解释，确要从都市来作出发点。①

抗战期间，为了适应抗战建国的理想，政府和市政界也宣扬建设新的都市来创办工业、发展商业、吸纳人员、孕育文化，若四川地区被视为民族复兴之阵地，重庆、成都等城市的建设就被赋予了此种使命。"城市既肩负了现在的抗战任务，我们再衡量未来的世界大局，中国未来的政治、国家、民族、产业、文化等之推动和发展，加在都市的范畴中，确异常的重大。因此，不是为了现在而建设成都市，不是为了要过豪华的生活、逸豫的享受而建设成都市，而是为了未来的民族生存，未来的历史使命，而建设成都市。"② 与当时政府宣扬的"抗战建国"的大政方针相呼应，市政界似乎也看到了"抗战建城"的重要性。敌机的轰炸虽

---

① 蒋小秋：《在三民主义下的市政问题》，载陆丹林编《市政全书》第 1 编《论著》，中华全国道路建设协会 1931 年版，第 59 页。

② 陈离：《成都市》发刊词，《成都市》第 1 期，1945 年，第 1 页。

然给城市人民的生命和财产带来了不可估量的损失，但于不少市政学家和规划者而言，也消灭了许多市政工程建设进程中的障碍和困难，这似乎是一个千载难逢的机会。"战争消灭了不少都市建设的障碍，战争带来了许多更新的、更强烈的市政建设的要求。目前是都市规划与改造的千载一时的良机。"① 因此，抗战期间内政部也督促各省市注意都市计划的推行，命令各重要城市首先整理道路系统。有市政学者对内政部能够"注意市政建设与建国伟业的重要性"②，表示十分赞赏。

抗战结束后，经历了日寇战火巨创的国人，此时比任何一个时期都更加渴望拥有一个强大的国家，此种需求渗透市政界，遂有"建国必先建市""改造社会必先改造都市"等口号响彻云天。官方文件里直言："市一方面应为国家军事、政治、经济、文化之重点，发挥其建设领导作用，俾其对于建国大业有充分之贡献。"③ 有人宣扬"建国应以城市为起点"，建国事业需要民主政治的进步、工商业的发展、教育的改善，等等，这些工作的推动，"最好是以城市为起点"。他认为："近代政治上的民主政体，主要固是发展于城市，近代经济上的主要建设，也往往以城市为起点。中国今日的工业发达的地方，也是在城市里。商业的发展，要以城市为起点，固不待说，就是农村的建设，而尤其是在我国的现状之下，照我个人看起来，也应以城市为起点。"鉴于以邹平为代表的乡村建设运动成效甚微，他否定了"建国当以农村为起点"的主张，认为这些运动之所以未取得太大成绩，就是由于他们"不以都市为起点"。④ 其实，以乡村为起点的"乡村建设运动"固然成效甚微，以都市为起点的城市运动、市政改革运动也并未达到市政界的理想要求。不过，以都市为起点的市政改革尝

---

① 《对都市计划的三二贡献》，《市政评论》第 6 卷第 6 期，1941 年，第 2 页。
② 《对都市计划的三二贡献》，《市政评论》第 6 卷第 6 期，1941 年，第 2 页。
③ 《市自治通则草案》，《市政评论》第 9 卷第 12 期，1947 年，第 27 页。
④ 公厉：《建国应以城市为起点》，《市民月刊》第 6 期，1948 年，第 6 页。

试,与以乡村为起点的乡村建设运动,恰成近代中国在城市与乡村两个场域为构建民族国家所进行的改良主义探索。

"以城建国""建国必先建市"等口号的提出,表明中国市政学者在积极进行市政科学的探索时,其深层意识里是希望将市政建设当成一种复兴中国的渠道,推动他们研究市政科学的动力是爱国主义与民族主义的政治使命感。他们希望借由市政建设构建起一个个合乎民族利益的城市,以这些城市推动中国进入现代工商业社会,借此建立起一个统一、强大、文明的现代民族国家。

第二节 市政观背后的文化危机意识

国人在近代之所以充满屈辱感和危机意识,不仅因其在器物层次上败给了西洋,更是由于在文化上也惊觉自己诸事落后。民国时期这么多人将市政建设与国家民族的危亡联系起来,不仅只是因为艳羡西方都市的物质文明,还实有一种深刻的文化危机意识埋藏其下。有学者通过译著西方学者的市政著作来强调:"城市者,生命与工作之中心,凡一怠惰民族、一腐化社会,与一废弛街市,终为其他有精神之民族所克服也。"[①] 刘郁樱阐述道:"欧洲的文化,是孕育于人口稠密的市区里,再由市区而播传到各地,这已为一般学者所公认。古代希腊和罗马人民的生活,纯粹是一种城市的生活,他们的宗教文学艺术,以及平民政治,高深哲理,都是城市的产物,在他们城市中表现出来。虽然那时市政的组织,还在幼稚时期中,但我们可以证明城市是占着文化史上重要的位置,而一切政治的动力,城市实为其重心。所以近来更有人说,近代的文明,是都市的文明,都市就是近代文明的表现者,我们

---

① 卢毓骏译著:《明日之城市及其计划(二)》,《道路月刊》第37卷第2期,1932年,第8页。

要看那国文明程度如何,只须看它的都市就可下断语了。"① 有一位学者蒋建策目睹了南京国民政府成立后对南京马路的改善,感叹"市政与社会国家关系之重大",特别是看见了上海租界内外的两重天地后,"研究市政之动机,油然而生"。然而国内市政书籍寥寥无几,为了唤起国人对市政的重视,他不仅自己钻研市政,还在中国公学江南学院等校教授市政,后将自己多年的讲义整理成《市政与新中国》一书。② 董修甲评价他深信"市政建设,为振兴中国文化之唯一方法"③。这些事例可见当时许多人注意于市政背后的强烈文化关怀。陈立夫也比较关心市政,曾说:"国家之治衰,系于文化之荣瘁者至巨,而市政设施,则为一国文化之具体的表现。"④ 吴铁城任上海市市长期间呼吁:"上海中心区之能否发展,并非单纯一市之问题,实乃我整个中华民族能否创造文化,能否自立、生存,能否革除其因循依赖偷安享乐之劣性之试验。"⑤ 这些话语表达着中国市政界的这样一层意思:城市文化先进与否,已经关系着全球民族之间的优胜劣汰。

有人还发现,不仅欧美国家如此,就连原本是中国学生的亚洲小国——日本,其富强的秘密似乎也在于此,董修甲指出:"有都市,则一国文化,概皆发达;无都市,则文化必无进步。欧洲文化先进之英德法意各国,及美洲文化先进之美国与加拿大,皆各有重要大都市甚多。日本自明治维新以后,除于政治军事改进外,对于都市之建设,亦有显著之成绩。是以日本之文化,亦能蒸蒸日上也。"⑥ 他在20年代末就明确提出:"城市为文化之母,

---

① 刘郁樱:《谈市政管理》,《道路月刊》第32卷第1期,1929年,《论著》第4页。
② 根据蒋建策《自序》,载蒋建策《市政与新中国》,正中书局1940年版,第10页。
③ 董修甲:《董序》,载蒋建策《市政与新中国》,正中书局1940年版,第6页。
④ 陈立夫:《陈序》,载傅荣恩《江浙市政考察记》,时事月报社1931年版。
⑤ 吴铁城:《上海市中心区建设之起点与意义》,载周世勋编《上海市大观》,文华美术图书公司1933年版,第17页。
⑥ 董修甲:《董序》,载蒋建策《市政与新中国》,正中书局1940年版,第1页。

文化为城市之花，凡一国缺乏城市建设能力者，其文化必不能十分发达，无文化之国家，不能生存于二十世纪之竞争时代也。"[1] 他曾痛切指陈中国市政落后导致其在世界上地位的落后："查我国各省城市之不合卫生，乡间之诸不方便，竟使我国成为欧洲中世纪之野蛮国家，又何怪外人之轻视我乎？"[2]

视城市文化为民族文化存亡之钥的想法非自民国始，实早已表现于晚清人之文字中。自晚清开始，一些留洋的人就感受到了外国城市建设方面带给他们的文化震撼。1867年，王韬游历欧洲，在他的文章里表达了对西方先进的市政设施的艳羡之情："街中或铺木柱，以便车毂往来，无辚辚隆隆之喧。每日清晨，有水车洒扫沙尘，纤垢不留，杂污务尽。地中亦设长渠，以消污水。……晚游阛阓，几如不夜之天，长明之国。……市中必留隙地，以助相隔，约宽百亩，辟为园囿，围以回栏，环植树木。"[3] 出使欧洲四国的薛福成感叹："马赛铁路，处处通行，遥望之几如蜘蛛网……（巴黎）闳整巨丽，称于欧洲。教堂、技艺馆、博物馆、藏书阁无不美备。而服用之精，器具之巧，为他国所效法。"[4] 康有为游历香港，途经上海后感慨："览西人宫室之瑰丽，道路之整洁，巡捕之严密，乃始知西人治国有法度，不得以古旧之夷狄视之。"[5] 西方城市或租界以其清洁整齐的街道、宏伟壮丽的建筑、先进的排水系统、优雅的园林，尤其是科学的城市规划，深深吸引了以王韬为代表的一批先进知识分子。而康有为所说的对西方人"不得以古旧之夷狄视之"的话，更是表达了近代一批首先开眼看世界的士大夫们心中的一种优劣等差的颠覆感。

---

[1] 董修甲：《市政问题讨论大纲》，青年协会书报部1929年版，第1页。
[2] 董修甲：《田园新市与我国市政》，载陆丹林编《市政全书》第1编《论著》，中华全国道路建设协会1931年版，第196页。
[3] 王韬：《漫游随录》，陈尚凡、任光亮校点，岳麓书社1985年版，第83页。
[4] 薛福成：《出使四国日记》，湖南人民出版社1981年版，第39页。
[5] 翦伯赞等著，中国史学会编辑：《戊戌变法》，上海人民出版社1957年版，第115页。

中国历史上对于文化优劣等差一般是通过"华夷""文野"之别的话语来表现的,康有为所直接表达的当然也是这种意义上的文化差别,但这种差别在他发言时又和城市文明的繁荣与否挂上了关联。这似乎是一个新的现象,其实也不尽然,"城市"与"乡村"的对立在人类意识结构里存在的时间十分悠久,历史上一直存在着一种以城乡之别来作为文明野蛮之区分标准的思维结构和话语,并且是东西方的共同特点。从西方语源学的角度来说,"都市的"在英文叫 Urban,这个词又是从拉丁文 Urbs 与 Urbis 转化而来,意思是有礼貌的、文雅的;"乡村的"在英文叫 Rural,这个词是从拉丁文 Rus 与 Ruris 转化而来,意思为粗陋的、无知的。不难看出,在西方人的历史文化心理里面,"城市"就代表着高等的文明,"乡村"代表着低等的未开化文明。从工业革命以后,资本主义更是有意不断产生着这种差别,因为资本主义正是一种通过不断制造不平等来促进自己发展的生产方式。在这种生产方式下,世界被塑造成为极不平等的两部分:"一种与机器生产中心相适应的新的国际分工产生了,它使地球的一部分转变为主要从事农业的生产地区,以服务于另一部分主要从事工业的生产地区。"[①] 在这种体系下,发达资本主义国家充当着"工业"角色,落后国家处于"农业"地位。用城市史的眼光看去,也可说世界被划分为了"都市"与"乡村"两个世界。马克思在《共产党宣言》里曾如是描述:

> 正像它使乡村从属于城市一样,它使未开化和半开化的国家从属于文明的国家,使农民的民族从属于资产阶级的民族,使东方从属于西方。[②]

[①] 马克思:《资本论》,《马克思恩格斯全集》第 44 卷,人民出版社 2001 年版,第 519—520 页。

[②] 马克思:《共产党宣言》,《马克思恩格斯文集》第 2 卷,人民出版社 2009 年版,第 36 页。

在这段话里，"乡村"和未开化与半开化的国家、农民的民族及东方是一个系列；"城市"和文明的、先进的国家、资产阶级的民族及西方是一个系列。工业资本主义在阶级上将社会划分为资产阶级与无产阶级两大阵营的同时，又从空间上将全球划分成为这样两个部分：现代、工业、都市的西方与前现代、农业、乡村的东方。由是，自工业革命以来，在主流语境里，城乡之别就更加具有了文明与野蛮、先进与落后之别的性质。

在"乡土中国"，国人心理也长期存在一种将"城/乡"与"都/野"挂钩的价值观念。"城"原本是指国都，《古今注》曰："盛也，盛受国都也。"国都是政权中心，政权中心以外的地区为"野"。"野"这个字，在《说文解字》里是"郊外"的意思，清代段玉裁注："距国百里曰郊""邑外谓之郊，郊外谓之野"。《周礼·秋官》注：地距王城二百里以外至三百里曰野，"野"原本就是和"国都"相对的区域，于此可见中国的城野之别很早就和政治地位的等差结构联系在了一起。被统治的老百姓就分布在国都之外的"野"，又被称为"野人"。段玉裁注："质胜文则野""野如野人，言鄙略也"，"生活在郊野的人"在古代话语里一开始就带有歧视的意思。同时，被统治者更多时候还被称为"民"，但"民"在《说文解字》里为"众萌"，"萌"又通"氓"，"氓"又通"甿"，《周礼》称"兴锄利甿"，《说文》引以"兴锄利萌"，段玉裁在《说文解字注》里还将"萌"解释为"懵懵无知儿也"。可见，中国传统文化里的"民"初始就是指在"郊野"挥锄耕田的农民，又和"野人"一样在士大夫心目中都是无知愚民。而"农民"在后世也越来越和"野人"同义，如孟子曰："无君子莫治野人，无野人莫养君子。"这里表达的就是"劳心者"要高于"劳力者"的优越感。后来陆九渊也曾在文章中引用了此言，[①] 他所说的"野人"已经明确是指"农民"了。

---

① 陆九渊：《与苏宰》，《陆九渊集·卷八》，中华书局2016年版，第116页。

于是，中国不仅在现实的城乡关系上形成了一种等级分明的城乡权力结构：城市是政权中心，乡村是被统治地带；城市是劳心者集中的地方，乡村是劳力者所在之区；城市是君子居住之都，乡村是小人集聚之地。随之在国人话语体系里，乡和野并称，"农民"也总是和"落后""野蛮"联系在了一起。成为"城市人"还是"乡村人"，不仅只具有劳动分工的差别，还具有身份地位和文化优劣的差别。国家表面宣扬重农，可国人的真实思想未必如此。居住在城市里的文人经常将自己看不起的粗俗之徒贬斥为"乡野村夫"，儒家以不事稼穑为君子之道的观念统治人心。樊迟问稼，孔子不屑，以为君子只要懂得礼仪即可；晁错所说的"国家贵农人，而农人已贫贱"的现象也是历代常有。而文人往往是对大都通邑极尽描摹铺陈渲染，以此赞颂本朝文化昌明、盛世繁荣之气象，若班固《两都赋》、张衡《二京赋》。若是仅仅从文化设施的建设方面来说，梁启超的中国"自古有乡治而无市政"这个观点恐怕大有值得商榷之处。古代主要的工程建设和宏伟的文化设施恰是多在大城市，对乡村建设反倒不甚重视。即使有一些工程，也主要是修河堤漕运，一般情况下，统治者大多只要求乡野之人含哺而熙、鼓腹而游、各乐其生，即是盛世气象。所谓"重乡治"的真实性质只在重视维护乡村秩序的和谐稳定，而非重视其文明的创造，大都市的峻宇高墙韶乐齐鸣，远比乡村的社庙神祠更能展现天朝气象盛世华章。从这个意义上讲，中国古代恰是市政强于乡治。尽管中国是几千年的"乡土中国"，可是国人的传统心理也和西方人一样，有着轻视乡村文明尊崇城市文明的意识。

"乡"和"野"挂钩，成为与"都""城"相对的一片领域，恰与"蛮夷"形成与"华夏"相对的领域一样。城乡或都野、华夷构成不同维度上的两种文化等差系统，但又互相关联。中原历史上有多次被游牧民族征服的经历，可由于在文化上却都是征服者被中原汉族衣冠文明所征服，是以中原汉族文人们无论有何破国亡家之惨,却仍能将外邦文明视为"蛮夷之邦"。"蛮夷之邦"和居于天下中央的中原礼仪之邦恰如"乡野"和"都城"的分别,其始终属于"野人"聚集的"乡村世界",汉族士大夫心中的那种自居"中央之国"的文化优越感从未动摇过。可是近代以来地覆天翻,中国不仅在枪炮船舰上输给了外洋的"蛮夷",就连文化上,国人也惊觉自己成了粗俗不堪的"乡野村夫""未开之民"。中国再也写不出《二京赋》,大抵只能写《巴黎赋》《伦敦赋》了。晚清有一段描述便颇能表达出这种城乡之别意义上的文化颠覆感:

> 繁盛之都,花团锦簇。洋楼层叠,大厦云连。建筑宏伟,雕刻优美。电线铁道,纵横如网。汽车马车,往来如梭。广大公园,环植四时花木。道平如砥,旁植乔树,郁郁葱葱。微妙之乐,来自空际。有制造场,或远或近。烟筒林立,上矗霄汉。吐气成球,漫如雾。轮机轧轧,声闻于天……此非文明国之现象耶。未开之民,置身斯境,目眩神迷,如刘姥姥初入大观园,手舞足蹈,忘其所以狂喜,曰文明文明,其在是矣。[①]

这段描述,仿佛是一个未见过世面的乡下人初入大城市的感受。"刘姥姥初入大观园"的比喻、"未开之民"的自嘲、"文明其在是矣"的叹服、对于"蛮夷之乡"倒成了"大观园"一般繁花似锦的都市世界的震惊,形象地表达出了国人当时感觉到自己和西方国家仿佛已是"乡巴佬"和"城里人"之别的文化挫败感。即使到了民国还是如此,冯友兰在抗战时无奈地说,中国已属于"乡村"而西方则是世界的"都市"。著名城市规划学家朱

---

① 《论文明第一要素及中国不能文明之原因》,《大陆报》第 2 年第 2 号(1904 年 4 月),引自黄兴涛《晚清民初现代"文明"和"文化"概念的形成及其历史实践》,《近代史研究》2006 年第 6 期。

皆平提到:"十九世纪的世界,是被大城市征服了的世界……在中国内地看来,是城里人欺负乡下人,大城里的欺负欺负小城的人。若用具体的例子,便是南京受制于上海,上海受制于伦敦、纽约、巴黎与东京。在我们中国养成民怕乡绅,绅怕官,官怕洋的习气。其实就是乡村不敌城市,城市不敌首都,首都不敌上海,上海受制于外洋的大城市。"① 这就是说,上海、南京等地虽发展成了国内的大都市,可在世界上也只能算"乡村",整个中国在世界上只能算被城里人看不起的"乡下人"。这种文化的挫败感、自卑感几乎无时不在困扰着居住在城市的士大夫们,正如董修甲因市政不修而哀叹的"我国已成为欧洲中世纪之野蛮国家"。

为了证明中国并非自古以来就是如此,不少市政学者从中国历史中去寻找"市政"传统,借此论证中国市政本是古已有之,而且领先世界。追溯到最早的,是不少人认为古书里记载的神农黄帝时代就已有了古老的市政,理由是《周礼·地官》记载的"神农氏立市廛,列廛于国,日中为市,致天下之民,聚天下之货,交易而退,各得其所。"此即为我国市政之滥觞。而大多数人认为是到了周朝,有了比较正式的市政,其标志是周朝有了专门的市政管理人员,"市政事业,在炎帝神农时代,即已有其萌芽,周时则专设地官以司市事,可证我国市政之发达,犹在希腊罗马之前"。② 他们盛称"周礼",认为其反映出中国古代市政就已十分发达,只是秦朝以后,这种市政传统方才中断,"逮秦以郡县分治,周礼之制,不行于后世,迄今数千年,市政之废置不讲也久矣"。③ 现在发展市政,就是要重新找回久已失落的辉煌。

这批市政学者们如此盛赞秦汉以前的"周礼",自然直接是由于他们浓厚的民族自尊心和文化自尊心。为了让中国摆脱"乡

---

① 朱皆平:《新城市运动》,《时事月报》第8卷第3期,1933年,第213页。
② 周钟岳:《战时都市建设计划》,《市政评论》第6卷第7期,1941年,第2页。
③ 江祖岷:《无锡市政计划刍言》,《无锡市政》第2期,1929年,第13页。

村"身份，跻身于"都市"的世界里，他们引证历史，认为中国原先本就属于"都市"的文明，完全是由于"暴秦"之过，才使中国落到了"乡村"的行列。那么今日发展市政，也是合乎古圣先贤"复三代之治"理想的。三代盛世，就是市政昌明的时代，是"都市文明"发达的时代。"吾国之固有传统"原本就不是与"都市文明"冲突的，现在就要恢复这固有传统，重新成为"都市人"。根据秦晖教授的研究，晚清时代许多主张学习西方的人是从追求古儒道德理想的角度出发。他们认为，三代时的中国是世界上最文明的地方，完全是由于"暴秦"禁锢思想、残灭文化，才导致之后的中国逐渐沦为"夷狄"，而西方的政风民俗之美，却正暗合了圣人复三代之治的倡导。所以学习西方，本是为了挽救古儒道德理想，此即"援西救儒"的心态。盛称"周礼"为中国古代市政的这批市政学者和晚清启蒙思想家具有非常相似的内在理路：认为中国三代之时市政非常发达，是秦朝建立后中断了这一传统。

但是仍然有人认识到了周礼和现代意义上的"市政"之不同。有人指出："我国市政工程的开始，为时甚早，例如周朝营沣、镐、东洛，秦汉的经营关中，在文献中都可以得到很多的证明，不过市政工程的科学化，才只有百年的历史。"[1] 担任过上海市社会局长的潘公展也认为，中国都市出现虽早，然官方和民间"于都市本身之经营与设计，恒不措意。及至近代，乃渐发展。……至于中国市政，迄今始见萌芽"。[2] 毫无疑问，"周礼"和现代的"市政"是有区别的。列斐伏尔说过："现代经济的规划趋向于成为空间的规划。都市建设计划和地域性管理只是这种空间规划的要素。"[3] 市政建设和城市规划都是随着现代工商业文明的发展而兴起的现

---

[1] 哈雄文：《漫谈市政工程建设》，《市政评论》第10卷1期，1948年，第7页。
[2] 潘公展：《潘序》，载蒋建策《市政与新中国》，正中书局1940年版，第8页。
[3] [法]列斐伏尔：《空间：社会产物与使用价值》，载包亚明主编《现代性与空间的生产》，上海教育出版社2003年版，第47页。

代知识技术门类，它和奠基于青铜经济时代的"周礼"有着本质区别。尽管只就表象看，可以在二者中找到不少相同的要素，但这些要素是分别从属于两种不同的经济体系，并为这两种不同的经济体系服务的。并且，周礼的核心是礼制思想，这种思想用于城市规划，其指导思想就是依据礼制强化尊卑等级，这也和现代"市政"的理念有很大不同。盛赞"周礼"为中国最早市政，只不过反映出一批市政学者们要极力使中国人挤入"都市人"行列里的迫切心态。费正清认为，近代中国的爱国者们不但被文化自豪感所激励，并且极力在中国寻找他们在外国看到的相似物、同类物，或中国的对应物。[①] 对于中国市政历史的认识，也同样体现了此一特点。

但无论是盛赞中国原本属于都市文明，还是认为周礼不同于市政的人，都是认为"都市文明"才是最优秀的文明，中国必须以摆脱"乡土中国"、成为"都市中国"为民族自强之鹄的，这里面表达着一种十分焦虑的文化危机意识和文化复兴意图。盛赞"周礼"为中国市政之光的人，无非是按照西方市政文明的标准对中国"三代之治"进行了一个现代化的想象；以为中国几千年来都处于不如西方的乡村文明状态的人，也同样是按照西方都市文明的标准对中国历史进行了一个自我矮化。在这个意义上说，以"都市中国"为构建现代中国之目标，一边是延续了中国古已有之的尊崇城市文明、鄙夷乡村文明的文化意识，一边还将"文明的西方与落后的东方"这一西方资本主义构建的二元关系引进了原有的思想结构。"从19世纪末开始，中西之区分正类城乡文野之别的观念在双方心目中已长期确立。"[②] 改变中国的这种"身份认同"——摆脱"乡村"身份、跻身"都市"行列，这就是民

[①] [美]费正清、费维恺编：《剑桥中华民国史（1912—1949）》（下卷），中国社会科学出版社1993年版，第9页。

[②] 罗志田：《"话语权势"下的学术"与国际接轨"》，载罗志田、葛小佳《东风与西风》，生活·读书·新知三联出版社1998年版，第185页。

国许多知识分子精英选择以市政为自己学习专业和职业的更深层次的文化动机，但城乡不平等的结构无论在观念上还是在现实里都可能因此而进一步被强化。

第三节 "中国人"的城市

在近代中国，一切学习新生事物的原初动机都是富国强民的政治追求。那个年代的城市中上层阶级，不管是政界要人、知识精英，还是商界名流、地方士绅，乃至中小知识分子，都是呈忧心忡忡之态，做的每件事都不离强国御侮、民族振兴这些口号。即使是客居异乡的留学生，也常不堪忍受国弱民贫的屈辱感。他们醉心"欧化"，却不恋欧洲；向往留洋学习他人先进的文化知识，却又把留学称作"充军""受洋罪"。所以那时候的留学生学成后大多归国，欲为实现强国梦想大展宏图。费正清阐述过近代中国人的这种特点：在国外居住的中国人反而最有民族主义情怀，国外的现代民族主义者最多。① 城市化和市政改革运动也同样表现出这一思想特点：留学欧美学习市政学的学者反而比国内的人更积极想要通过发展都市文明来达到民族复兴的目的。他们大多没有留在国外，而是回到了中国，不仅仅只想设计出理想的城市，更是想设计出"中国"的城市。外国人能创造出繁华富丽、具有各种现代化设施的大都市，中国人也一定能够；有了繁荣进步的大都市，中华民族才能脱离落后国家行列，这成为许多市政学者最初进行城市设计时的指导思想。中国的都市计划从一开始，就承载了重大的历史使命和政治意义。

"中国"的城市，基本前提必须是"中国人"的城市。然而，中国近代城市，起于被迫开埠通商，外国人虽在口岸城市内实行

---

① ［美］费正清、费维恺编：《剑桥中华民国史（1912—1949）》（下卷），中国社会科学出版社1993年版，第8页。

了先进的市政建设，其道路之整洁、治安之有序、市民公德意识之自觉，皆令国人嗟叹羡慕不已，然其始终是中国土地上的国中之国，国内法律无法制约其内，特别是约开商埠，其城市主要作为中国的一种离心力量而发生作用。这些城市既向内地传播着以科学、民主为核心理念的现代文明，并常常成为改革者或革命者酝酿改造中国理想的大本营，然其也导致中国的政治、经济、文化结构发生着不断的分裂、失衡，直接表现为中国近代的地方割据、军阀混战、外人横行、国家法纪崩坏、人民一盘散沙。因此自鸦片战争以来兴起的"都市"，虽然矗立在国土上，其实却是一座座异己的文化产物，它们并没有融入中国的经济、政治、文化体中来。后来有人总结：

> 抗战以前的都市，虽然日新月异，大有追赶西方都市之趋势，但是细拆开看，其内部的零乱复杂有如一架杂凑的机器。行政系统上的分歧，破坏了中国行政权之完整。因为一个都市常有几国的租界地犬牙交错，每一国的租界都是其母国的缩影，建筑式样的不同、管理方法的不一致，各有其独特的市政方针与市政计划。因此弹丸小地之上，各有其特殊作风，有如一小型之国际集团，可以看作几个都市的集合。行政权的割裂、领事裁判权的存在、关税的不能自主，都会为中国都市不能正常发展的症结。由于以上的复杂性，使政府不能有整个的市政改良与计划，因为处处受到政治的经济牵制与顾虑。租界的存在，中国政府的政治力不能达到，因此官僚政客以及形形色色的社会毒素，都潜伏其中，成为他们发展之温床，增加社会的事态。①

这些话语都透露着明确希望中央整合全国城市、构建统一民

---

① 赵润：《论今日的中国都市》，《市政建设》第1卷第2期，1948年，第15页。

族国家的意图，并且视租界和外国市政体制为建立现代中国的障碍，力图通过打造"中国的都市"来抵制租界的影响，促进现代中国的构建。民国时期人们认为上海这座大都市集中体现了租界都市的这种弊端，近代上海虽是中国第一都市，然而繁盛之区多是租界，在外人租界的空间扩展下，导致上海城区的畸形发展。"租界日盛，南市日衰"的局面令华界大受震动，地质学家丁文江回国后曾感叹："从租界走到华界，就好像是过了一条阴阳河。租界是阳界，华界是阴界。华界的马路、建筑、卫生，没有哪一件能与租界相比。这是我们国民最大的耻辱，比丧失国权，还要可耻得多。"[1] 著名学者章渊若比较了北平和上海两座城市，他承认上海比北平进步很多，如自来水普及、马路卫生许多、交通便捷、市民衣服式样新奇，等等，样样远超北平。但是，"这不过是皮相之谈"，因为这一切只是租界里的情形，若是到闸北南市去考察，就完全是另一番景象，"自来水是黄色的，马路是狭窄而且高低不平的，住的地方是低小挤闷的，朝晨经过弄里，还有一阵阵马桶臭味"。由此可知上海的文明，"并非上海本地人底文明；驴蒙虎皮的上海人，揭露了真相，又何尝会比北平人好呢？"[2] 有人直言上海租界的市政建设的利益"都是落在帝国主义者的手里，而且那种建设的方式，根本侵略了中国的主权，我们不特不欢迎，而且要急于把租界收回的"。[3] 著名道路学家刘郁樱在20年代有相似的感叹：

> 今日的上海太令人不满意了！虽然他有东亚第一大商埠的美名，然而这是我们不足以自豪的啊！因为它是帝国主义者统治的啊！因为它是帝国主义者建设的啊！正足以反映中

---

[1]《孙传芳昨假总商会招待各位》，《申报》1926年5月6日。
[2] 根据章渊若《北平与上海》，《现代社会问题评论集》，《民国丛书》第5编第20册，上海书店1996年版，第10—11页。
[3] 何凯洽：《革命建设的认识》，《江苏旬刊》第9期，1928年，第3页。

国人的懦弱无能，正足以表示我们的奇耻大辱，我们要雪这个耻辱，不仅喊出收回租界的口号便算了事，要万众一心的力争，才能达到收回的目的，更要同心同力的努力建设，要自己培养出来的鲜花，才觉得香艳可爱，才显得出我们自己的本领。①

而且，租界城市虽然在外国人的先进科学知识和管理制度的治理下，一时呈现富丽堂皇、文明进步的景象，其实其中弊病甚多，市政资源就分配得极不合理。因为在上海这样的租界城市里，由于市政经营权落在外国人手里，外国资本家可以凭借自己的权力参加市政资源的分配，左右市政建设的方向。这就导致上海的市政建设完全按照外国资本家的利益需要而建设，在诸多方面并不能真正符合本地市民们的需要。有人描述：

> 有合理有效率的公用事业，才配谈市政，可是上海市的公用事业，好在哪里？有的只是跟生活指数调整票价的绿色公共汽车，此外电力电话电车煤气自来水，哪样是市营的？英商呀、美商呀、法商呀，他们只顾自己利益，依照自己的生活指数发薪，他们寻求合理的生活，不断跟物价涨价，不问市民负担得了不了。……我想多数市民收入，跟不上市政给予的负担，因为过去市营事业已落在外人手内，市政府想收回或阻止，一时也无能为力了。②

有人发现了更深刻的问题："一般租界大抵侧重一部分物质建设与公用事业，以整饬市容，至于更重要的活动，如文化与福利事业，则非所顾恤，此与团体生活之旨趣，大相径庭，一般人因

---

① 刘郁樱：《参观上海市展以后的感想》，《道路月刊》第32卷第1号，1929年，第3页。

② 孟威：《谈当前上海市政》，《市政评论》第10卷第2期，1948年，第1页。

而指称租界的行政,为变态的发展,以实现殖民地的政策。"① 还有人说得更明确:"上海成为大都市,完全是世界各资本主义国家共同缔造,他们都以私人利益为前提,对于公益事业,自无人过问,殊失现代都市之精神。"②

这正是反映了西方殖民势力办理市政的主要弊病所在,他们为了自己的殖民统治需要,可以在城市里加强管理,进行一些物质建设,可是对于下层老百姓的生活福利并不真正上心,更不希望通过文化建设来发展中国老百姓的公共意识,也就是通过学者所说的通过"团体生活"来形成现代的"市民共同体",因为这不利于殖民者对城市的统治。可是中国市政建设里的一个重要目标就是对居民的文化改造,文化改造的内容就是将农业社会下散漫的乡民变成有组织、有公德心的市民。这不仅是建立民族国家的必要基础,即使从西方城市发展的经验来看,西方城市自中世纪以来也是形成了一个"市民共同体"来支持城市的不断进步。没有这种共同体,城市社会很难走向真正的现代都市文明。由此可见,外国资本主义势力尽管在租界城市进行了一系列令今天研究者们评价甚高的物质层面的市政建设,但他们并无意于将中国的"城市"变成具有真正现代内涵的"都市",他们的市政于中国而言在整体上也都只属于装点门面的表层建设,实质是以现代的形式强化了中国城市的前现代内核,中国近代城市现代化转型的艰难很大程度也是由外国殖民势力造成的。

对于民国学者关于上海的那些感受,当代美国学者罗兹·墨菲持有不同看法。他认为上海的发展有其自身的动力,中国人错误地设想了20世纪的上海主要是外国人的创造物,不过他也认同上海是西方重商主义在经济上剥削中国的明显象征,是中国对西

---

① 刘洒诚:《抗战后市政建设上之新问题》,《市政建设》第1卷第1期,1948年,第3页。
② 殷体扬:《上海发行市政公债》,《市政评论》第2卷第5期,1934年,第2页。

方列强所处的不平等条约地位的主要提醒物。① 正因于此，无论上海如何繁华，在当时一批有着极强民族自尊心的人心里，上海市政始终是和帝国主义、外来侵略联系在一起的，要真正办起符合中国人利益的公益事业，只有将租界的经营管理权从外国手里收回，而这就同时需要发展华界市政与租界竞争。

于是在近代中国，城市建设可能会成为外国人进行经济政治文化渗透的途径，也可能成为国人以此抵制外国势力渗透的手段。晚清时期，有识者已经发现有外国人借市政建设来侵吞蚕食中国土地。1898年，清政府宣布北戴河海滨为中外人士避暑之地后，京津一带的英、美、法、德等大量外籍人士纷纷涌至。外国教会在北戴河成立"石岭会""东山会"等各种"自治"组织，代理市政管理和行政事宜，建造各种洋楼、别墅数百余幢，同时，也逐渐形成了一套较为先进的公共管理体系，但是外国势力的真实目的是要以避暑为由蚕食北戴河土地。朱启钤较早察觉了外国人的企图，多次指出北戴河是中国的地方，中国人必须组织起地方自治机构，统一规划、建设和管理海滨地区。1917年朱启钤号召在北戴河海滨避暑的中国上层人士创办地方自治公益会，1918年7月，他又发起组织"海滨公益会"，带头捐款大洋4000元，以修建公路为第一步，支持地方投资建设公共事业。此举得到许多北洋政府官员、军阀、实业家的响应和捐款。1919年8月，北戴河海滨公益会正式成立，朱启钤担任会长。在他统一规划下，公益会修建马路、公路，兴建医院公园，创办教育，还设立了邮局、银行、电报局、自来水厂等公用设施，令中国人自己主办的北戴河市政走上了一个较高的起点，也因此打破了石岭会等外国势力的垄断和扩张海滨的野心，将地方市政管理权收回到了中国手中，也改变了由于洋人随意购赁土地和建造别

---

① ［美］罗兹·墨菲：《上海——现代中国的钥匙》，上海社会科学院历史研究所译，上海人民出版社1986年版，第29页。

墅带来的混乱状态。在这里，市政建设已经成为国人与外国人争夺主权的一种手段。

民国时期，道路协会主席陆丹林再次对国人不修市政导致外国人借此渗透的局面表达了深深担忧："我国数千年来之官吏，对于开辟都市固置之度外，而办理外交，亦多敷衍了事，遂使帝国主义者利用我弱点，乘虚而入，得寸攫尺，着着进行。"[1] 还提醒社会注意外国租界"越界筑路"行为的严重危害：

> 近年以来，外人与土豪地痞狼狈为奸，又迭次推广租界，而越界筑路，为扩张其事权之先导。吾人在未收回租界以前，如不先在租界之旁，先筑道路，以为界址，杜其阴谋，否则将来租界，愈推愈广，何可限量？而土地之被侵占，国权之旁落亦无所底止。[2]

"一战"后民族主义情绪高涨，中国政府希望能够收回所有在华租界，而列强"不肯遽撤领事裁判权而残留租界者，谓我从前缺乏办理市政之能力，即或揭市政之帜，徒鹜形式，不重精神，徒糜帑金，不举实绩故耳"[3]。青岛、天津租界在外国人手里经营时，市政建设蔚为大观，繁盛一时，国民革命军将其收回后，却日益腐败。诸多事实提醒国人，办理市政的能力与收回租界运动的进展关联重大。如有人描述："废除不平等条约，当然要收回租界，去年余至日本，过高丽而至大连旅顺，又至青岛，觉青岛收回以后，大不能与前相比，前德人经营设施，至为完备，日人虽无发展，尚能保全，今已不能比了。由此可知中国人办事能力之

---

[1] 陆丹林：《上海开埠八十周年之感言》，载陆丹林编《市政全书》第1编《论著》，中华全国道路建设协会1931年版，第139页。

[2] 陆丹林：《上海开埠八十周年之感言》，载陆丹林编《市政全书》第1编《论著》，中华全国道路建设协会1931年版，第139页。

[3] 《市政比赛》，《申报》1922年6月5日。

第一章　市政与国家：民族情怀下城市意识的觉醒　037

薄弱。"① 这种事实使一部分城市主政者意识到，市政建设若不开展，收回租界、废除不平等条约等事业就难以推进，可能影响国民革命的成败。因此，"方今革命尚未成功，建设正在开始；解决社会民生诸问题，首在市制之根本改造；而欲促进收回租界及领事裁判之早日实现，尤不能不孜孜于市政之筹划。是市政之有关于社会事业，及国际地位者，至为重大"。② 在这种动机下，一些租界城市的华界主政者也开始有意识地和外国势力争夺空间建设的权利。如广州市在大革命期间认为英商屈臣氏所建的货仓房舍是违规建筑，"实属蔑视我国革命首都之市政"，勒令其向政府上缴税款。但英国领事声称按照已有条约，英国人在通商口岸可以不受建筑条例约束，中国政府要取缔建筑也需得到英国政府允许。广州市工务局非常生气，认为旧的规定顶多也只适用于租界地区，现在英国人却要在租界外的地区自由建筑，下令继续与英方交涉，务须令屈臣氏交费，"似与国体市政不无少补"。③

　　国民政府时期，新城建设大潮真正展开，并且在当时的官员和学者的话语里，已经明确地将开发新城市与收回租界、抵制租界的运动联系了起来。南京国民政府成立后，建设市政则是更加明确地为了建设出繁华的华界与租界抗争，直到全国大都市都成为"中国人的都市"。

　　上海特别市成立后的第一任市长黄郛在就职演讲中，更将建设上海的重要性与当时国内外的政治形势结合起来，强调"革命事业，其目的原在建设，破坏特其手段耳，盖若不图建设，革命为无意义……所谓全国第一巨大之上海埠，其精华悉在租界，界

---

①《南京特别市参事会成立》，《南京特别市市政公报补编》，1928年，第9页。
②《郑州市新市区建设计划草案》，《市政月刊·言论》第1卷第4期，1928年，第1页。
③《咨交涉署据工务局呈报英领对于屈臣氏建筑货仓案抗缴各费由》，《广州市市政公报》第185期，1925年，第33页。

外各地，商业既极萧条，居民又不甚多，以致集款进行，实力有限，故所谓大上海市者，细细分析，实属有名无实。非政府与市民全体动员加倍努力不为功，外则勿使对吾领土主权，欲久假不归者，藉为口实；内则勿使嫉视吾党之成功者，谓吾党种种标语，种种主义，悉属一张不兑现纸币，而资为挑拨。言念及此，不禁凛然于上海市责任之重，关系之巨，影响之大，而有望各方当事之互相策勉者也"。① 在他们的话语里，建设上海不仅事关外交主权的收回与革命事业的成败，还关联着国民党在与其他党派竞争中的地位，"市政"由是与"国政"具有了不可分割的联系。这种倾向首先反映在了大上海的都市计划里。

都市计划也就是城市规划，其在民国初年已经在各大城市出现。北洋政府时期，对于上海的规划，除了孙中山的"实业计划"以外，还有1923年张謇提议的"吴淞计划"、1926年丁文江提出的所谓的"大上海计划"。但由于当时军阀混战，国家不统一，这些计划多流于纸面。1927年国民政府在形式上建立起了对全国统治后，"锐意整顿市政，市政之兴，尤为蓬勃"。② 上海特别市成立，这些设想始有实施之可能。在以上海市市长吴铁城为代表的一批市政官员和学者的主持下，上海的规划逐渐起步。从1929年7月开始，陆续颁发了《建设上海市市中心区域计划》、《建设市中心区域第一期工作计划大纲》（规定五年建设计划）、《上海市中心区域道路系统》、《上海市中心区域分区计划》、《上海市区交通计划》、《新商港计划》、《京沪铁路、沪杭甬铁路铺筑淞沪铁路江湾站与三民路间直线计划》、《建筑黄浦江虬江码头计划书》等城市建设方案，统称"大上海计划"。③ "大上海计划"的主旨就是要创建新的大上海以与租界竞争，拓展华界空间，立

---

① 《黄市长就职演说》，《申报》1927年7月8日。
② 白敦庸：《市政举要》，大东书局1931年版，第20页。
③ 忻平：《从上海发现历史——现代化进程中的上海人及其社会生活（1927—1937）》，上海人民出版社1996年版，第374页。

志夺回市中心。规划者踌躇满志,信心百倍,"数年之后,其发展与繁荣,必可远驾租界之上,此则我上海市民,所应取以自信,勇往直前,而努力从事于建设,促其发展者也"。① 其力图复兴中国的民族主义色彩相当浓厚。甚至有人瞻望"大上海计划"若能实施,"其区域比现在约增六倍,人口亦多至三倍,势必拥至八百万之多,奚啻凌驾伦敦之上已哉?"② 张群出任上海市市长后正式决定把江湾闸殷路以南、翔殷路以北、淞沪路以东、黄浦江以西7000余亩的土地划作新的上海市中心区域,并企图建筑新市政府于区之中心,使闸北、沪南、浦东,联成一气,以对抗外国的越界筑路活动,同时尝试将商业重心从租界区夺回。但是,大上海计划的实施由于财政困难等因素举步维艰,到1931年年底,又由于"一·二八事变"的影响,计划暂停,在1932年下半年,重新开始全面启动。到1937年,再次由于日本全面入侵而中止。不过,这个计划在20世纪二三十年代形成了沿用至今的上海城市风貌与布局结构,奠定了远东第一大都市的物质基础。抗战胜利、国民政府正式收回租界后,编制了"1946年大上海都市计划",这是上海结束租界历史之后,"首次编制的完整的城市总体规划,也是中国大城市编制的第一部现代总体规划"。③ 这个计划不仅只是为了完成战后恢复工作,更号称是对于"都市物质建设之整个的远大的计划"④。该计划的设计汇集了一批同时接受过中国和西方现代高等教育的著名专家和官员,如赵祖康、陆谦受、鲍立克、黄作燊、白兰德、陈占祥、甘少明、张俊堃、钟耀华、梅国超等人,历时3月,起草了"大上海都市计划总图"。里面明确宣称该

---

① 吴铁城:《上海市中心区建设之起点与意义》,《申报》1933年10月10日。
② 《大上海建设方策》,载陆丹林编《市政全书》第4编《各省市政计划与建议》,中华全国道路建设协会1928年版,第57页。
③ 熊鲁霞:《走近编制"1946年大上海都市计划"的中国规划先辈(上)》,《上海城市规划》2012年第3期。
④ 赵祖康:《上海都市计划答客问》,《市政评论》第8卷第5期,1946年,第3页。

方案的一切计划"与国策关连",并说该计划是"针对国家在工业化过程之逐步长成"①而实施的,这就进一步强调了大上海计划是为实现中国的工业化这一宏大目标服务的。

也就在抗战前"大上海计划"出台后不久,学术界兴起了"上海研究热"。当时许多学者都出版了上海研究的专著,如王揖唐写了《上海租界问题》,徐公肃、丘瑾璋写了《上海公共租界制度》,蒯世勋写了《上海公共租界史稿》,这些著作都是关注帝国主义侵华和租界收回问题。唐振常指出这些研究与"五卅"运动带来的爱国主义、民族主义热潮是存在着内在联系的:此时期一个研究焦点在于"租界",其目的就是了解西方侵华的历史,证明帝国主义的不合理,维护中国人民的权益,为收回租界主权的主张提供理论依据。②所以,建设新城市、收回租界主权、抵制帝国主义侵略,三者构成一个链条,在当时的官方和学界成为一种共识。

全国所有城市的建设也同样像上海一样和民族振兴的政治使命有直接关联。有志者希望全国主要城市都能达到上海市政的程度,"若国人甘于守旧、故步自封、不思改进,则虽历八十年、八百年,仍无进步之可言,而为世界先进国所鄙弃耳,尚何言乎?"③陆丹林以上海的繁华来激励那些市政落后的内地城市:"上海开辟商埠,只八十年,一切设施,多可为东方商埠之模范,较之内地苏州、南京、西安、开封、成都等都市,数千年来,仍如旧观。屋宇之狭隘,道路之崎岖,市政之不备,真有天渊之隔。吾人于此,又有何种感想。"④构建中国人自己的大都市,已和是

---

① 《大上海都市计划总图草案报告书》,《市政评论》第9卷第2、3期,1947年,第31页。
② 唐振常:《近代上海探索录》,上海书店出版社1994年版,第124页,引自梁元生《晚清上海:一个城市的历史记忆》,广西师范大学出版社2010年版,第6页。
③ 陆丹林:《上海开埠八十周年之感言》,载陆丹林编《市政全书》第1编《论著》,中华全国道路建设协会1931年版,第140页。
④ 陆丹林:《上海开埠八十周年之感言》,载陆丹林编《市政全书》第1编《论著》,中华全国道路建设协会1931年版,第139页。

否革命联系在了一起，汲汲于打造出一批可与欧美大都市相媲美的"中国"大都市，已成为市政界的最高理想，这一理想同样都反映在了一些主要城市的大都市计划里。

北伐成功后，"中华民国"定都南京。南京为全国首都，其建设的政治意义尤为重大。市秘书长张道藩在一次会议上提醒社会："南京既是总理指定的首都，又是革命政府所在的首都，我们十分的热心要建设的，所以反对建都南京的人，就是反革命。固然现在南京没有北平那样好，但是北平也不是一日可以造成的，我们大家负起责任来努力建设，安知我们将来的南京，不胜过以往的北京呢？"① 南京市政府成立一个调查市区经界委员会，经过实地调查后，提出三个建议：一是大胜门、江心洲、乌龙山，应请划入市区；二是保存外城土城基；三是接收城外农村市镇。南京特别市参事会对于市区经界也提出建议，拟请以江宁、江浦两县原有区域为京兆区。1928年10月，国民政府国务会议决议由孙科负责办理首都城市规划设计。1928年年底，国都设计评议会成立，其中既聘请了吕彦直建筑师等国内专家相助，还聘请了两位美国顾问——墨菲和古力治。首先于1928年由南京市工务局组织制订的《首都大计划》，其指导思想是要把南京建设成"农村化""艺术化""科学化"的新型城市，主要内容包括分区和道路规划两部分。1929年年底《首都计划》完成，呈送当时的首都建设委员，包括人口预测、区域界定、中央政治区选址、建筑形式、详细的交通等基础设施规划及规划法案的拟定等内容20余项。规划拟将南京港建为世界上的大港之一，南京港分为下关、浦口两部分，以下关为主要港口，以浦口辅之。在城市规划制度上拟定了城市设计及分区授权法草案和首都分区条例草案。南京区域划分为公园区、住宅区、商业区、工业区。在首都计划中鲜明体现出

---

① 《张秘书长在第十五次纪念周之报告》，《首都市政公报》第23期，1928年，第6页。

引入西方科学规划的理念，其序言中，孙科指出："正惟其气象如此之宏伟，则经始之际，不能不有一远大而完善之建设计划，以免错误，而资率循。"他还提出，要以"本诸欧美科学之原则""吾国美术之优点"作为规划的基本方针。①《首都计划》是民国首都建设的纲领性文件，标志着中国第一个按照国际标准、采用综合分区的现代城市规划的诞生。可是其大部分构想没有实现，特别是随着抗日战争的爆发，许多实践也被迫停止。

"首义之城"的武汉是孙中山重点关注的城市之一，他要求把"首义之城"建成"模范之市"，《建国方略》中为武汉未来城市现代化描绘了一幅美好蓝图。北洋时期，为了复兴被冯国璋纵火严重破坏的汉口，辛亥首义人士孙武曾编制《汉口市政建筑计划书》。但是，由于20年代初政局动荡，任武阳夏商场督办的汤芗铭与湖北督军萧耀南矛盾太深，无力经营汉口城建，因此这些计划都难以实现。国民政府统一全国后，以孙中山《建国方略·实业计划》为圭臬，出现了一批武汉城市规划，尤其以市政学家董修甲的城市规划最具代表性。董修甲于1927年至1930年先后任武汉市政府秘书处秘书长、汉口市工务局局长、公用局局长、市参事。在他主持下，制定了《武汉特别市工务计划大纲》《汉口特别市工务计划大纲》《京、沪、杭、汉四大都市之市政》等城市规划方案。1929年他编著的《武汉特别市公务计划大纲》，具体计划从分区、水陆交通、沟渠、公共建筑物、公共娱乐场、公用事业工程六大方面建设。董修甲认为武汉面积庞大，"包括武阳夏三镇，贯以扬子江与襄河，又有平汉、川汉、粤汉三铁路"。② 在建设计划中将其城市分为工业区、商业区、住宅区、小工业区、高等教育区以及市行政中心区，体现了当时国际流行的"功能分区"理念。他还是汉口城市建设的提倡者和建设者，担任武汉工务局局长时，既

---

① 孙科：《首都计划序》，载国都设计技术专员办事处编《首都计划》，南京出版社2006年版。

② 皮明庥主编：《武汉通史·民国卷（下）》，武汉出版社2006年版，第56页。

是武汉市政建设的黄金时期，也推动汉口市政建设与发展进入一个崭新阶段。市民盛赞董修甲所主持进行的物质建设是"建设宏始""革故鼎新"，它使"汉镇繁区，顿成新市，荡二平二，周道如砥，栋宇巍峨，凌云直起，建设力图，一日千里"，"皇皇市政，待展新猷，开疆筚路，坦途驰驱"。①

1932年之后，青岛作为全国四个院辖市之一，直属中央管辖。1935年青岛市工务局颁布了《青岛市施行都市计划案（初稿）》，将青岛定位为"中国五大经济区之一的黄河区的出海口，工商、居住、游览城市"；预测人口20年内达到100万；全市按规划用地分为行政区、住宅区、商业区、港埠区、工业区、园林区六大类；以大港为中心采用放射式和棋盘式相结合的形式构造通达全市的道路网等。这项规划方案从总体上来说具有一定的区域与整体规划意识，同时兼顾了社会公平，并规定相关的法律措施，但由于和青岛城市现状结合不甚紧密，并没有最终付诸实施。但这项规划是青岛城市发展史上第一次由国人主导的城市规划试验，反映了现代城市规划在中国从被迫移入到主动选择的发展脉络，是"中国城市规划史上的质变"。1937年全面抗战的爆发和其他因素使之搁浅，然而一些构想却在半个多世纪后的发展中得以印证。②

20世纪30年代重庆城市建设开始以"上海模式"为参照，1927年9月，重庆商埠督办呈请川康边务督办公署将商埠督办改为重庆市，以求与沿海的市政模式划一设市。重庆市政组织结构主要参照上海、南京、杭州的城市组织规则，制定出《重庆特别市暂行条例》。新市区拟比上海等特别市规格开辟，重庆市市长潘文华直抒其意图："欲唤起人民之注意，先有一种事实之表现，其

---

① 《汉口特别市工务局业务报告》，引自邱红梅《董修甲的市政思想及其在汉口的实践》，硕士学位论文，华中师范大学，2002年，第40页。
② 根据童乔慧等《近代青岛城市与建筑的现代转型初探（1929年—1937年）》，《华中建筑》2009年第10期。

他精神建设不易见功,不如从物质方面亟急开动,较易新人耳目。"[①] 1934年市政府特委前江北县县长侯烈武前往上海、武汉等市进行实地考察,同年,留美归来的上海著名建筑工程师钱少平考察了重庆,提出市区、交通、码头等城市整体规划模仿南京、上海的整体设计构想,认为照此计划实施,将来重庆定能与纽约和上海并驾齐驱。随着城市建设的加快,特别是由于抗战时期的首府西迁,给重庆创造了一个较大的发展机遇,重庆开始有了"小上海"之誉。

客观而论,自晚清始一直有振兴华界抗衡租界之呼声和尝试,而且力图通过建设新城来抵制租界、夺回华区的尝试并非始于民国市政界,也非始于上海,而是始于清末袁世凯在天津。1902年袁世凯任直隶总督时驻节天津,可是位于天津县城东南的租界区,其占地面积和市政水平远为县城所不能及,成为事实上的市中心。袁世凯为了抵制租界影响,将天津真正控制在自己手里,开始重视"开发新城"这一方法。自1903年起在老城北部的河北地区建造"新市区",几年时间,在原本荒凉的城郊建成了一片颇具规模的新城,为袁世凯赢得了不少政治声望。新区经周学熙等人周密规划,全区道路以大、二、三、四、五、六经路为南北走向;以天、地、元、黄、宇、宙、日、月、辰、宿、律、吕、调纬路为东西走向;大经路为干线,两边商店林立,中心地带建了一座大花园(今中山公园),旁边建有新式展览厅——劝业会场(1907年建),用来展出新式产品,以提倡实业。周围建有许多新式企业和教育机构,如北洋铁工厂、教育用品制造所和实习工厂、北洋政法学堂、直隶高等工业学堂、北洋女子师范学堂等。当时新区从整体规划到房屋建筑,都受到租界的影响,其建筑虽为砖木结构,但造型与装饰都吸收了西方古典手法,表现出中西文化结合的特色。"天津华界新区"规划制定者经营新型市区的目的,

---

① 重庆市政府秘书处:《九年来之重庆市政》第1编《总纲》,1936年。

就是要赶超外国租界，因而称之为"华界新区"。这一规划实施后，经在今河北区中山路沿线展开的大规模土木建设，终成天津华界政治中心；旧天津城周围的四条围城马路，遂成为商业中心，尤其是北门外和大胡同及宫南宫北大街，在当时也异常繁华。这种在时代变迁中形成的城市格局，在天津日后的发展过程中留下了不可磨灭的历史印迹。[①]

南京国民政府确立了对全国的统治后，天津在"大上海计划"和在南京制定的"首都计划"的直接影响下，1930年天津特别市政府登报征选"天津特别市物质建设方案"，刚刚从国外学成归来的著名建筑学家梁思成和张锐合拟的方案中选。在"天津特别市物质建设方案"里，梁思成希望"一方面可以保持中国固有之建筑美而同时又可以适当于现代生活环境者"。这个方案提出六项任务：发展工商业、提倡市政公民教育以培养开明市民、改善行政组织、实行新型官僚制度、推行新型会计制度以公开财政、唤醒民众收回租界。"天津特别市物质建设方案"没有避开租界另谋新区，而是以包括九国租界与华界在内的天津全市为基础，作了第一次统一的、自主的城市规划，并在各专项规划中也贯彻了这一指导思想，反映了中国人民反对列强割据、渴望收回租界的强烈愿望。当然，该方案也没有得到大规模的实施。

中国市政自起步始，就承担了重要的政治使命。缔造出中国人自己的、足以媲美西方的大都市，是一批城市规划者的主要目的。"都市中国"的建构，实也是"民族国家"建构任务中的重要一环，这决定了其和"国政"在此后分割不开的联系。也因此，这段时期各地区的城市规划的共同点是具有相当浓厚的民族主义目的，规划者是将城市规划当作一个复兴中国的渠道。一边要学习西方城市文明的进步理念和管理技术，一边又要设

---

① 根据赵津《"大上海计划"与近代中国的城市规划》，《城市》1999年第1期。

计出"中国"的城市,这反映着"建设都市"在一部分知识分子和政界要员头脑中的愈来愈形成自觉的意识,而"都市"意识的强化又一直是和建立现代民族国家的强烈追求联系在一起的。在对于城市的设计规划中,许多人对于都市计划与治理国家的关系也越来越具有了明确认识,认为都市计划"在于能依据一地之形势、性质、水文、气候、历史、经济及居民之习惯,以定其布置之方法。务使市民住息安乐,行旅便利,居处卫生,观感愉美。一切设施,既能适应现代之需要,兼顾其来日之发展,俾居其中者精神体力,同臻强健,顾其关系于国家前途,良非浅鲜"。[1]

不过,近代中国包括城市改革在内的革新运动,多是出于救亡图存的焦虑心态,并非社会发展到一定程度水到渠成的选择,正如国人对于商品经济的重视与资本主义的发展,并非完全由于经济发展到一定阶段后资本意识的觉醒,更大原因在于以商战挽救民族危亡的促动;创办学堂、传播新式教育、学习西洋近代文明也不是单纯出于对世界文化的热爱和对知识真理的探索追求,主是为了学习先进科学文化知识追赶西方列强,以臻富国强民之境。这样一种心态下展开的改革运动,很容易造成理论脱离实际、方案脱离现实的需要。30年代有人反思教育制度:"当时之改行新学校制度,并非国情民性对于此种制度有什么需要,亦并非主持教育行政或教育学者对之有特殊的研究而认识其优点;不过因国势日微,误认他国之强盛在于形式的教育制度而极力模仿,以求满足'救败图存'之欲念而已。"[2] 市政运动也同样在实践中存在如此缺点。在激进的心态下片面求大,一味追求要追赶伦敦、巴黎等大都市,既超越了当时财政能够承担的限度,导致这些都市计划多缺乏条件付诸实施,束之高阁、流于理想;且由于脱离

---

[1] 陈训烜:《都市计划学·自序》,商务印书馆1940年版,第1页。
[2] 舒新城:《中国教育建设方针》,中华书局1931年版,第99页。

中国国情，带来许多社会问题。各地都将本地建设的意义拔得非常之高，许多未必全是实事求是。有的可能属于跟风唱高调，有的可能是为了引起政府和公众对本地的重视，从而获取更多的政府拨款与民间支助，不过倒也都反映出"市政建设"在国家政治生活中所占的地位愈加重要这一历史潮流。

余 论

一切为构建国家民族服务，就连城市建设也成为民族复兴、国家构建的手段，貌似是20世纪中国在走向现代化过程中的特殊性。其实，如果将眼光往更早的历史回溯，从中国、外国城市发展史的比较中可以看到，世界历史每到文明转型期，城市与国家权力的合作是一种比较普遍的现象。刘易斯·芒福德指出，在人类文明初生时期的"城市革命"进程中，"在从分散的村落经济向高度组织化的城市经济进化过程中，最重要的参变因素是国王，或者说，是王权制度。……在城市的集中聚合的过程中，国王占据中心位置，他是城市磁体的磁极，把一切新兴力量统统吸引到城市文明的心脏地区来，并置诸宫廷和庙宇的控制之下。"[①] 王权制度在人类文明的发源地黄河流域、两河流域、尼罗河流域都直接推动了城市的兴起。在中国，最早的城市不是王朝的都城，就是某方国的都邑。而在古希腊时期，国家政权与城市一直都是结合在一起的，其表现形式便是"城邦"。城市从人类文明诞生之初就是和"权力"结合在一起的。

如果说，在人类文明发源时期由国家扮演营建城市的角色主要是由于当时生产力低下的缘故，那么在西欧，15—18世纪的欧洲城市正是充当了推动现代民族国家兴起的桥梁。布罗代尔认为，虽然

[①] [美]刘易斯·芒福德：《城市发展史：起源、演变和前景》，倪文彦、宋俊岭译，中国建筑工业出版社1989年版，第21—27页。

欧洲中世纪城市兴起时，在与国家的角力中是获胜者，但是当资本主义兴起后，为了超越中世纪城市的狭小范围，最终又把自己绑在了国家身上，国家战胜了城市，城市作为城邦国家从此衰落。只不过，城市仍在国家占据重要地位，国家继承了城市的各项体制和精神面貌，必须依靠城市而存在。[①] 他评价中世纪的这些城市"负有建立现代国家的艰巨使命。它们标志着世界历史的一个转折点。它们形成民族市场，没有这个市场现代国家只能在纸上谈兵"。[②] 也就是说，中世纪的城市运动也同样并不是作为国家的对立物而出现的，相反它们促使国家政权的影响逐渐扩大，成为民族国家建立的前提。

欧洲历史在走出中世纪之时，借助国家主义、民族主义来为自己的发展开辟道路，19世纪末到20世纪亚非拉风起云涌的民族解放运动、民族国家纷纷建立，更是席卷全球。所以，无论东西方，无论该国家是何种社会，民族国家的构建成为走向现代文明的桥梁，可能是一个普遍特点。即使是世界主义、自由主义，其实也要先借助国家、民族之手为其鸣锣开道。虽然当前有许多学者喜欢谈论市民社会、市民阶级，批评民族主义，可在历史上民族主义本身也是市民阶级的需要，它和自由主义共同构成了市民社会的主要思想信仰。因为市民社会"对外仍必须作为民族起作用，对内仍必须组成为国家"。[③] 如此才能保证他们借助"国家"在海外与他国竞争或进行殖民扩张，对内真正"自由"地发展工商业，扩大资本积累。城市与国家对于资产阶级的前身——市民阶级来说，原本不是完全对立的。

[①] 根据［法］布罗代尔：《十五至十八世纪的物质文明、经济和资本主义》第1卷，顾良、施康强译，生活·读书·新知三联书店1992年版，第605页。
[②] ［法］布罗代尔：《十五至十八世纪的物质文明、经济和资本主义》第1卷，顾良、施康强译，生活·读书·新知三联书店1992年版，第627页。
[③] 马克思、恩格斯：《德意志意识形态》，《马克思恩格斯文集》第1卷，人民出版社2009年版，第582页。

因此，市民阶级的兴起和近代民族国家的形成是联系在一起的过程，二者的兴起又都是和城市的崛起联系在一起。城市在"民族国家的建构"这一历史进程中，可能会一度谋求与国家最高权力相结合。近代中国也同样到了一个尝试以城市来促进国家建构的时代，市政运动当然是打造城市、构建城市的最直接方式。民国市政界如此重视市政与国家的结合，一方面固然体现着近代中国特殊历史条件下的情怀与追求，另一方面又表现出了民族国家在崛起之时城市发展的普遍重要性。现代学术界普遍将中世纪欧洲城市的兴起作为现代历史的开端，那么按照欧洲的历史经验，是先有城市化，然后有民族国家的形成，最后是工业革命的发生。城市化俨然是从农业社会向现代工业社会转型的基础，这正是民国时期许多人如此重视城市建设的理由。不过，这种在民族主义、国家主义视野下而展开的市政探索，在诸多方面都不可避免产生种种矛盾和紧张，这些紧张又折射着现代化运动和思想中一些内生的矛盾。

第二章
"独""统"并立：城市的自治和统制

按照韦伯等社会学家的观点，现代城市之不同于传统城市，关键在于城市相对于国家具有相当大的自治权和市民自治权。欧美社会的城市虽然对于民族国家的形成起到了重要作用，但它们在国家内部独立自主的权力也确实是比较大的。近代中国城市既然正处于一个与国家建构具有如此大关联的时代，在城市自治和市政独立的问题上会产生比欧美社会更棘手复杂的矛盾，其间的是非很难简单用"进步""倒退"来贴上标签。

第一节 从"城乡合一"到"城乡分治"

一 民国"设市"风潮

中国社会经济，几千年来都在农业文明的轨道里徘徊前进，是以自古国家只有族民、乡民而乏现代意义上的"市民"。梁启超有过一段著名的论述：

> 吾中国社会之组织，以家族为组织，不以个人为单位，所谓家齐而后国治是也。周代宗法之制，在今日形式虽废，其精神犹存也。窃尝论之，西方阿利安人种之自治力，其发达固最早，即吾中国人之地方自治，宜亦不弱于彼。顾彼何能组成一国家而我不能？则彼之所以发达者，市制之自治；而我所发达者，族制之自治也。试游我国之乡落，其自治之规模，确有不可掩者。即如吾乡，不过区区二三千人耳，而

其立法行政之机关，秩然不相混。他族亦称是。若此者，宜其为建国之第一基础也。乃一游都会之地，则其状态之凌乱，不可思议矣。凡此皆能为族民不能为市民之明证也，吾游美洲而益信。彼既已脱离其乡井，以个人之资格，来往于最自由之大市，顾其所赍来所建设者，仍舍家族制度外无他物，且其所以维持社会秩序之一部分者，仅赖此焉。①

梁启超以为，中国之所以长期停留在家族社会，不能摆脱家族观念变成一个真正的"国家"，就是因为缺乏西方的"城市自治"。从中国城市的历史来看，这有一定道理。甚至，自秦汉实行郡县制以降，国家基本行政单位是道、府、省、县、州、镇，政府没有为"城"实行过独立的行政建制。随着近代工商业的发展引起城市化运动的开启，城市的独立建制问题才开始被人们提出，并得到政府的一定重视。1909年清政府颁布了《城镇乡地方自治章程》，首次在法律上将城镇与乡村分别开来，并规定府、州、县治城厢为"城"，"城"以外的聚集区，5万人以上的地区为"镇"，5万人以下的地区为"乡"。因此，后来的许多政府文件和学者文章里提到的"市"，其实常常是包括了"城"和"镇"。1911年11月，江苏省临时省议会通过的《江苏省暂行市乡制》首次提出了市制的概念。1914年在北京成立的"京都市政公所"，堪称中国市制的雏形。到1918年，"广州市政公所"成立，在1920年又改组为"广州市政厅"，1921年2月，在孙科主持下，颁布了《广州市暂行条例》，开近代较为完整的市政制度之先河，广州成为中国第一个市。1922年《湖南省宪法之市乡自治制》里规定一个地区只要达到5000人，便可为三等市，标准定得极其宽松。1925年，广东省政府颁布了《市政府组织法》，规定凡满1

---

① 梁启超：《中国人之缺点》，载张枬、王忍之编《辛亥革命前十年间时论选集》第1册下，生活·读书·新知三联书店1979年版，第788页。

万人的市镇，即可由政府指定为市，为省政府直属的行政范围。同年又成立"广州（省辖）市"。1926年汉口也设特别市，到1930年又改为普通市。1927年又确定了南京、上海两地为特别市。不过，1928年7月南京国民政府颁布的《特别市组织法》和《普通市组织法》才应该是中国市制正式形成的标志，因为这两个法律首次明确规定市成为行政单位，并且规定了特别市和普通市的设置条件，当年即在全国设立了8个特别市。中国城市终于有了一个正式的名分，开始了从传统社会的行政体系附庸转变为一种独立的政治经济社会实体的过程，这种从城乡合治走向城乡分治的变化，也反映出中国力图走出亚细亚生产方式下的"城乡合一"社会状态。

这两个法律颁布后，请求设立特别市和普通市的地方一时踊跃争先，几成风潮，但后来虽也设立了不少城市，由于与省权冲突以及市政建设名不副实导致被重新取消的也很多，如广州、汉口、济南等地日后就被取消了特别市地位，宁波、苏州、无锡、九江、芜湖等地则连普通市资格也被取消了。1930年5月，国民政府又颁布了新的《市组织法》，决定不再划分特别市和普通市，但是对于设市的条件又作了新的严格限定。其规定：首都，以及在政治上、经济上有特殊情形者和百万人口以上的城市，为直隶于行政院的市，相当于今日的直辖市，当时称为院辖市；30万人口以上的城市，为隶属于省政府的市，即省辖市；20万人口以上地方，须以所收营业税、牌照费、土地税每年合计占该县总收入二分之一以上者，方可呈准为隶于省政府之市。《市组织法》对中国市制的发展起了重要的推动作用，从此市政府成为城市中的主要政权机关，改变了过去大中城市城乡合治的状况。但是这个设市标准偏高，造成了中国长期只有4个院辖市和9个省辖市的局面，令许多市政界人士颇有看法。青海建设厅长魏鸿发就反映，西北各省省会之市政，对于西北地区的发展意义十分重大，然而甘肃、宁夏、青海、西康、绥远、察哈尔、热河、新疆八省的省会，都因未到 20 万人口之数，不能建立市政府，则八省省会的市政之责，全落在了各省会的一个县府身上。"以一省省会之大，市政纷繁，一县府之职权与其力量，均难胜此重任而愉快，只有循因不举，听其弛废之一法，于是西北边省之进化，因而大受影响，难期长足之进步矣。"① 有些市政学家也对这个规定多有看法。殷体杨认为，中国城市人口当时已经不在全国人口总额的 3% 以下，却一直被低估，之所以如此，就是由于 1930 年公布修正的市组织法限制过于严格，许多城市一直未得到法律上的承认而已。"今日已有二十万人口以上，因受财政上之限制而未得设市者甚多，如无锡、苏州、自流井、宁波、太原、福州等地是。至于五万至十万人口之地方，虽有市政建设之雏形，而不能享受市特权者，不可胜计。"② 他建议人口在 5 万至 10 万以上的地方，都可设立城市，并将隶属于省政府的市人口限制降至 15 万以上。③ 还提出了在县、镇发展市政的"县辖市"主张，力图将城市化的影响扩大到乡村地区。

随着日本侵华战争的爆发，不仅令许多城市遭到了炮火的摧残，连设市进程也暂时被迫中止。抗战结束后，众多市政专家站在城市研究的角度参与了战后反思的行列。他们认为城市地位落后是中国孱弱的重要原因，殷体扬教授说："城市是国家的点，县乡是国家的面，点多的国家，它的国力一定是强大的。"他将美国和中国进行对比，指出美国设的市已经远远超过了它的县，而中国只设立了几十个市。还对国内不同地区进行了比较，认为河南之所以是当时中国最乱最穷的省，就在于它连一个市也没有设立，

---

① 魏鸿发：《西北边省市政之商榷》，《中国建设·宁夏省建设专号》第 6 卷第 5 期，1932 年，第 57 页。
② 殷体杨：《对沪市召开市政讨论会之商榷》，《市政评论》第 5 卷第 4 期，1937 年，第 2 页。
③ 殷体杨：《对沪市召开市政讨论会之商榷》，《市政评论》第 5 卷第 4 期，1937 年，第 2—3 页。

包括开封洛阳郑州都不是市。① 有人更借国防的意义而主张提高"市"的地位，"近代之市不特是国家军事的据点，同时也是行军府库和巷战的战场，所以我们一定要在边防上以及各通衢上设立若干的市，使其构成一个四通八达的国防网，故市在宪法上应具有其法人地位，以加强国防建设"。② 城市具有国防意义，市政建设自然也就更应该服务于国防了。

在这种形势下，伴随着"建国"的声浪，市政界也与之遥相呼应，提出了"建国必先建市"的口号，"设市"声浪在战后又出现了一个小高潮。这个思潮希望中央政府有计划地在全国设市，增加都市数量，以推动中国工业化的发展。其主要由市政界和民间市政研究团体带动、传播，主要代表是"中国市政研究会"。其中又以著名社会学家邱致中为代表，提出了"计划城市"思想。他积极推动建市计划，认为一省安定的，该省便当即刻建市；一县安定的，该县便当即刻建市。他认为，旧市组织法对直辖市和省辖市设立的人口标准都比外国苛刻太多，若英国只要7.5万人便可设直辖市。③ 若以1万人以上的地区设市，虽然数量上将达到4000多个，但由于中国人口数量巨大，城市人口比率也只达到25%，较之英美德日仍然有很大距离，他希望1万人口以上的城市人口数量能够达到全国人口的一半，方为理想。④

其余学者也有不少人持相同看法，有人明确提出这是发展工业之必要，"我国苟欲富强康乐，自非使农业社会转为工业社会不可，而工商业的建设，又非先建设都市为其基地不可！"认为最理想的格局是市乡人口各占一半，10万人口以上的都市至少应占全

---

① 根据殷体扬《星期看市政》，《市政评论》第10卷第6期，1948年，第9页。
② 芮和蒸：《宪法"市自治"条文之商榷》，《市政评论》第10卷第4期，1948年，第32页。
③ 邱致中：《论设置"县辖市"在建国过程中的重要性》，《市政评论》第9卷第7期，1947年，第13页。
④ 邱致中：《城市政策的研究》，《市政建设》第1卷第3期，1949年，第5页。

国人口25%，方能补充工业化所需要的劳动力，所以中国需要大量设市。① 设想在各地发展出4000多个"民族工业都市经济单位"，彼此在中央计划经济下，分工合作，扩大生产。② 有人还进一步建议，为了让城市人口能达到全国人口50%，计划再建立接近20000座城市，"将来新旧市共为一万八千五百八十市，平均每二千一百多方华里内，方有一市"。③

这些想法在当时自然是来不及实现，但在这种声势的推动下，近代新兴工商业城市、地区中心城市基本上成为一级行政区划和县以上一级地方政权，中国近代市建制基本得以形成。到1947年的建制市里，全国共有省辖市57个，县辖市2个，院辖市12个，④ 距离前述的设市理想当然还有很大差距。

当时世界上都是以人口数量作为城市的标准，"设市以人口为第一条件"也成为民国市政学家的共识。之所以大多数人以人口而不是面积作为城市的标准，这是由现代"都市"的性质决定的。现代"都市"在当时的世界已是资本主义和工业化发展的场所，工业发展需要生产资料和劳动力的集中，资产阶级需要掌控这些资源为自己获取源源不绝的利润，因此产生了城市化的需要，城市也由此逐渐成为生产资料和劳动力的聚居点。出于这种需要，资本主义条件下的城市主要以人口为形成标准，并长期鼓励人口向城市的大规模流动。近代中国有一些城市已经隐现资本吸引劳动力的因素影响，哪怕是在西部落后地区，也有了这种表征，如魏鸿发所陈述："西北各省省会人口日渐增加，实因旱灾失业之农

---

① 王家佐：《从中国工业化的途径看县辖市的设置》，《市政建设》第1卷第1期，1948年，第18页。

② 王家佐：《从中国工业化的途径看县辖市的设置》，《市政建设》第1卷第1期，1948年，第18页。

③ 《论设立"市政部"和"计划建市"》，《市政建设》第1卷第3期，1949年，第4页。

④ 杨子慧主编：《中国历代人口统计资料研究》，改革出版社1996年版，第1277—1278页。

民，易谋糊口之工作，与百政施设之进展，雇用多数之劳力，工商各业，日见发达，故人民大有集中省会之势。"① 而且，战后的"设市"声浪，其内容具有比战前更明确地为工业化服务的目的，这无疑是认识上的进步。

抗战结束后更是出现了一次反对以"县政"压"市政"的高潮，这主要缘于1946年《中华民国宪法》对五五宪草作的一个修改。修改后的宪法第128条规定"（省辖）市准用县之规定"，引得市政界一片哗然，展开了一场大的批评浪潮。很多市政专家将其斥为"落后的农民意识的胜利""完全充满了旧农业社会的没落意识""几乎否决了市的法人地位"。他们指出，这种规定不仅无法与发达的欧美国家宪法里关于市自治的规定相比，甚至相较于五五宪草也是一个大倒退，因为五五宪草至少也将市的地位与省县并列。邱致中认为市的地位太低，根据宪法第118条规定"直辖市之自治，以法律定之"，和第128条规定"（省辖）市准用县之规定"，这等于将市分成两个领域，不仅直辖市失去了独立性的自治权，而省辖市由于地方性质不同，"准用"县的规定，就使得市成为县的附属品。市政人士认为此种规定太过轻视市的地位，呼吁"市绝对不能作省或县的尾巴"②，要求将设市条件降低、自治权放宽。③ 殷体扬则主张在省辖市、院辖市之外，再设县辖市，成为三级市制，如此可使县治区域内的镇集也可从事市政建设，进一步推动城市化运动的范围。④

在"设市"运动中反对"城乡分治"的声音也不小，这种声

---

① 魏鸿发：《西北边省市政之商榷》，《中国建设·宁夏省建设专号》第6卷第5期，1932年，第57页。
② 堡：《中国市政前途的危机》，《市政建设》第1卷第2期，1948年，第1页。
③ 奚玉书：《为新市自治法进一言》，《市政评论》第10卷第9—10期，1948年，第6页。
④ 殷体扬：《市自治通则几个要点》，《市政评论》第10卷第9—10期，1948年，第7页。

音早在抗战前就有了。主要理由是：中国的国情更适合"城乡合治"。"中国城市寄生在农村社会里。"① 中国乡村人口占了80%以上，"若是把乡和市分而为二，实抹杀了这个重要条件，县市分治两者均没有经济独立性"。② 传统中国作为一个亚细亚生产方式的社会，历来是城乡合一，在此基础上所形成的城乡治理模式乃是市乡统一于县治乡治，市民与乡民在经济、文化、生活上联络混融已久，早已难分你我。"县市分治"的推行，则与这种传统相悖，不仅在财权的划分上引起诸多矛盾，而且在市乡界限的划分上，也引起无数纠纷冲突。"在原来整个县的方面，利害本是一致，现在要设立市府，分而为二，势必造成政治上之分歧；彼我之见，发生相互牵制之弊，也是必然的结果。"③ 这表现出了市政府与县政府争夺空间和资源的矛盾。有不少人基于中央财政已经极为困难的现实，反对再多设市政府，主张仍由县政府主持城市事业。在事实上，许多争取"设市"资格的城市，也确实主要是为了获取更多国家资源和社会支持。一个地区是成为特别市还是普通市，是成为省辖市还是院辖市，待遇有着很大差别。比如1946年国民党中央补助了上海市复员费达250亿元，补助了北平市150亿元，而广州由于是省辖市，只补助了4亿元。④ 所以广州市政界就极为不忿，强烈呼吁给广州院辖市的资格。而且省辖市的地位导致一个城市的各种税收，常常要缴纳一半予省政府，而中央机关却不予补助，导致该地建设费用支绌，影响了市政建设。

---

① 江康黎：《对于县市分治的一个意见》，《市政评论》第4卷第10期，1936年，第1页。

② 江康黎：《对于县市分治的一个意见》，《市政评论》第4卷第10期，1936年，第1页。

③ 江康黎：《对于县市分治的一个意见》，《市政评论》第4卷第10期，1936年，第1页。

④ 方逖生：《广州恢复院辖市运动》，《市政评论》第9卷第5期，1947年，第6页。

坚持"城乡分治"的人认为，城市设立后便是实行自治，财政并不再由中央政府划拨，因此，不受中央财政困难影响；而且县政府是省政府的执行机关，也很难兼顾城市事业，再加县区极大，对于城市具体情形有着诸多隔膜，让其承担市政，只会妨碍市政的进步。但更重要的是，城市本就不应该再成为县的附属，应当从县治中独立出来，实现城市自治。世界各国无不以市为自治单位，独中国以县为地方事业建设单位，由于县区较大，造成力量分散，责任不统一，地方事业建设难以推进。

还有一种"县市合并"的主张，是梁思成在抗战前提出的，但却是为了更加提高"市"的地位，免除县政的干扰。他认为合并的好处有四点：一是县的工作通常只限于代表高级政府而执行者，市则常有单独的地方工作；二是县的工作多含有"乡"的意味，对于近代市政，势难妥善办理；三是市县并存导致在同一区域内有两种政府同时存在，造成工作权限叠架或互相推诿之弊；四是合并后可以统一行政，财务、人才、物料均可较为经济。[①] 他直接建议废除县制，比"城乡分治"派更彻底。可见其"县市合并"和那些"县市分治"的主张其实目的一样，都是让"市"获得独立的发展。当然，这场"县市之争"尚未有结果，便随着1949年民国政权在大陆的终结而自动消弭。

从上述争论的内容不难看出，市政界要求"市县分治""城乡分治"的主要原因在于，县是农业社会的行政单位，其所管辖的对象是农村，"县治"仍属"乡治"的治理模式；市则是工商业社会的行政管理单位，其与"县""乡"有着不同的功能和服务趋向。"市"是资本主义工商业者要构建的一种新型空间，在这座空间里资本主义得到自由发展，当这座空间完全构建出来后，它必然要不断拓展自己的范围，摆脱其他空间的障碍并吞并其他

---

① 梁思成：《天津特别市物质建设方案》，《梁思成全集》第1卷，中国建筑工业出版社2001年版，第19页。

的旧式空间，这背后都是资本主义经济利益的推动。由此市政也就与"县治"具有不同性质，若是任由"市准用县之规定"，便会形成"县政"压"市政"的局面，市政界理想的城市现代化、工业化都难以进行。一位学者说得分明："一个是工商社会组织，一个是农村社会组织，在行政的设施上也绝对不同，政府偏偏的不顾实际情形，硬要准用县之规定，这不是诚心不想把中国的市政搞好吗？"[1] 也因此，市和省县之争不仅仅是一个行政地位之争，且是代表着两种不同的社会组织——工商社会组织与农村社会组织之间的斗争，要求将"市"从省县中独立出来、市政界的各种"城市化"和"设市"方案，都反映着资本主义工商业组织要求进一步摆脱农业社会组织的羁绊、为自己创造一个更大空间的愿望。

二 从城乡关系看"城乡分治"的历史内涵

要求"市政"从"县政"里脱离出来，其实就是主张打破传统的"城乡合一"治理格局，走向"城乡分治"。人类走向文明社会的一大标志就是城乡分工的出现，物质劳动和精神劳动的最大一次分工，就是城市和乡村的分离。而且，城市和城镇只是从以定居生活开始后的农业文明时代才出现的，在农业文明之前的游牧时代也不可能产生城市。从城市产生之后，如马克思所说，城乡之间的对立，就贯穿着全部文明的历史并一直延续到现代。在不同国家、社会，都会有自己的城乡矛盾，在一些特殊历史阶段还会表现十分突出。但是这种矛盾在不同性质的社会中具有不同的历史内涵，不可等同视之。

在资本主义产生以前的前现代时期，无论东西方，无论亚洲欧洲，其城乡对立只属于同一生产方式下地域分工而形成的差别，其表现为，城市在政治上统治乡村，经济上剥夺乡村。这种社会

---

[1] 堡：《中国市政前途的危机》，《市政建设》第1卷第2期，1948年，第1页。

状态下的城市多是为官僚、贵族、士绅服务的消费型城市,其消费资源主要通过汲取农村资源而获取。城市表面凌驾于农村之上,其实只是依托于乡村社会之上的寄生体,因而有"农业社会的附庸"之说。所以尽管这时有了城乡分工,却并不存在一个城乡二元社会,实质上仍是处于一种城乡合一的状态。马克思对此有过一段精准的论述:

> 古典古代的历史是城市的历史,不过这是以土地所有制和农业为基础的城市;亚细亚的历史是城市和乡村无差别的统一(真正的大城市在这里只能看作王公的营垒,看作真正的经济结构上的赘疣);中世纪(日耳曼时代)是从乡村这个历史的舞台出发的,然后,它的进一步发展是在城市和乡村的对立中进行的;现代的[历史]是乡村城市化,而不像在古代那样,是城市乡村化。[1]

马克思这段文字告诉我们,在前资本主义(现代)历史的三种生产方式——古代(希腊—罗马)生产方式、日耳曼(封建的)生产方式、亚细亚生产方式下的社会,其城乡关系有一个共同特点,就是城市都建立在乡村或农业基础之上,是"以土地所有制和农业为基础的城市"[2],不是一个超越于乡村文明之上的独立体,其历史是"城市乡村化"的历史。只有日耳曼生产方式的社会自中世纪开始以乡村为舞台走向了城乡对立,在这种对立中城市逐渐摆脱乡村束缚,开始具有了独立性质。这可以视为我们今天所说的"城市化"道路的历史渊源,它是从前现代社会向现代社会转型的一个重要特征,也是现代历史从欧洲中世纪开始的

---

[1] 马克思:《经济学手稿(1857—1858年)》,《马克思恩格斯全集》第30卷,人民出版社1995年版,第473—474页。
[2] 马克思:《经济学手稿(1857—1858年)》,《马克思恩格斯全集》第30卷,人民出版社1995年版,第473页。

重要原因。

中国社会，在古代历史上并未出现过欧洲中世纪那样的城乡对立，反而一直是处于城市乡村化基础上的"城乡合一"状态，是一个典型的亚细亚生产方式的国家。不过，这种"城乡合一"状态，不是说城乡之间没有差别和分工——毕竟自文明诞生以来就有了城乡的分化和对立——只是说城市并未成为可以脱离乡村的独立实体，"从前现代城乡协调交换的观点看，中国就是一种稳定的样板。城乡之间被一条鸿沟截然划开的问题，并未变得十分明显"。因而，"中国城市没有变成既吸引穷人又吸引富人的磁石……城市只在很少几方面有别于农村"。[1]

进入近代以后，有些城市商业贸易虽然有所发展，但仍然体现出对于农业经济的超强依附性。1910年，在中国西部旅行的美国社会学家罗斯记述道："城镇居民与农业总有割不断的联系，农忙季节，许多居民帮忙收割麦了，兰州的贸易就被迫停止三天。"[2] 根据20世纪30年代民国相关部门对铁路沿线城镇的考察，川黔两省，除重庆与贵阳两市以外，其余地方农民达到了70%以上。[3] 如果说西部城市过于落后，不能代表近代中国城市的真实发展程度，那么第一大都市上海也会经常表现出和农业社会的某些相似特点，比如城市经济受制于天灾的程度。1934年江南大旱，立刻就带来了上海工商业的衰落，大量商店倒闭、大批工厂停产，这都暴露出城市经济结构对于农业文明有着极强的依赖性。这种对农业经济的依赖，还会表现为城市面貌上与乡村的浑然不分，因为"城市连同属于它的土地是一个经济整体"[4]。古代的城市里

---

[1] ［美］吉尔伯特·罗兹曼主编：《中国的现代化》，国家社会科学基金"比较现代化"课题组译，沈宗美校，江苏人民出版社1995年版，第209、208页。

[2] ［美］罗斯：《罗斯眼中的中国》，晓凯译，重庆出版社2004年版，第193页。

[3] 殷梦霞、李强选编：《民国铁路沿线经济调查报告汇编》第14册，国家图书馆出版社2009年版，第244页。

[4] 马克思：《经济学手稿（1857—1858年）》，《马克思恩格斯全集》第30卷，人民出版社1995年版，第475页。

常常有大量耕地、菜园、果园，在形式上和乡村难以区分，这一特点在民国时期的中国仍然存在。若青岛这样的城市，自接收改市后，乡村面积仍大过于都市，约占70%，市区面积占30%。农民人口共201005口，占全市人口50%。① 到1937年，其乡区较市区大七八倍，50余万人口中有30几万农民，市区人口仅占四分之一。② 重庆城市在很长时期内的风貌仍是"工农兼备，城乡并存，农地过半"。据1945年3月统计，重庆城市所辖18个区，总面积441400余亩，其中农地超过一半，达270000余亩，再加上荒地57700余亩，占了城市总面积的四分之三。③ 即使在一些较为发达的大城市，其城市现代文明仍属农业文明汪洋大海中的一座孤岛。南京成为全国首都后，有人如是描述："它名义上虽是都市，可是完全没有脱离乡村社会的状态，不仅有整千整万的农民，而且有阡陌相连的耕地。"④ 就连上海，到40年代都有人评价它"虽然拥有众多之人口，实未具备近代都市之重要设施"。⑤ 有人形容当时都市与乡村的界限，"并不能画然分明。乡村之外，有市镇，有小城市，有较大的城市，最后始有文明集中的新式都市。内地许多城市，到了麦收的时候，差不多十分之七八的店铺，都要停业好几天，其缘故，就是因为店铺中的商人和手艺工人，一起下乡去收麦。这种城市其农业的色彩还是很重，简直很难说定这样的城市应该算作都市，还是应该算作农村。……一切内地的市镇、小城市，和大城市，统是现代都市和农村中间的过渡阶段，

---

① 李宗黄：《考察江宁、邹平、青岛、定县纪实》，第150页，载张研、孙燕京主编《民国史料丛刊》第748卷，大象出版社2009年版，第190页。
② 《手工艺品预展及本市手工业之将来——都市与农村之经济交流》，《都市与农村》第23期，1937年，第3页。
③ 程雨辰：《抗战时期重庆的科学技术》，重庆出版社1997年版，第195页。
④ 梁克西：《京市自治问题》，《南京社会特刊》第1卷第1期，1931年，第23页。
⑤ 褚承献：《上海医事之现况及瞻望》，《市政评论》第9卷第9、10期合刊，1947年，第19页。

也就是现代都市侵略农村的媒介物。"① 也就是说，即使是当时的国内"大都市"，也不过是西方都市世界侵略中国的媒介物，自己并未成为真正的"都市"。这导致直到民国时期，中国在整体上还是处于城乡浑然一体的状态，仍然保留着亚细亚生产方式的强大传统。

经济决定着政治，城市在经济上对于农业经济的依附，形成了几千年来"城乡合治"的治理格局；政治又反作用于经济，这种"县治"和"乡治"压制"市政"的治理模式，又不断强化着"城乡合一"的亚细亚社会状态。中国的城市当时需要从乡村文明体系中独立出来，形成一个"城乡二元"社会，"城乡分治"的尝试便是体现了一个亚细亚专制国家进行社会转型的尝试，因为城乡合治的治理模式正是适应这种性质国家的城乡合一社会特点而存在的，打破城乡合治模式便是推动城乡合一走向城乡分化。

但在"设市"浪潮中也存在着时人未有顾及的问题。欧美国家城市已经是工业水平相当发达的社会了，其产业部门齐全，就算大量人口入城，也有足够的产业部门将之消化。然即使如此，欧美社会仍然出现了大量失业人口和经济危机、人口大量积聚城市带来的诸多"城市病"问题，以致出现提倡人口转往郊区、限制城市规模的"逆城市化"倾向。中国仍属一个工业刚刚起步的乡土社会，如果盲目将一些人口众多的积聚点都设为城市，以及毫无限制鼓励人口进城，盲目追求在城市人口数字上达到全国人口的一半，这必然会超越中国的产业实际水平和城市承受能力，反而会不利于城市化和工业化的发展。民国的文献里总有"城市畸形膨胀"之类的描述，与此不无关系，这反映了当时中国人口迁徙城市的规模大大超过了城市产业部门的实际吸纳能力。在这

---

① 谷春帆：《中国都市金融的现状》，《中学生杂志》第41期，1933年，第1—2页。

种前提下过多的"设市",可能会徒增城市和社会的负担,却未必真能实现市政学者以"都市发达促产业进步"的理想。在县城、市镇里推行市政建设,在当时的条件下也可能反倒增加农民负担,并给当地官吏提供横征暴敛上下其手的机会,早在清末新政时期就已经表现出类似的弊端。

第二节 "城市自治"的诉求

在城市逐渐获得独立地位的过程中,城市在"地方自治"中的作用日益为人们所认识,"城市自治"成为市政问题中一个重要内容。因为按照惯常认识,现代城市如果没有自治权,则就与传统社会下中央行政的附庸无异,徒有现代城市之形而无其实。根据欧美城市发展的经验,其城市之所以能够孕育出现代文明,一个重要原因在于欧美城市几百年来,一直进行着追求自治权的斗争。城市自治须伴有市政的独立,现代"市政"观念来自西方的 Municipal Administration 二词,Municipal 词义为"属于城市地方自治的",Administration 词义为"行政",故市政即指城市地方自治的行政。[①] 从这个意义上说,中国古代尽管有城市的管理事业和机构,但是并无现代意义上的市政。"数千年来,我国不是没有城市生活,也不是没有关于城市任务的设施。所不同者,地方自治丝毫未办。一切城市任务不归中央政府直接办理,即归代表中央政府之下级行政机关办理,并没有归市自治团体自行办理的罢了。"[②] 民国学者曾有人认为"周礼"即中国古代市政,然则周礼虽对中国古代城市的空间布局、建筑设计有较大影响,但它和现代所说的"市政"实有很大的不同。传统的市政观念以《周礼·地官》为代表——"凡会同师役司市帅贾师而从,治其市政。"

[①] 《路市问题咨询》,《道路月刊》第47卷第1号,1935年,第87页。
[②] 臧启芳:《市政和促进市政之方法》,载陆丹林编《市政全书》第1编《论著》,中华全国道路建设协会1931年版,第42页。

这里的"市政"不过是指封建官吏改良集市的事务，是一种附属于"国政"下的"官治"。傅筑夫研究指出，在中国古代，市场由政府设立，市场的一切活动都在市政官吏的直接监督和管辖之下，市政也是在整个行政系统当中的一个重要组成部分。[①] 可见，古代"市政"并未获得独立的地位。在这种"周礼"管辖模式下的城市内，工商业者也没有欧洲中世纪城市工商业者的那种独立自治的市民权，他们的社会地位和政治地位都是比较低下的。传统的"士农工商"四民中商居末位、政府历来实行重农抑商政策，都体现了这一事实。有人指出了"周礼"的缺陷，我国古代初无乡市之别，"自古有乡自治，而无市自治也"。周礼天官地官等职，虽然类皆现代市政府之事务，"但亦皆为中央行政之一部，未如今日欧美之市自治也"。[②] 它和西方的那种独立于国家行政之外的"市政"有着很大不同。"中国自周已降，虽亦有市政，但历代都市均在国家行政隶辖之下，无市自治可言。中国之有近代都市行政的市组织，盖为三十年间事。"[③]

欧洲市民社会是在中世纪后期的城市自治运动基础上形成的与国家相分离的社会组织，近代中国"城市自治"思潮的涌现，也在一定程度上反映了近代中国市民意识的觉醒，上海这等大都市早在1905年便在绅商的带头下开始了地方自治运动，直到民国建立后才结束。公共租界里自1905年到1930年还发生了一场历时25年的华人参政运动，其主力是中小商人。如果说，绅商阶层代表着中国早期资产阶级，那么这些事件都反映着成长中的中国民族资产阶级要求获得相应的城市政治、经济权力和独立自由空间的意识。特别是北洋时代，"城市自治"的呼声颇高。1914年，

---

① 傅筑夫:《中国经济史论丛》（上），生活·读书·新知三联书店1980年版，第359页。

② 张厉生:《行宪后市政建设途径之商榷》，《市政评论》第10卷第2期，1933年，第2页。

③ 钱瑞升:《民国政制史》（下册），上海人民出版社2008年版，第685页。

袁世凯统治时期的北洋政府通告里在反思中国历史时，已经提到，中国古代城市设施也不无发达之处，但"当时未曾把国政市政分开"，"到了前清晚年，都市才一天糟似一天，把一个极好的都城，糟蹋得不成样子"。① 这时较早提出了中国需要发展独立于"国政"的"市政"的思想。1921年2月广州市自治团体可为中国第一个城市自治团体，当年7月北京颁布的《市自治制》为中国第一部城市自治法令。但在时人眼里，这两座城市的城市自治仍是几等于无，自治法令也是一纸空文。1928年《特别市组织法》和《普通市组织法》通过后，"城市自治"的呼声与日俱增，逐渐成为一种政治诉求。市政界人士发出了与中世纪城市市民阶级相似的要求自治和民主的呼声，臧启芳考察欧美市政发达的原因，认为首要原因就是城市有自主权。法国自1789年、德国自1808年起就有了市自治法典，这以后中央与地方城市就有了明确的权限划分，城市享有了较大自主权。美国自19世纪以后也开始实行地方自决制，"市政府若没有充足权限办理城市事务，市政实难进步"。而当前中国中央与地方的权限尚未明确划分，自然谈不上有何城市自治之权。② 故呼吁，应当立即制定通用全国的市自治法。担任过河北省政府委员兼建设厅长的张厉生提出："欧美各国，多从自由市扩展而成，及国土既恢，而市常保其独立；自治制度既肇基于城市，民主政治乃恃城市自治而形成。"③ 董修甲回顾欧美市政历史，指出市政是和市民参与城市政治的权利同步发展的，它直接关联着共和制的实现，"在专制政体之下，城市人民不能参与城市政治，所谓城市政治者，自无存在之机会。及至立宪制度发明于欧美，有所谓选举制度，而市民参与市政之机会，

---

① 《改良市政之理由》，《市政通告》第1期，1914年，第4版。
② 臧启芳：《市政和促进市政之方法》，载陆丹林编《市政全书》第1编《论著》，中华全国道路建设协会1931年版，第46页。
③ 张厉生：《行宪后市政建设途径之商榷》，《市政评论》第10卷第2期，1933年，第2页。

亦因之而取得焉。及至共和政体发明后，其市民参与市政之机会尤多。"① 曾任济南市市长的赵经世也指出："市政如无人民之监督，无论如何贤明之政府，极易走到腐化的路上去，故举办地方自治，扶植民权实为训政时期市政之重要工作。"② 抗战后，连时任平津市民促进会理事长的胡适也于1948年致函立院敦促制定市或直辖市自治通则，特别强调市自治权的重要，主张直辖市自治权要与省自治区平等。

市政界认为，"城市自治"是"地方自治"的最有效途径，因为智识人才多集聚于城市，所以"自治的施行，在城市较易入手"。③ "任何人也不能否认市政问题在三民主义下，是尤重要的基础。……地方自治是实现三民主义的具体方法，县市在地方自治中的地位，以市为重要。"④ 一些地方政府的政府通告中，明确将市政建设看作地方自治之基，如"能表现地方自治之成绩者，莫若市政。故市政事业，实为地方自治基础中之基础"。⑤

欧美各国市政发达均与城市自治的程度有莫大关系，民国市政界借此反观本国城市自治状况，多是不甚满意，以为自民国肇基以来，一切条文法规虽莫不以市自治为言，实际上"仅有市政而无市自治。或有'自治'组织，而无事业，或有事业，亦未尽满足人民之需求。宜乎三十余年市政建设之迟滞难进也"。⑥ 当然，这些抱怨也未必全属合理，有些可能只是表现了城市地方势

---

① 董修甲：《市政党论》，载陆丹林编《市政全书》第1编《论著》，中华全国道路建设协会1931年版，第111页。

② 赵经世：《训练民权与市政》，《市政月刊》第2卷第1期，1930年，第3页。

③ 陈受康：《改革我国市政的先决条件》，《市政评论》第4卷第7期，1936年，第2页。

④ 张晓崧：《市自治基层组织与自治财政》，《市政评论》第9卷第1期，1947年，第18页。

⑤ 《训政时期之市政建设》，《万县市市政月刊》第2期，1929年，第75页。

⑥ 张厉生：《行宪后市政建设途径之商榷》，《市政评论》第10卷第2期，1933年，第2页。

力要求进一步扩大自己权力的愿望。在现代化运动中,谁掌握了市政的创办权,谁就是事实上的城市统治者。而且,追求这种权力又不同于传统时代各方势力简单对于行政管理权力的争夺,因为市政属于一种可以创造利润的资本主义经营事业。掌握市政权力的人往往所追求的是能够获取更多的利润,其已经成为一种资本主义性质的社会力量。从当时的各种文字来看,各地市政府虽然形式上是将市政事业收归自己办理,但经常在向当地的士绅富商们请求帮助。如厦门马路建筑工程因为耗资过于巨大,计划者只有吁请"殷富绅商竭诚相助,使金融周转灵便"。[①] 这就反映了城市政府与地方绅商在资本的纽带下结盟合作。所以,"城市自治"运动和当时一般意义上的"地方自治"运动还不能完全视为性质相同。为了掌握城市自治权的绅商们比传统掌握地方主导权的士绅阶层更多具有新兴资产阶级掌握地方权力的性质,他们所创办的市政事业更加具有一些现代的特征。

这种趋向和当时的行政体系产生了比较尖锐的矛盾。由于市政长期被涵盖于普通地方行政和县治中,未有成为独立的事业。很多城市虽然取得了设市的资格,但上一级行政部门仍然习惯将其视为传统的行政单位。南京特别市刚成立之时,许多人都不明白"特别市"的意义,以为特别市仍然隶属于省政府,而江苏省政府也以为南京市政府仍然是自己的附属机关,继续向其征收捐税。市长刘纪文只得向社会强调:"在某一省内如果划出一隅为特别市,即无异于失去了这一隅,地图上即少了一隅,某省绝对不能仍旧在这一隅内行使它的行政权,否则就是破坏市的行政统一。"[②] 而且,中央政府和上级行政部门往往并未将一些本属城市市政府的事务下放,造成事权划分不清,影响建设推行。南京刚为首都之时,电灯、电话事业未有开办,许多市民很有意见,其

---

① 林国赓:《厦门市政之设施》,载陆丹林编《市政全书》第4编《论著》,中华全国道路建设协会1931年版,第104页。
② 刘纪文:《市政与教育》,《南京特别市市政公报补编》,1928年,第11页。

实当时南京的电话局由交通部管理,电灯厂由建设委员会管理,均不在市政府的职权范围内。南京市政府也多次向中央政府申请将此两项事业交付市政府负责,都未获批准。有人因此强调:"中央行政机关和地方行政机关不同之点,一个是重在监督,一个是重在管理,一个是重在筹划,一个是重在实施。中央行政机关一定要自己去管理地方行政范围内的事,可说是毫无意义。"① 殷体扬更指出,有的地方"把市政和奉行上级政府的法令事件混在一块。哪一样是中央或省行政,哪一样是地方的市政,也无法分开,根本很难分别清楚"。② "各项行政,都以县城为中心点,办教育、办卫生、工商管理,多以县城为对象。如此称它为某县县城行政计划亦无不可。"③ 这些抱怨揭示了传统的"县政"仍然压制着"市政"的状况,说明城市尚未真正从农业社会的政治系统中获得独立。

市政界强烈主张明确中央和城市的权限,给予城市相当大的自主权。城市自治直接关联着城市行政的空间,城市自治可于法律上明确城市与中央、社会与政府之间的权利义务,政治主体便能在法律的权限内各尽其责。"都市,则除自治机关以外,又和官厅同时为国家的行政机关。为详细的考察,则都市与官厅,又有不同的地方。官厅所行的事务,不是官厅自身的事务,可以说完全是国家的事务。都市就绝对不是这一种情形,因为都市有自我的存在,在其特别规定区域以内,凡是公共的福利,合乎法律范围以内者,都市均可以自动的任意处理。"④ 并且,不同类型的城市都要有与之相适应的市公约,不能强迫整齐划一,"今后我国各

---

① 饮冰:《首都电气电话的管理权问题》,《南京特别市市政公报》第21期,1928年10月15日,第4页。
② 殷体扬:《我国市行政问题与县市政计划》,《行政问题》第1卷第3期,1936年,第563页。
③ 殷体扬:《我国市行政问题与县市政计划》,《行政问题》第1卷第3期,1936年,第564页。
④ 杨哲明:《都市的经纬》,《市政期刊》创刊号,1930年,第2页。

城市虽绝对不能采取划一的市公约制度，但为行政上便利起见，特别市、省市，和普通市至少含有几种共通的原则。最好由国民政府制定几种特别市市公约，让各特别市自由去选择哪一种；各省省政府制定几种富于柔性的省市市公约和普通市市公约，任省市和普通市自由去选择哪一种。这样国内各城市既得有选择市公约的自由权，且省、市、县之间的权限也可以划清，免得像现在省、市、县之间关于权限问题时常发生争执。"[1]"城市自治"的诉求和前文所述的"设市"风潮、"城乡分治"、"市县分治"是互有联系的，人们通常说中国传统城市不独立、市政不独立，并非简单指城市相对于国家没有独立自治权，主要是指其未有从农业经济中独立出来，市政未有从乡治中独立出来。"城市自治"不仅只是一个争取相对于中央政府的城市独立权，还是给城市争一个在"乡土社会"中的独立空间，而且后者的意义可能还要重于前者。

第三节　走向"统制"的自治

在民国建立的头两个十年，"地方自治""联邦主义"等思潮和地方实验曾经盛极一时，然而到了20年代末，这些声浪日趋低沉。白吉尔阐述过，20年代自由主义在中国经历了惨痛的失败，这导致资产阶级和一部分知识分子开始抛弃他们以前获得的自治之权，转而去谋求与国家的合作，为恢复国家的权威不遗余力。在1927年以前，中国的资产阶级已经开始反思自由主义，趋向于国家主义和民族主义，主张建立国家强权政治。胡适也认为中国思想界发生了一个大的变化，1923年以前，社会思潮倾向于个人主义，1923年以后多转向集团主义。这和白吉尔所说的自由主义在20年代的消退、资产阶级倾向于与国家合作的现象颇有一致

---

[1] 顾彭年：《市公约》，《市政月刊》第1卷第4期，1928年，《杂著》，第4页。

性。在1927年蒋介石政权建立以后，资产阶级选择了归附之路，这正是"国家主义""统制思想"大行其道的重要原因。30年代，一些曾在"五四"时期高唱"自由、民主"的学者也改主张"强有力政府"，介绍全体主义经济学，蒋廷黻、丁文江等专家、教授还参加了南京政府。由此，民国资产阶级的自由主义逐渐让步于民族主义、统制经济。而中国市政学恰好于二三十年代兴起，思想界的变化影响了当时刚刚兴起的市政学里对于"城市自治"问题的态度，刚刚兴起的国内市政思想的发展也同样顺应了这种"与国家合作"的政治倾向。

  国家从来不是抽象的存在，其可能作为宗法农业文明的代表扼杀城市的独立性，也可能以一种新型文明的代表用强力将城市从农业文明中推离出来，实行"市县分治"的主张就体现了依靠国家杠杆来推动城市化和市政运动的思路。民国市政专家和社会学家主张以人口标准来设市，并下调人口下限，以建立更多城市，其主要目的也是想借助行政权力之手强行将更多人口从农业社会推向工商业社会，表现着正在成长中的中国资产阶级对于劳动力和生产资料的强烈需求。依靠"国家"将"市政"从"乡治"中推离出来、建设现代城市的尝试，也是当时一些知识精英所构想的中国走向现代社会的一种可能性。在"城市"谋求与"国家"合作的意图下，中国的"城市自治"思想里就出现了一种特殊倾向："政府干涉"的声音也一直存在于市政界的城市诉求中，丝毫不比"自治"的声音来得小。"城市"既追求"市政独立"，又愿意成为"国家"的工具，这成为中国"城市自治"思潮的一个特点。从原始文献来看，很难将"自治"和"干涉"的呼吁者划分为阵营分明的两拨人，因为即使是一些主张"自治"的市政学者，也常常同时在呼吁国家要对城市进行有力的干涉。比如将"城市自治"声音喊得最响亮的学者之一——臧启芳，也因痛感市民自治意识和能力薄弱，而吁请"中央政府应当以法律督促之"。① 而且，自1927年国民党建政后，这种声音还逐渐成为了主流，并日益发展为了一种近乎"统制市政"的思想。这其中既有南京国民政府成立后加强对于全国控制的原因，也是市政界自身思考的结果。

由于从1919年后，中国思想界整体倾向于了"团体主义""国家主义"，个人主义、自由主义的声音有所减弱。国民政府统治时期，这种倾向进一步增强。在市政学里本来也是强调发扬"团体精神"的，追求"自治"并非就排斥"团体协作"。有市政学家说道："城市日益进步，环境也随以更新，而这种改造环境的大工作，决不是一个人的力量所可包办，必须以团体的力量对付。……自私心不可太重，遇事要通力合作。"② 不过他所说的团体，是指"人民团体——社会"。③ 所以，这里宣扬的"团体主义"仍然指的是一种基于社会自行组织的自治思想。但是，在近代中国，恐怕难以走这种先实现地方自治、再由地方产生合作思想、组成强有力国家的道路。如殷体扬指出了中国与西欧国家的不同："欧美各国是先有了地方自治，才形成有力的中央政府，而我国则先有了中央政府才来实行自治，所以欧西各国问题是在如何吸收地方自治为中央事务，中国的问题是在中央政府如何划出现在所办的事务哪几样给地方去办。"④ 中国与西欧必须走相反的道路，西欧先有地方和个人独立，由地方组成国家；中国则只能先建构国家，再在国家内部慢慢实现地方和个人的权利。西欧先有地方自治，再有中央政府，如是建成民族国家；中国先在顶层形成中央政府，再于基层建设地方社会，如是构建民族国家。简

---

① 臧启芳：《市政和促进市政之方法》，载陆丹林编《市政全书》第1编《论著》，中华全国道路建设协会1931年版，第49页。
② 上海法学社编辑：《市政学纲要》，广益书局1928年版，第30—31页。
③ 上海法学社编辑：《市政学纲要》，广益书局1928年版，第30页。
④ 殷体扬：《我国市自治问题》，《市政评论》第6卷第5期，1941年，第7页。

要的说，西欧是依循从局部到整体、从基层到高层的顺序来形成民族国家的，而中国是依循从整体到局部、从顶层到基层的顺序来形成民族国家的。"凡百庶政，归根到底，必须有巩固统一的政府以后，才有发皇光大的希望。"①

对于当时大多数国人而言，中国需要先有一个整体意义上的组织，才能指挥庶务，进行大的改革。有人通过对北平"城市病"的研究，得出认识：

> 吾们应晓然于一个地方或一个国家，它的经济利益——亦即它的贫富分途——不是单由某一个团体或某一种诱因，所能致其升降的。换言之，即其兴废，必有整个的原因。此原因为何？即经济利益的维护，端赖政治力量之伸张，苟有经济的因素及其基础，而无政治力量为其后盾，则此因素及基础，亦必不久而被摧毁，而被消灭。吾们试一考查近世工业发达国家之往迹及现实，如所谓工业组合、工业统制、经济统制等，何一非藉政治之力量，谋经济利益之开展耶？故根本说来，平市贫乏，原非无产业，乃原于有产业而无组织，同时，并无政治力量为之振兴保护，而结成今日之恶果耳。②

这种想法为"统制思想"提供了土壤，也同样为市政的统制化提供了依据。市政界就有人从历史中为城市的"统制"寻找依据。在张慰慈看来，真正自治的城市只存在于欧洲上古时代，即古希腊罗马时代的城邦，那是完全的独立。中世纪的城市就已经不自由了，现在所讨论的自治也都不再是完全脱离国家的独立了。

---

① 潘公展讲，马宝华纪录：《市政与救济事业》，《市政期刊》创刊号，1933年，第5页。
② 赵万毅：《北平贫乏问题与产业》，《市政评论》第2卷第1期，1934年，第14页。

无论城市如何自治，它都只能够是国家统治下的一种行政区域，只能是一种有限的自治。①

并且，在不少学者心中，"自治"本来就是和"统制"联系在一起的事情，因为中国需要以"统制"去扶持"自治"。国民政府统治建立后不久，市政界就开始了对北洋时代市政的反思。有学者回顾北洋时代的市政状况，感叹城市发展一直面对一个矛盾，"官家办事，往往弊窦百出；人民自治，又因程度不够，能力不足，反为豪绅所把持。自治之结果，反成自乱"。②学者们咎于现实中自治的艰难，往往还是倾向官治和政府统制的办法，并且他们根据孙中山的"训政"思路，以为市政也可在政府的"统制"下培养出"自治"的能力。殷体扬既积极主张市政自治，又认为由于当前中国市政人才紧缺，各级市政府高级机关如行政院、省政府或县政府，就必须对下级市政实行严密监督和指导，"尤其是县以下的城市，它数目很多，又分散各地，地位既重要，才力又薄弱，犹如一位小兄弟，没有父母兄长去扶助是不行的"。③既然下级市政相对于上一级政府，只是如同一个能力薄弱的小兄弟，甚至幼稚小儿，那么"自治"在当前就还言之尚早，只有在父母兄长的"统制"下成熟后，再言未迟。他在抗战期间还说道：过去多数人把自治与官治认为是两件事，把自治机关与官治机关都认为是两件事，把自治机关与官治机关都认为是对立的。在官的方面，认为自治是把官方事务的一部分交给民办，在民的方面也认为自治是官的事务以外另有人民应办的事务。因此，地方事务分为两半，官办官的，民办民的，彼此不能合作。官治机关总怕民权高涨，侵了官权；自治机关也以为受了官权的拘束监督，民

---

① 根据张慰慈《美国城市自治的约章制度》，《新青年》第7卷第2号，1920年，第27—28页。
② 李忠枢：《考察东京市政杂感》，《市政评论》第2卷第7期，1934年，第20页。
③ 殷体扬：《县市分治问题与县市政计划》，《市政评论》第4卷第10期，1936年，第5页。

权总不能只有伸张。两方隔阂，过事冲突，形成我国数十年来自治的光怪陆离的现象。其实市自治，何尝有两个东西呢？……市已成为自治单位，不过是在我国市执行官未民选之前，暂以官治而代民治。将来市执行官吏民选，即变官治为自治了。所以我们要明白地方行政事务，只是一个东西，无所谓另一个地方自治事务。不过在训政期间，以官治扶翼自治，而以"自治"组织"协助官治"。① 他还认为以前中国"城市自治"之所以办得不甚成功，是因为"自治"的步伐走得太快，超越了市民的实际自治能力，颇类"拔苗助长"，所以应当将激进的步伐进行收缩，官方当像教育小孩走路一样，慢慢培养民众的自治能力。有人鉴于市民市政素养薄弱的现实，希望由中央政府设立一个规模宏大的市政学院，普及市政知识，培养市政人才，"这件事如由中央来办，总算是轻而易举。……这种伟大的事业，所费不赀，如果静待地方当局或私人来办，财力精力都感不逮，结果终是一种梦想"。②

官方人士和官方学者则更是极力为政府的官僚政治辩护，如蒋小秋，认为官治和自治不矛盾，他说当时的市政"虽然都是由中央和各省政府，遴任贤明人员，负责来举办。表面看来，似乎类于官治，其实它的本质完全是地方行政，是自治当中的一种阶级。……因为那地方人民程度，还不能自动觉悟和有相当能力来举办市政，而市政又是绝不可缓的事件，故需要专门学识充分的人来担负责任，着手一切革新市政的工作，使一般人民都有机会实地参与其中，加以阅历和训练，引导他们，涵养他们，逐渐来担负这宗经办的任务和工作。故表面虽好似官治，其实对于地方行政上的本质，自治上头的原理，仍然符合，没有丝毫差违的地方"。③ 在比较偏远

---

① 殷体扬：《我国市自治问题》，《市政评论》第6卷第5期，1941年，第7页。
② 冯秉坤：《我也来谈谈"解决中国市政问题的企望"》，《市政评论》第4卷第5期，1936年，第3页。
③ 蒋小秋：《在三民主义下的市政问题》，载陆丹林编《市政全书》第1编《论著》，中华全国道路建设协会1931年版，第57—58页。

的西部地区，如昆明等地，市政府更是认为："经营市政事业，本来应当由市民自动发生，但征诸东西各文明国家，和我国有名的广州、北平等市，大概都要先由官家办起来，然后对于民众，诱导提倡，使他们感受市政的需要，和自身关系的密切。到了相当时期，才完全移归民间自己去处理。"①

1927年以后，从执政者宣扬发展市政伊始，市政就是被国家执政者和城市执政者看作为进行社会治理、国民动员的一种手段。诚如时人所说："今训政开始，建设方殷，市政一途，关于革命步骤，至深且巨，吾人奚可忽视乎？"② 在以"训政"达"宪政"的宣传下，国民党将市政视为实行党治的一个办法。蒋小秋认为，国民党的"党治"也要依靠"市政"，他呼吁"以党立国、全民政治、真实民主、天下为公，一概都要谋这'市政'的进展呀。党国万世无疆，市政也发达进步到无涯无暨的"。③ 这意味着市政和"党国政治"更加紧密地勾连在了一起。不仅中央政府将市政建设看作是整合民众、建立现代国家的一种手段，地方市政府也是秉持此种观念施行市政。一个自称为"种因君"的人在《学生杂志》上发表了《学生与市政》一文，直接认为"训政时期中的地方行政就是市政"。南京国民政府成立后，各地执政者纷纷建议将市政建设提到施政纲领中。沈鸿烈任青岛市市长期间，教育建设的五大目标里第一个目标就是对老百姓进行规训，"培植国家思想"，"青市的教育建设已无微不至，其中皆含有训练民众组织民众的意义。沈氏每论及中国国民性，即以贫穷无知，一盘散沙为憾，所以他对于公务人员、学生、工商界、金融界，以及任何国

---

① 昆明市政府秘书处：《昆明市政概括》，载陆丹林编《市政全书》第3编《各省市政概况》，中华全国道路建设协会1931年版，第11页。
② 雷野青：《安庆市政府筹备之经过及现在设施情形》，《市政月刊》1928年第2期，《记载》，第2页。
③ 蒋小秋：《在三民主义下的市政问题》，载陆丹林编《市政全书》第1编《论著》，中华全国道路建设协会1931年版，第62页。

人集团，时时勉以努力求知，团结一致"。① 沈怡担任青岛市市长时充分行使了政治权威对社会进行干预，时人称赞："自沈氏来长青市，即力矫过去的缺憾，特别致力于改进民生及复兴农村，故念念不忘者为平民生计。数年来政治力量几大部用于经济建设，一切设施深入民间，于是民众益感觉政治之有力，乃对政府发生亲切之信仰。"②

在"统制"的程度问题上，国民党党部往往比市政府更激进。1929年国民党上海党部重建后的第一次代表大会上，各个国民党干部对于上海市政府进行猛烈抨击，主要就是指责市政府太过软弱，"土地局是因为尚未统一管理市政府范围内的土地并且批准了一桩卖土地给日本侨民的事；公用事业局是因为没能收回对所有公用事业的控制权；教育局是因为未能统一地方学校系统的标准。港务局受到严厉批评是因为尚未做什么事来宣传这些计划，代表大会强烈要求该局实施东方大港计划。……警察局受到严厉批评，受到批评的方面涉及其素质、培训、效率，及他们的个人诚信。只有几个局受到党的青睐，它们是工作得到赞扬的工务局和由潘公展领导的社会局。对社会局工作所作的评价给了代表大会一个机会来鼓励潘公展更严厉地对待慈善团体（由地方资产阶级管理），并把它们完全置于该局的控制之下。最后，代表大会要求由经过考试选拔出来的、精通党义的教育者取代市政委员"。③ 可见，国民党党部指责的主要是市政府权威不够或能力太差，希望市政府能够真正成为国民党进行地方控制的工具。特别在涉及租界问题、与外国人关系的问题时，市政府和党部分歧尤大。市政

---

① 金慕陶：《青岛的自治基础在哪里》，《都市与农村》第19期，1936年，第11页。
② 金慕陶：《青岛的自治基础在哪里》，《都市与农村》第19期，1936年，第9页。
③ ［法］安克强：《1927—1937年的上海市政权、地方性和现代化》，张培德、辛文锋、肖庆璋译，上海古籍出版社2004年版，第29页。

府倾向于用缓和的手段达到目的，而党部更加激进一些，比如20年代末到30年代和国民党党部走得比较近的教育局长陈德征在上海强化党化教育，加强对私立学校的控制，并取消了一部分私立学校。但他也同时积极推行收回教育主权的运动，不断在社会发起倡议，将租界的教育权收回到中国当局，得到社会各界的不少声援，却反而没有得到上海市政府和国民党当局的回应，并且陈德征很快就莫名被捕。根据安克强的分析："南京和上海的中国当局对危及城市和平宁静，尤其是危及市政府于租界领导人逐渐建立起来的友好关系的骚动开始丧失忍耐性。"[①] 当然，之后的新任教育局长还是采取谈判的方式继续和租界工部局商酌，一年后工部局也承认了教育局对租界学校的全面管理权。

在对城市文化风尚的建构上，市政界多主张国家与政府强有力的管理和引导，以建立一种良好的文化风尚。吴景超阐述道："欧美诸国，多举办国立戏院或市立戏院，由国家及地方政府设立，示提倡奖励之意；以此种活动宣传，感化力特别强大，可以移风易俗，灌输主义，非公家首倡其有正确意义者不可。由于私人所设，率多趋向牟利，往往投合一般人之低级趣味，对社会国家之不良影响殊巨，应加以取缔。我国国立市立戏院均无，故常任剧业者演映外洋肉感诱惑之影片，或排演荒唐无稽之神怪戏剧，主管机关应极力在消极方面加以禁止，在积极方面鼓励演映意义深远之戏剧也。"[②] 有些关心市政的市民也或从世道人心，或从发展艺术的角度，倾向于加强国家的统制力量。一位市民给杂志社投稿谈到电影会影响于社会、影响于公众，对于社会风俗、人民思想道德变迁有莫大之作用，绝不能用商业的眼光去对待电影事业。因此，电影事业就不能由一二私人电影公司所能决定，私人公司以赚取商业利润的目的拍出来的电影作品无疑会缺乏积极的

---

① ［法］安克强：《1927—1937年的上海市政权、地方性和现代化》，张培德、辛文锋、肖庆璋译，上海古籍出版社2004年版，第144页。
② 吴景超：《实用都市社会学》，有志书屋1934年版，第18—19页。

社会影响，只有国家将电影事业实行统制，以有利于国家、社会的指导思想去发展电影事业，才会产生高尚的城市文化和道德。他极力赞赏苏联对电影的统制政策，以为在这样一个向现代新文化过渡的时期，国家的统制十分重要，"在旧文化形体正在死亡，而别的文化形体，正在产生的过程中，艺术，特别是电影的大众化，格外重视"。[①]

还有关心美术的人士也积极呼吁政治的介入。抗战前国内有大量的优秀美术家、美术高才生，却并未在现代美术工作上做出太大成绩，有人认为是因为没有一种力量将他们集合起来，始终是美术家们在单独展开一些画展之类的活动，以致成效甚微。于是就在抗战期间建议由国家将艺术家们集中起来，发挥艺术之巨大感染力量，唤醒民众的爱国情感。"他们仅仅集合少数同志携带少数作品，在某一角落里，开几大展览会……至于少数作品，既非精心杰构，又乏适宜题材与有系统之设计，当然不能充分发挥技巧，引人入胜。如此情性，对于广大无根的沙漠地带，真是杯水车薪，无济于事。一个初培养出来的嫩才，如没有扶助指导与鼓励，就容易受到袭击与摧残，新兴美术何能例外？因此之故，我们希望先在各市创立精神教育馆，陈设以美术品为主，内分固定与流动两部，以聘任或征求方式，广阔贤路，使美术家自身先集中意志和力量，在抗战建国所迫切需要的大前提之下，作种种唤起精神总动员有效的活动。"[②]

在中央和地方政府的关系上，有学者认为许多城市市政发生的种种弊端乃是由于市长专制造成的，为了加强对于市长权力的制约，就要依靠中央政府的权威，"上级政府委任了市长就算完事，其余一切，全听市长相机处理。上级政府既堂高帘远，耳目

---

① 王晋伯：《城市中电影事业统制谈》，《市政评论》第2卷第12期，1934年，第19页。

② 汪日章：《市立精神教育馆的建议》，《市政评论》第6卷第6期，1941年，第9页。

不周，或则秉'不得罪于居室'的遗训以从政。而市民则既无权亦不敢论到市府的是非。……倘中央对于各市政府再不雷厉风行的严格监督，我敢相信这些市长，顶多只能为阔人修几条汽车路而已。其余一切市政问题，永远不会解决的"。① 并要求各市的改革计划都须经过中央批准。按照这种做法，市政的独立权必将受到很大制约，这种观点对于"城市自治"的信心显然是很低的。要制约市政府滥用权力，又不信任民众的自治能力，自然只能依靠加强中央权力了。

抗战结束后，经历了此巨创深痛的中国人，更加意识到建立一个强有力政府和国家的重要性，这种意识也在市政界中得到强化。一方面，将"自治"与建国联系在一起的倾向更明显了。"我国市自治之目的，不唯在发扬民治，于本身权利义务求得法律上之明确界说，更在于市自治团体之能善尽其神圣责任，而推行建国工作。"② 另一方面，市政界此时更希望能够得到国家的扶持来振兴市政。"战后百废待兴，不失为改良市政的一个机会。可是各城市人力物力均极有限，中央政府如能专设机构在方案上予以统筹，在技术上予以协助，我国都市普遍近代化便大可能。"③ 有人就昆明提出看法："在现存国家三级财政制度之下，要望昆明市府独立，用自己的财力来建设现代的昆明市，只有'俟河之清'，要望云南省府帮助，钱财也很困难。无已，昆明市的市民，和关心昆明市的人士以及来昆明感到市政不满的人士，只有盼望中央的一次建设性补助，或若干次建设性补助，方能达成理想中的美梦。"④ 如果说昆明这种地方过于偏远落后，又不过一蕞尔小城，

---

① 张又新：《中国市政之根本问题》，《市政评论》第5卷第1期，1937年，第19—20页。
② 刘础新：《论宪法市自治问题》，《市政评论》第10卷第4期，1948年，第19页。
③ 夏书章：《西班牙内战后之都市建设》，《市政评论》第9卷第2、3期，1947年，第8、19页。
④ 徐茂先：《建设昆市底几个现实问题》，《昆明市政》第1卷第1期，1947年，第4页。

方才需要呼吁国家支援，可是在大上海，也一样有期待国家扶助的呼声。殷体扬就以为上海"无论在整个政策及实际措施上，似尚有待于中央的支持与市民的共同努力"。① 有学者明确承认了中国的"自治"是没法脱离国家支持的："我国之'市自治'，其真谛则稍有异于世界上之各先进国家"，因为我国"迄未进入工业化阶段，人民教育亦未趋普及，其所谓'市自治'者，一方面须赋予人民充分之自治权利，养成人民过问公共事务之习惯，从而课其应尽之责任，以发展'市'之本身事业；另一方面须发挥国家之监督作用，策进其事业，纠正其偏颇，调整其关系，补助其经费，于建立'市'制之规模"。②

国民政府时期有一个重要思想倾向不得不提，即计划经济逐渐被市政界所认可，特别在抗战结束后成为共识，这是经过战前中国城市坎坷发展的经验教训和日本侵华战争的惨烈打击而得出的一种共识。许多学者都意识到，自由放任的市场经济并不能造就城市真正的发展和国家的强大，中国需要实行计划经济，方能推动城市化和工业化。"中国要早日现代化，绝不是承袭资本主义的衣钵，让各个企业自由竞争所能济事，而须特别警觉，集中一切力量，作有计划的建设。细察全世界各落后国家，几乎遭到同一命运，即是这些国家成了资本主义国家的尾闾，多数人不断的贫穷下去，少数豪门买办在自由放任的原则下，成为资本主义国家榨取本国的中介人，民族工业不能建立，国内只有可耻的商业投机，以致国家长期挣扎在贫穷饥饿和战乱里，我们要改变这种情势，必须尽反这种经济体制，在全国多数人同意的原则下，团结全国人民，从事积极建设，实行计划经济。"③

---

① 殷体扬：《安定中求进步》，《市政评论》第9卷第5期，1947年，第1页。
② 芮和蒸：《宪法"市自治"条文之商榷》，《市政评论》第10卷第4期，1948年，第32页。
③ 晏嗣平：《论宪法及省县自治通则中"市"之规定》，《市政评论》第10卷第4期，1948年，第17页。

著名学者邱致中对苏联的计划经济体制极感兴趣,并由此受到启发,提出了他的主张,核心思想便是企图通过政府力量,有计划地将农村或大城市的过剩人口迁移流转,这就是一种依靠政府杠杆来推行城市化的构想。用他本人的话说,这是解决"城市数量"和"人口集中率"不足问题的最有效而简捷的办法。① 这种理念被他贯穿于市政理想中,就是"计划都市"理想。早在战前,他就进行了部分实践,如草拟《康经济建设计划书》,把四川规划成四个"经济计划实验区",即以成都为中心的农业区、以万县为中心的林业区、以重庆为中心的商业区和以自贡为中心的工业区,每一区以中心市为核心,分辖若干计划市和卫星市。在战后他则进一步系统阐述了这一理想,主张中央政府加强对于全国市政的管理。他以为中国幅员广阔,人口众多,却无一中央市政机构,是以要建立中央市政机构和全国市政制度乃当前要务,"建国必先建市,建市必须先建制"。② 他认为中国的市政是"头轻脚重",甚至"脚大无头",没有一个系统完整的市政制度,③"有了良好的地方制度,更不能不有良好的中央制度",他主张在中央增设一主管市政的部门——市政部,颁布"都市法"、统一各市政策以避免各市各自为政纠纷百出的弊端。他认为,只有建立了这种"计划都市",都市建设的趋向,才能"由过去的'点',越过'线',越过'面'飞跃而成'体'。这样,市政才不是装点门面的,真正造成军事上、经济上、政治上、文化上,有极大使用价值的东西了"。④ 上海在租界时代共有三个市政机构各自为政,造成各种公用事业不能统一,抗战结束后租界虽已收回,但各公司的分区营业制度仍在。这就造成了上海缺乏一个通盘计划规划全体,因此上海市公用局长赵曾珏呼吁实现上海的"行政一元化"

---

① 邱致中:《城市政策的研究》,《市政建设》第 1 卷第 3 期,1949 年,第 6 页。
② 邱致中:《都市建制论》,《市政评论》第 9 卷第 1 期,1947 年,第 32 页。
③ 邱致中:《都市建制论》,《市政评论》第 9 卷第 1 期,1947 年,第 33 页。
④ 邱致中:《都市建制论》,《市政评论》第 9 卷第 1 期,1947 年,第 34 页。

"经营一元化""价格一元化"。论者以为实现了一元化，就可以做到计划经营管理、打破地域区隔、对市民普遍供应、价格合理化，使都市更加平稳发展。① 吴嵩庆在抗战前就明确宣称："十九世纪英国对于市政的自由主义，已成为时代的落伍者，现代市政之唯一出路，只有实行世界市政学者所奔走呼号的城市计划！"②

假如计划经济成为指导理念，就更需要赋予中央政府以相当大的权力，这种权力也需要行之于城市政治。战后，市政界兴起了一股呼吁成立"自治市"的风潮，这个内容已在前文谈到过。许多学者在呼吁"自治市"的同时，又认为国家权力不可削弱。1947年的《市政评论》杂志有一期集中登载了众多市政学家和关心市政建设的市民要求设立自治市的文章，如殷体扬、邱致中等人，可他们不曾有一人主张完全的"自治"，多是同时强调国家权威对于城市的重要性。更有人旗帜鲜明地从计划经济的角度出发宣扬国家加强对城市控制的必要性：

> 中国既须实行计划经济，而城市对于国家的建设，又占极重要地位，一切经济计划都须以城市为执行的中心，城市为执行全面建设的据点。在一个这样严密而讲求效率的经济体制下，中央对于各市必须对其相当控制，以便灵活运用，使全盘计划能够顺利推动。很多人听到"控制"二字，总觉不寒而栗，好像"控制"与"官僚把持"已结下不解之缘。其实"控制"不一定坏，其好坏在于运用的当否，如果要实行计划经济，便需授中央以适当控制权，今日宪法对省县自治尺度放得太宽，中央除能宣布省县违宪的单行规章无效以外，行政监督几乎等于零，这种制度行之于省县已有问题，

---

① 根据赵曾珏《本市公用事业之政策及其现状》，《市政评论》第10卷第8期，1948年。
② 吴嵩庆：《法国市政设计法研究》，《市政评论》第4卷第11期，1936年，第5页。

若再用之于市，将使国家的积极建设处处受到阻碍。且今日的都市，全为买办豪门与流氓所把持，若再把一切大权交给他们，其后果当不堪设想。①

这样一来，在主张"统制市政"者的话语里，城市的"自治权"似乎不是太小而是太大了。于是，中国的"城市自治思想运动"便呈现出了一种貌似矛盾的思想特点：在积极争取"自治市"的同时，许多参与者还迫切邀请国家来加强对城市控制，甚至宣扬"控制有理"，这是中国城市始终服从于国政这种现象的一种特殊表现。所以，从民国市政界的主流来看，他们并不主张不干涉主义或者自由主义，反而极其强调政府的权威，极力宣扬国家干预和政府管制。

市政界除了在城市与国家的关系上较多强调国家的统制和扶持外，在政府与社会力量的关系上也非常重视市政府的作用。20世纪30年代，时人总结模范市长沈鸿烈在青岛的治市模式："经济建设有推动文化的意义，文化建设有发展经济的功用，二者皆以政治力量促成，即政治经济文化之三位一体，亦即沈氏之所谓'政教合一'及'卫养教'的特殊程序。"② 郑州本为通商巨埠，由于连年战争，以致市政荒废，城市狼藉，人民也无此意识，"幸值北伐成功，训政开始，市政府成立，历任市长积极建设，惨淡经营……为期未一载，而已规模毕具，形式一新矣"。③ 因此有人主张"必循中国惯例由官厅严加督责，分区修治"。④ 抗战结束以

---

① 晏嗣平：《论宪法及省县自治通则中"市"之规定》，《市政评论》第10卷第4期，1948年，第17页。

② 金慕陶：《青岛的自治基础在哪里》，《都市与农村》第19期，1936年，第11页。

③ 许骧云：《对于郑州市政之管见》，《市政月刊》第4期，1928年，《言论》，第6页。

④ 关西抱朴子：《郑州市政之约言》，《市政月刊》第2期，1928年，《言论》，第3页。

后，不少人认为市政的落后在于政府权威不够和不作为，具体说来表现在治安奇差、卫生污秽、交通停滞、公用事业破败、经济秩序紊乱、人民生活困苦。要解决这些问题，论者以为政府应该加强对于城市的管理。强调市政府的权威，也就会强调政府的统一管理。在南京，有人称社会事业以前分属不同机构管理，各自为政，影响了办事效率，由社会处统一管理后就更加方便了。他建议创办一批公营设施，包括公设市场、公设典铺、公共食堂、平民住宅、平民工厂、平民贷款所、公共宿舍、职业介绍所、公共浴堂、救济所、养育所等。认为这些设施由政府公设，就能保证价格公道、平民受惠。[1] 这些建议中的不少内容也在 1949 年后变成了实践。

为了将市民组织起来，市政府不排斥一些传统方法，比如保甲法，不仅被用于县政，也被用于市政中。城市保甲自清末就已在杭州等城市实行，20 世纪初逐步被巡警制所取代，但其实这只是表面现象。民国许多城市仍然继续沿用保甲法，有人明确表示希望市政当局"严饬各郊区，利用区保甲长之固有精神，发挥其可能之力量"。[2] 在昆明，市政府认为市民还是一盘散沙，为了实现全民组织，"拟参照保甲方式，用最低限度来组织。如以十家为一组，设一组长；若干组为段，为段长；若干段为区，隶于区长。照每区人口之多寡，严密组织，联络贯通，使市府与个人，感情毫不隔膜"。[3] 在贵阳，抗战期间有人提出警察与保甲要相互辅助，以为在维持治安、推行政令、社会调查、宣传训导等诸多方面，警察不能没有保甲的协助，"值此抗建期间，尤其在情况复杂的大城市……警察与保甲间的联系，尤须广泛和深入的再

---

[1] 根据马饮冰《对于首都社会设施最低限度的建议》，《首都市政公报》第 23 期，1928 年，第 1—5 页。
[2] 瞿钺：《市政二题》，《市政评论》第 9 卷第 2、3 期，1947 年，第 2 页。
[3] 昆明市政府秘书处：《昆明市政概况》，载陆丹林编《市政全书》第 3 编《各省市政概况》，中华全国道路建设协会 1931 年版，第 19 页。

推进"。①

而且，进入30年代以后，民国市政人士对于他们所惊叹艳羡的外国城市社会文明的认识，也逐渐不再如早期一般只是赞叹其繁华、整洁。他们也开始对这些现代都市文明里还包含的一整套国家对于社会的控制体系发生了兴趣，他们对于现代管理方式的称道赞叹很大原因是它们有助于国家加强对社会的控制、维持社会的秩序。这时候一些市政学家对于日本市政评价颇高，有市政学者考察了东京市政后十分赞赏，其中提到，经历了30年代的经济危机后，东京社会居然秩序井然，甚少盗窃案件发生，即使发生，也是几天之内就可轻易破获。他分析原因，发现这是户口调查极为清楚细致的缘故。"每住户人口数目、性别、职业、转移情形，甚至各人的性质如何，警察们全了如指掌。在日本东京，差不多常常有警察到住户去访察，儿媳妇要住娘家去，也须报一声。……中国都市欲维持治安，走上轨道，也非从此处着手不可。"② 社会控制能力细化到如此地步，大大超过了中国传统朝廷对于社会的掌控能力，正是这一点让学者羡慕。有学者在加强北平治安的建议中主张："添设防匪电话、郊区警段电话，以利防务消息。编练警车队巡逻队，以利缉捕。城区实行大检查，郊区设立盘查所，以杜奸宄。其他如成立警察网，增添骑车队，要塞驻军。搜查山岗，劝设报警电铃，劝募巡夜更夫，资遣散兵游勇，增加区队经费，奖掖出力员警，防止反动活跃。"③ 30年代汉口市政府要求保安队于各部驻扎地附近路口都设置游动队，并加派复哨，出动侦缉队在轮船码头、车站、商业中心、市区要道、工厂、

---

① 李坚白：《警察与保甲之联系问题》，《贵阳市政》第1卷9—10期，1941年12月16日，第7页。
② 李忠枢：《考察东京市政杂感》，《市政评论》第2卷第7期，1934年，第22页。
③ 子先：《北平治安问题（续）》，《市政评论》第2卷第5期，1934年8月1日，第5页。

娱乐场所、祠庙、棚户、茶馆、游乐场所等地严密巡视。① 这一切都是为政府加强对于城市社会的统制力服务的。从这些事实可看出，当时市政界已经将民主、自治，还有政府对社会的控制和动员能力，都一并看作现代市政的特点。

在民族危机逼近的形势下，更使这种"统制市政"具有了一种发展到军事化模式的理念趋向。1928年北伐期间，日本以保护侨民为借口，派兵于1928年4月19日在青岛大港登陆，此后，日军沿胶济铁路攻占了济南，并制造了五三惨案。这年南京市在总理纪念周中，市长刘纪文以雪洗国耻号召"先把自己市政府实地训练起来，全体武装起来"，"市政府全体职员，都应该施以军事训练，养成尚武的精神。"并告诫市政人员们："市政府的职员，对于每天起床的小节，尚不能恪守，我们的精神，已然是这样萎靡，还希望能轰其余的大事么？我想每天上午在办公时间之前，召集职员到操场里讲究些运动，并请有军事学识的同志，指导些军事学识，逢着国家有事的时候，个个都能投笔从戎，为国杀贼。"②

"九一八""一·二八"等事变爆发后，这种倾向进一步在全国蔓延，从对市政府成员的要求发展到对市民的要求。在北平，有人主张市府实行统制教育，无论市立私立。不仅校服要统一，而且对于课部内容要严格检查、删改，对学生实行军事化管理。③ 1936年《市政评论》有文章则将这种统制的对象扩大到了所有市民。文章引用法国斯泰因"欲报法仇，必须改良市政"的话来警惕国人："都市人口众多，一国的文化经济以及政治，都集中于此，市政能进步，国力就可集中强大，以之制胜敌人，才有把握。我们的都市，也应该了解这种任务，尤其是在当前多难的时期。"该文没有再谈论"自治"等话题，而是提出在当前这样一个非常时期，

---

① 汉口市政府：《汉口市政概况》，1933年，《公安》第7页。
② 《刘市长在总理纪念周之报告》，《南京特别市市政公报补编》，1928年，第3页。
③ 半回：《北平市的教育统制》，《市政评论》第2卷第5期，1934年，第8页。

"平时当局要把散沙一般的市民，组织起来，加以严格的训练。不然，人人各自为谋，都市人口虽多，一旦大难临头，徒然无补于实际"。该文还在市民的教育中第一次提出了"尚武教育"，还非常鲜明地提出了要采取统制办法来管理市政，"贤能市当局，必须使市内各业团体，都在统治管理原则之下，能够指挥裕如，应付得当，养成都市中的个个市民，都有'为国牺牲'的决心"。①

随着日本侵略活动的加剧，南京市市长马超俊、汉口市市长吴国桢、上海市市长吴铁城，都达成了一个共识，"当时日本谋我甚急，故一切市政重心，都着重抗日战争之准备"。②陈立夫在马超俊的南京市市长就职仪式上宣称："霓虹灯光照射都市建设，非吾人所需要；训练人民，使成现代都市实质化之市民，乃为吾人真正需要之都市建设。"③马超俊担任南京市市长后，为应对可能爆发的战争，对市民进行防空与救护的常识教育，并将男女分编成队进行组训，以协助国军在日后作战；对青年学生进行军训，先后训练了5万人，这些组训的青年在抗战开始后多成为国军的基层干部。并组织码头工人，归军警直接指挥；用行政手段强令15万适龄儿童进入小学，开展成人读书运动。这些举措被罗家伦称赞为用革命方法普及教育。④到了抗战时期，有人建议大后方的重要城市——贵州的市政内容当以管教养卫为对象，"管，人人皆善；教，人人皆学；养，人人皆足；卫，人人皆兵"。⑤宣扬军事化的市政是统制化市政思想的最集中表现，这其中确实也有其迫不得已的理由。

这种倾向也延续到了战后的许多城市市政，兰州在1948年的

---

① 《当前的市任务》，《市政评论》第4卷第3期，1936年。
② 《马超俊先生访问纪录》，"中央研究院"近代史研究所1992年版，第172页。
③ 《马超俊就京市长职略谈施政意见》，《市政评论》第3卷第9期，1935年，第15页。
④ 根据《马超俊先生访问纪录》，"中央研究院"近代史研究所1992年版，第173页。
⑤ 王伯群：《对贵阳市政的期望》，《贵阳市政》，1941年，第4页。

施政重点赫然包括"树立建国风尚,推行心理建设""整编保甲组织,健全人民团体""严密民众组织,奠定自卫基础"。[1] 太原在抗战结束后,市政府一边宣扬:"促进市政,作到政民打成一片的民主政治,为市政建设共同努力。"为了做到"政民一片",则"组训民众,训练现代化的标准国民,破除以往各扫门前雪、不管他人瓦上霜,对国家观念薄弱、不讲公益的市民恶习",要进行改正,同时,"思想上反左右倾,政治上反贪污,军队上反扰民,经济上反剥削,社会上反不平。""组织民众自卫队,武装民众,加强训练,使市民平时为优秀的建设者,战时即为坚强勇敢的战士。"[2] 在这些城市,统制市政和军事化动员模式不仅是战时的特殊管理体制,而且是在战后继续发展为常态化市政管理模式。

在普通市民里也存在着倾向加强政府办理市政权威的态度,这和一些城市"自治"组织在城市生活里的责任缺位或畸形发展有很大关系。近代很多时候由于城市产业吸纳能力有限,造成大量人口争抢有限谋生资源,形成了城市里各种欺行霸市的浮民无赖式"自治"势力,政府也莫之奈何。从这个角度看,城市问题似乎确实是由于政府缺乏必要的权威和治理能力导致,如北京城长期连自来水都无法普及,原因在于它侵犯了城内的山东帮的挑夫利益。北京市民的饮水问题长期都是依靠这些挑夫去街上的井里挑水来解决,谁家要安装自来水管,挑夫们就成群结队前往别人家里,把水管砸烂。[3] 再如北京城自元朝建都以来到1949年之前,粪便问题就一直未能解决,原因很多,其中有一个重要原因,

---

[1] 兰州市政府:《兰州市政轮廓画》,《市政评论》第10卷第8期,1948年,第19页。

[2] 白志沂(太原市市长):《我对于市政建设兴革意见》,《市政评论》第10卷第1期,1948年,第15页。

[3] 根据《北平、上海》,载范祥善《现代社会问题评论集》,《民国丛书》第5编第20册,上海书店1996年版,第8页。

就是民间粪阀操纵粪夫对于政府官办整顿粪业的抵制。1918年，北京市政公所会同京师警察厅倡议改善粪业，遭到粪夫反对未能实行。之后卫生局多次拟议改善措施，均因种种困难未能实施。市当局干脆不再管理粪业，将城市粪便的整理全交由粪夫们自行处理，整座城市自然是臭气熏天，市民们很希望政府大力整顿。30年代有人指出正是由于北平市自治委员会在诸多问题上的无所作为导致了人们倾向官治、反对自治的态度，"物质方面之工作，全由市政府公安工务两局举办，所谓筹备自治委员会者，不曾染以一指。即最简易之秽水秽土运除事务由警察之手而移管者，虽区坊公所林立，亦不曾予以妥善的处理，住户怨声载道，致有'自治不如官治'之谤言。在卫生上最难问题之粪便清除事宜，仍旧付诸一班贫苦无知之所谓'粪阀'之手，任其挟制住户，莫可如何，秽土之山，触目皆是。"[1] 鉴于城市各种旧势力对于市政建设的破坏，社会上产生出希望加强政府权威的"统制市政"的思想，当然有其合理之处。

但事实上政府的表现并不是太令人满意，北京自来水问题上，市当局对山东挑夫帮一直持放任态度。粪便问题上，1934年袁良任北平市市长后，以为"粪夫一日不改革则市政一日不易着手"，遂饬卫生局拟订收归官办办法：全市粪道、厕所登记、评价，给价收回，公共便所由卫生局派去运除，并由卫生局招募夫役发给号衣拨由各清洁队管理，淘取粪便工作仍尽量用旧有粪夫，旧有粪具一律不用，拟定新式设法改良，求其合乎卫生与观瞻，拟定打扫厕所、刷洗马桶费用章程参照公益捐办法按户征缴等。[2] 哪知后来粪夫们群起反对，以为粪道归于官办会导致自己生计断绝，聚众请愿，该计划又未能实施。不过，对此事件不难推测出，当

---

[1] 《勉市参议会诸君，抄自八月八日华北日报》，载北平反对违法自治选举市民团《如此完成的北平地方自治！》，1934年，第56—57页。

[2] 根据金祥瑞《旧北京的粪夫与粪阀》，《文史资料存稿选编·社会》，中国文史出版社2006年版，第388—389页。

时真正要反对袁良这个官办计划的，并不是一般粪夫，因为，这个计划已经说明"淘取粪便工作仍尽量用旧有粪夫"，便未有太大触及一般粪夫利益，真正触及的是在一般粪夫背后进行控制的粪阀、粪商们的利益。所谓"粪阀"，绝不是一般的地痞流氓，而是一种"粪商"，也就是粪夫的雇主。他们或占据粪道雇人收集粪便，或开设粪厂收买粪便再进行出售，于是就成为控制这一行业的"粪阀"。他们在市内有房产、买卖，郊外有水田、旱地，有许多是世代相承。如于德顺、刘春江，都依靠剥削粪夫致富而拥有大量的房产。所以，这些粪阀实际上是一群依靠垄断粪道进行剥削、以粪便作为产业积累资本的地主资本家。官办粪业侵犯的是他们的利益，所谓粪夫集体抵制背后明显是他们的唆使。后来，随着袁良的离职，此事也不了了之。以后成立的"北平市改进粪便事务委员会"则是官商各半，权责均匀，体现着官方与民间粪商们的互相妥协。但从此对粪便事务多是敷衍了事，并无实际措施，粪便问题还是到了1949年后才得以解决。

在一个由惯于散乱、苟且的乡治社会走向崇尚法纪、效率的市政社会的过渡时期，没有政府力量的推动和依托于政治信仰的思想动员，市政建设确实是不可想象的。在当时的市政学里有两句话，一句是"The city's business is government"，另一句是"The city's government is business"。[①] 也就是说，市政府的问题，往往就是城市的事务；而城市的问题，也往往就是市政府的事务。在市政界的思想里，市政府为市政关键，到底建立一个什么样的市政府，关系着市政的水平，这反映着市政府在当时人们思想里地位的提升。著名行政学家夏书章在抗战后提出现代政府不是"警察局式"的而是"服务社式"的，因此政府管辖事项的门类和范围也逐渐增多与扩大，这种情形在市政方面表现得尤为明显，"例如

---

① 根据殷体扬《市民生计与市政建设》，《市政评论》第9卷第5期，1947年，第1页。

除维护治安以外,不能置水、电、交通等有关人民生活的问题于不顾。又如传染病的预防和扑灭,从前并非政府分内的事,如今却是任何近代化的国家,特别是市政当局所必须处理的重大事件。"① 然而现实是"我国最大多数的都市依然只能停滞于旧时代的气氛中,并且处于困厄的境地,政府连消极的职责都难以负担。这就是说公共秩序不能维持,一切建设便难于着手"。② 也就是说,他们认为,传统中国政府是一个对社会缺乏履行责任义务和能力的机构,现代政府必须要加强对社会的责任承担和提高自己的治理效能。从这个角度讲,市政界要求强化政府的义务和力量。夏书章非常明确地说:"'干涉最少政府'的时代已成陈迹,现在是政府管制得愈严密周到,人民的福利才愈能得到保障与提高。"③ 民主政治也必须奠基于一个有能力、有责任心的政府之上,"现代的政府必须有'能',不有'能'不足以执行大规模的经济计划,以安定民主。政治力量的膨胀,在经济上的意义是政府对人民的'所得'操有决定之权,工人的工资、农人产品的价格、工业与银行家的利润,都可以干涉。政府的经济措施与千百万人的生死攸关,所以,民主政治是能有效率而且廉洁的政治。"④ 从这些话又可发现,虽然市政界提倡管制,但又要求必须是对于说话者而言"合理"的管制。若用一句话来表达民国市政界对政府的态度,就是:"我们需要一个建筑在法治基础上的政府。"⑤ 他们心中的"法治"就是一个能够迫使政府只做他们需要之事的制度。

---

① 夏书章:《论公共秩序与都市建设》,《市政评论》第9卷第11期,1947年,第3页。
② 夏书章:《论公共秩序与都市建设》,《市政评论》第9卷第11期,1947年,第3页。
③ 夏书章:《论公共秩序与都市建设》,《市政评论》第9卷第11期,1947年,第6页。
④ 陈正予:《民主政治与上海》,《市政评论》第8卷第9期,1946年,第3页。
⑤ 夏书章:《论公共秩序与都市建设》,《市政评论》第9卷第11期,1947年,第7页。

第四节 "反资本主义"市政

统制市政思想的存在，还有一个更深刻的思想土壤，这个土壤是自民国建立伊始就出现的一种特殊倾向："反资本主义"思想。它在市政观念中也一直有所体现，从前文所引的不少文字可以发现，当时的叙述中，主张市政公营者许多宣称是为了反对资本主义在中国的发展，如"欲遏制资本主义之发展，必着重于城市公用事业之市有市办"。[①] 这种"反资本主义"的观点往往在当时就导出了"统制市政"的主张。

如果翻阅民国的文献，就会发现"资本主义"在当年多半时候也是个贬义词。早在抗战以前的文献里，不管是官方文件，还是学者的文章，都可以找到大量的"反资本主义"的话语。即使在今天看来应该属于"资产阶级"的人物，当年他们的文字里也是宣称要"反资本主义"的。最早直接出现批判资本主义话语的是孙中山，1912年4月1日，孙中山于南京辞去临时大总统之职的当日，在同盟会会员饯别会上作的演说里提到英法美国家里贫富差别太大，社会里埋藏着爆发革命的忧患，"革命的思潮常激动着这些国家的国民。如果不进行社会革命，则大多数人依然得不到生活的快乐和幸福。现在所谓幸福只是少数几个资本家才能享受的"。[②] "资本家者，以压抑平民为本分者也，对于人民之痛苦，全然不负责任者也。一言蔽之，资本家者，无良心者也。"[③] 在实现第一次国共合作后，孙中山又明确提出"节制资本"的纲领，这些都表现出他对于欧美资本主义对社会破坏性日益加深的担

---

① 刘础新：《论宪法市自治问题》，《市政评论》第10卷第4期，1948年，第19页。
② 孙中山：《中国革命的社会意义》，载中国社会科学院近代史研究所编《孙中山全集》第2卷，中华书局1982年版，第325页。
③ 孙中山：《在武昌十三团体联合欢迎会的演说》，载中国社会科学院近代史研究所编《孙中山全集》第2卷，中华书局1982年版，第333页。

忧警惕。民国的政界和学界很大程度上继承了孙中山这一倾向，在他们的话语里经常声称要超越资本主义，要反对唯资本是图的经济发展模式，宣称中国"要建设非资本主义的国家、三民主义的国家"。① 所以，对资本主义进行反思，防止资本主义势力在中国的发展，在民国时期一直是主导许多学者和政界要人的一个重要口号，"反资本主义"思潮在中国可谓是由来已久。而他们主要是将计划经济看作资本主义的对立面，有一段论述非常直白地反映出他们因为反感资本主义而主张实行计划经济的逻辑：

> 中国要早日现代化，绝不是承袭资本主义的衣钵，让各个企业自由竞争所能济事，而须特别警觉，集中一切力量，作有计划的建设。细察全世界各落后国家，几乎遭到同一命运，即是这些国家成了资本主义国家的尾闾，多数人不断的贫穷下去，少数豪门买办在自由放任的原则下，成为资本主义国家榨取本国的中介人，民族工业不能建立，国内只有可耻的商业投机，以致国家长期挣扎在贫穷饥饿和战乱里，我们要改变这种情势，必须尽反这种经济体制，在全国多数人同意的原则下，团结全国人民，从事积极建设，实行计划经济。②

这段论述的观点主要是因为察觉到资本主义制度下自由市场经济的危害，遂主张实行计划经济。此倾向又是呼应了当时世界资本主义国家发生的某种变化。18—19世纪兴起的工业革命所带来的城市化进程引发了种种社会问题，资本主义的阴暗面在欧美

---

① 曾铁忱：《中国经济富力与救贫问题》，《社会月刊》第1卷第2期，1929年，第10页。
② 晏嗣平：《论宪法及省县自治通则中"市"之规定》，《市政评论》第10卷第4期，1948年，第17页。

国家的暴露，很多问题是通过这些国家的"城市病"表现出来的。欧美国家的一些改革家们认为产业革命之后出现的"城市病"是由于市场失去控制所致，于是出现了抵制自由放任主义的思潮，政府加强了对于市场的干预，对于过分追求利润的私人社会力量，逐步限制他们的活动。特别是在第一次世界大战以后，采取国家力量限制市场的作法，又逐渐成为一种国际潮流。在医治"城市病"的活动里，政府遂发挥了越来越大的作用。这一变化其实早已曾被恩格斯所预见："猛烈增长着的生产力对它的资本属性的这种反作用力，要求承认生产力的社会本性的这种日益增长的压力，迫使资本家阶级本身在资本关系内部可能的限度内，越来越把生产力当做社会生产力看待……资本主义社会的正式代表——国家不得不承担起对它们的管理。这种转化为国家财产的必然性首先表现在大规模的交通机构，即邮政、电报和铁路方面。"[①]政府将解决一切社会问题的方案置于城市规划之下，成为欧美近代国家的共同之处。

同时期许多中国人也感受到世界上出现的这一变化，并且当时社会主义思潮在中国已有相当影响，"反资本主义"的倾向在中国市政观念中也自抗战前便已经随着对于"城市病"的关注而形成，许多人将"城市病"根源直接指向了自由竞争的资本主义。有人在肯定了自工业革命以来资产阶级在兴建现代城市方面的贡献同时，也直接指明现代城市的实质"与其说是为全体市民谋幸福，毋宁说是为少数资本家图利便"，[②]因此，克服欧美城市病的根本方法是改变城市的资本主义性质，"十九世纪的都市计划，是资本家的都市计划。……质言之，二十世纪的都市计划，是民众的都市计划，一洗贵族之胭脂与资本家之煤烟，而化为民

[①] 恩格斯：《反杜林论》，《马克思恩格斯全集》第26卷，人民出版社2014年版，第294—295页。

[②] 沈维栋：《现代都市计划的趋势》，《无锡市政》第1号，1929年，《论著》第7页。

众熙攘之乐园"。① "市政是为大多民众谋利益的，而不是单为资产阶级享舒服的。"② "反资本主义"又是和反对私人垄断、主张市政公营结合在一起的。许多人认为市政设施由私人资本家经营的话必然对市民不利，吴景超说："我国之医院，多任私人经营而纯粹以营利为目的，除极少富人得享其利外，贫人几不可染指。此种弊病极大，允宜广建为公共谋福祉之医院，如红十字医院、贫民疗养院、方便医院之类，以供贫苦民家之用。对于一般都市之卫生，始能促进，否则疾疫传染，将不断发生于都市而影响全体市民之身心也。"③ 臧启芳介绍，美国城市的教育、水电等公用设施费用都极其低廉，甚至免费，即使是私人所办的事务，"亦须由市政府规定其用价的限度，不能听私人随便营利"。④ 市政界有鉴于此，往往就会将"反资本主义"和实行计划经济、"统制市政"联系到一起。这种主张的核心就是由政府经营、管理市政，不能将市政建设交予私人；以计划管理的方式而不是自由市场的手段去发展市政事业。抗战爆发以后，"战时经济"的形成则进一步加强了"统制市政"思想的发展。著名市政学家张金鉴提出，我国的生产落后，经济事业不发达，"但是我们亦因此未形成资本主义社会的畸形发展和病态，很可按我们的理想，去事半功倍的一劳永逸的推行市政建设"。⑤ 中国今后的市政建设，"在消极方面要避免资本主义的弊病免蹈其覆辙，在积极方面要谋市政建设的社会化借以实现民生主义。这就是说，市政建设须适应市

---

① 沈维栋：《现代都市计划的趋势》，《无锡市政》第1号，1929年10月1日，《论著》，第7页。
② 陈赞祺：《都市的平民住宅问题》，载顾彭年编《市行政选集》，商务印书馆1929年1月，第189页。
③ 吴景超：《实用都市社会学》，有志书屋1934年版，第19页。
④ 臧启芳：《市政和促进市政之方法》，载陆丹林编《市政全书》第1编《论著》，中华全国道路建设协会1931年版，第47页。
⑤ 张金鉴：《市政建设的时机与方向》，《市政评论》第6卷第5期，1941年，第3页。

民的一般需要或满足大众欲望，其目的在增进公共幸福，不在为个人享乐的赚钱。""市政建设的这些地方设施应能使之社会化主义化公共平民居宅的建造，民众食堂经营、衣服及日常用品的供给，都应当以公营或合作等社会化集体化的方式推进之。"[1] 政府公营成为各城市的主要市政经营模式，如自贡市都市计划里，认为电灯、电话、自来水、煤气、交通机关等，必须实行政府公营政策，不能由私人掌控、采取自由竞争的办法经营。但鉴于市政府财力不足，最好采取"官商合办""官督商办"的形式，总之不能由私人资本垄断市政事业。[2]

对于以计划经济手段和政府经营模式来克服资本主义弊端的市政理想，鲜明地反映在了市政界对于苏俄市政的认识上。20世纪二三十年代，中国学者一度对于苏俄的城市建设甚感兴趣，许多学者前往考察，对其计划经济下的城市规划赞不绝口。不少人在去苏俄之前常容易想当然地认为苏俄建国不久，必定集中全力于工业建设，无暇顾及市政，或者有人认为苏俄的口号根本都是不切实际的宣传。然而很多前往苏俄考察过的人就发现苏俄建国短短几年，其成就是多方面的，不仅工业化取得了巨大成就，就是城市建设方面也似乎有赶超英美的雄心抱负。苏俄"表现由国家来计划建筑来统治建筑获益良多；表现统制愈完密，计划愈能合理，而私人处理土地与工业必一无成就。他们已证明了欲求成功必大胆的计划起来，证明了吾人最好是打倒资本主义下的一切谬见。"[3] 尤为难得的是，苏俄市政是为平民服务的。"俄国在革命以前，医疗卫生设备，都是把贵族、官僚、资产阶级做标准的。

---

[1] 张金鉴：《市政建设的时机与方向》，《市政评论》第6卷第5期，1941年，第4页。

[2] 邱致中：《自贡市社会计划与社会政策》，《市政评论》第6卷第5期，1941年，第16页。

[3] 丁咏璐译：《苏俄之建筑及城市计划》，《行健月刊》第4卷第4期，1934年，第169页。

贵族、官僚、资产阶级聘了医生做常年的卫生顾问不算，还各人有各人的休养建筑，每逢盛夏或严寒的时候，他们都移居休养建筑去休养，便是星期例假，也不轻易放过休养的机会。只有平民的生命是不值钱的，他们不但平时不得休养，即使病了，也不一定能够得到必要的治疗。革命以后，就依照人民需要医疗卫生设备的标准，在各地陆续添设医院和休养院，并视工人工作需用劳力的多寡，规定每人每年应得例假两星期至四星期。例假期间照给工资，并由工作机关送往适当的休养院去休养，所以俄国各处都有劳工休养院。"① 一些学者对于苏俄解决工人住宅问题表示着由衷赞赏，"住宅的社会化和对于大部劳工阶级公用房屋的供给，其结果终必能将私家对于房客的剥削完全取消。在苏联城市发展的现阶段中，人口的激增和房屋的缺乏是它的一个特点，假使政府没有住宅社会化的计划，那么私人的剥削是决不可免的了"，②"苏俄的工人住宅租金低廉，条件良好，自五年计划实施以来，各工业区都建造了专为工人居住的新房。据访问者介绍，工人住宅内有电灯、煤气、自来水、暖气等设备，住宅大小也是视工人家庭人口多寡而定，最精致的住宅里有铜床、衣镜、地毯、油画、钢琴、留声机、收录机等，室内设计也颇有美学意味。"③

如果说，自王韬、郑观应等晚清启蒙思想家到民国的一批现代知识分子前往欧美资本主义国家后，对当地城市最深刻的印象主要集中于它们城市外观的光鲜美丽、街道的整洁卫生、市民风尚的优雅文明、社会治安的井然有序、管理制度的民主法治，那么，民国时期到苏俄访问的官员、学者对市政的赞叹则更多是被其市政设施面向劳工阶级的平民化和为全体底层人民服务的平等性、公共性所吸引，而这一切又都是和该国的计划

---

① 曹谷冰述：《苏俄视察记》，1930年，第242页。
② 希贤：《苏俄五年计划中的住宅问题与城市设计》，《清华周刊》第36卷第2期，1931年，第67页。
③ 根据曹谷冰述《苏俄视察记》，1930年，第144—145页。

经济体制联系在一起的。这就令民国的这些官员、学者对于计划经济体制极为青睐，要实行计划经济和政府公营，在当时的逻辑下，就顺理成章和"统制市政"的思想、实践愈加紧密地联系了起来。

抗战结束后，"反资本主义"的意识继续发展。有的人即使不主张国家控制市政，但也认为要由当地市政府来垄断市政，绝不可交由商人自治。"所谓都市的公用行政，就是都市的受益行政。这种受益的行政，与市民的生活是有密切的关系，如自来水、电灯、电力、煤气、电话、电车等，皆为任何市民一日不可少者。欧美对于这几种事业，通称之为都市独占事业……多数国家的独占事业都收归市有，更认为非市办不可。盖商人经营多缺乏服务精神，而利润收获，与市政府毫无补益，同时私人资本有限，大规模之计划，尤非少数商人所能力及。为使市政府增加一笔收入，为使市民直接得到廉价的水电舟车，为使水电不缺，舟车不挤，则唯有收归市办，管理的方法愈要精细。"[1] 上海也有人提出，刚刚经历战争的城市政府财力有限，不若实行"民营官督"，"因为民营，一切设施才能依照经济原则办理……因为官督，一切经营，不能听任腐败，自必予以纠正"。[2]

不过，从市政府官员的立场上看，很多时候主张实行"市有"，主要目的还是更方便展开市政建设。1929年上海南市码头被"市有化"，就是为了将外国人经营的公司收回，市政府借此改进了码头许多设施。刘纪文在南京任上时，面对南京人口日增、而房屋有减无增的局面，主张政府统一修建平民房屋。他想将中山马路两旁的土地收归市有，声称是由于老百姓将来一定会在该地自行建筑，地价必会猛涨，政府必须趁当前价格收归市有，以便将来建筑房屋；而如果"让人民自己去起房子，将来所起的房

---

[1] 森堡：《都市复员与都市计划》，《新重庆》第1卷第3期，1947年，第60页。
[2] 徐学禹：《上海市公用事业的前途》，《上海市政建设专刊》第1期，1945年。

子，一定会舛错不齐、形式不一，或者人民因为没有钱的缘故，而致于三年五载还造不起来，这是有负这条马路的功用的"。① 北极阁山下很多坟墓，影响观瞻，也妨碍建设，他就直接将这块地带收归市有，并通知该地坟主限期迁坟。② 刘纪文依靠他的这种强横作风，成为民国时有名的模范市长。

综观主张以市政统制反资本主义的话语，我们可以发现，其理由主要是关注平民生活问题，反对市政为少数富豪资本家垄断。总体说来，其分为两个内容：国家经营市政和地方政府经营市政。其实，这两种模式都只是另一种形式的资本主义。市政研究者们认为私人资本主义导致了贫富分化太大，导致激烈的阶级矛盾，以及私人经营市政造成的城市管理混乱，和普通市民享受不起高昂的市政服务费用，于是就将解决矛盾的方法诉之于国家管理市政，但这在民国本身就是一种国家资本主义经营的市政模式。有人曾表述国家经营模式："在欧美先进诸国有它们的进化途径，资本主义组织终焉之后社会主义会起而代之。……当现在这种内外交迫、朝野困穷的时代，再要采取经过资本主义所经历的程途来发展中国的城市，在势在理都是开倒车闯祸！为今之计只有超越欧美所已走过的程序，采用国家资本的建设来发展工业和经营商业，作整个的通盘筹备，然后落后的城市、凋零了的城市才有新建设及复兴的希望。"③ 显然，其所说的社会主义无非是发展国家资本，限制私人资本，以为城市只有依靠国家资本才有前途。学者将这种"统制市政思想"当作真正的"社会主义"思想大肆鼓吹，还将这种理想和苏俄市政等量齐观，却未意识到，苏俄市政能够实现"平民化"，前提是经过了一场大规模城市革命，实现了阶级权力的变更，并非简单强化国家权威和计划手段所致。民

---

① 《刘市长在第十二次纪念周之报告》，《首都市政公报》第23期，1928年，第2页。
② 根据《工务局消息》，《首都市政公报》第23期，1928年，《纪事》第4页。
③ 骆谷：《商业的复兴和市城》，《平旦周报》第7期，1932年，第1页。

国学者信奉的抽象"国家主义""统制经济"仍然反映的是一种国家资本主义思想，正如孙中山的"节制资本"之法是要发展国家资本节制私人资本而并非"社会主义"一样，他同时声称中国不可"用马克思之法"，其反对马氏"社会主义"之义十分明确。孙中山当时产生"国家资本主义"思想，很大程度也是借鉴了欧美诸国国家权力正在强化、走向垄断资本主义的现实。他更明确承认"夫吾人之所以持民生主义者，非反对资本，反对资本家耳"。"反对少数人占经济之势力，垄断社会之富源耳。苟全国之铁道，皆在一二资本家之手，则其力可以垄断交通，而制旅客货商铁道工人之死命矣。土地若归少数富者之所有，则可以地价及所有权之敌，而妨害公共之建设，平民将永无立锥地矣。"① 其"节制资本"的真义在于不反对资本、只反对资本家，其目的正是要建立一种限制私人资本家的国家资本主义社会，与以消灭资本为目的的科学社会主义不可同日而语。曾出任过上海市社会局局长、中国国民党中央执行委员等职的吴醒亚后来说得更直白，他认为中国工人所受的苦难不是资本主义造成的，而是资本主义生产不够造成的。他直接承认孙中山的道路是国家资本主义，以为只要限制了私人资本，像欧洲工人阶级所受的资产阶级压迫就不会在中国发生。所以，当前工人不要将自己的苦难归罪于资本主义，而应该忍受痛苦，为国家资本主义而拼命生产。② 对于国家资本主义，恩格斯曾有过科学的评价："无论向股份公司的转变，还是向国家财产的转变，都没有消除生产力的资本属性。……现代国家，不管它的形式如何，本质上都是资本主义的机器，资本家的国家，理想的总资本家。它越是把更多的生产力据为己有，就越是成为真正的总资本家，越是剥削更多的公民。工人仍然是

---

① 孙中山：《提倡民生主义之真义》，《孙中山选集》上卷，人民出版社2011年版，第93页。

② 吴醒亚：《怎样纪念五一节》，《社会半月刊》第1卷第16期，1935年，第12页。

雇佣劳动者，无产者。资本关系并没有被消灭，反而被推到了顶点。"① 这种国家资本主义思想，却十分符合主张工业救国的"工业党"的根本利益，"统制市政"也是十分符合"工业党"利益的市政模式。

"地方政府经营市政"的主张更类似盛行于欧洲的"费边社会主义"，这是一种19世纪80年代流行于英国和法国的改良社会主义思潮，又称"市政社会主义"或"地方公有社会主义"。其主要想通过实行地方自治，逐步扩大市政当局对公共事业的所有权和管理权等改良方法，使生产资料转归市政机构所有，利润由全体居民共同支配，以此逐步实现社会主义。当时世界上市政办理方式有三种：市有市办、市有商办、市督商办。市有市办就是"市政社会主义"，吴景超曾论述过"都市社会主义"，"将一切公共事业，完全由公家自行筹款而设备管理和经营之谓。其优点一曰不受私人资本之垄断，而自由高下其价格；二曰公家信用坚厚，易于集资；三曰开办管理费少，可以提高工人待遇及减低市民之使用费；四曰经费大权握于公家，可免资本家操纵市政。故德意志称此为都市社会主义"。② 其内容和"市政社会主义"大同小异，大多数中国市政学者都倾向这一种模式。对于这种理念的对错暂且不论，但它和马克思所阐述的社会主义也是不同的。它只关注由政府还是由私人经营市政，不提普通平民，特别是底层人民对于市政的管理，且仍然主张以市政事业追求利润，只是要求利润归于政府所有，这自然还是一种资本主义的经营模式。如汉口建电车路、发展电车事业的计划里，计算投资80万两资本，"汉镇既可行电车及拖车各十辆，则一日全车所进之数为一千二百元，更有晚班货车开驶，每日至少得五十元，全日总共收入八千二百五十元，全年即为四十四万四千元，合银三十二万两。以八

---

① 恩格斯：《反杜林论》，《马克思恩格斯全集》第26卷，人民出版社2014年版，第296页。

② 吴景超：《实用都市社会学》，有志书屋1934年版，第159页。

十万两之资本,而得三十二万两之收入,即除去股息开销,尚得净利百分之二十,获利不可谓不丰。如能撙节开销,略增收入,其盈利当不止此也。……汉口电车事业,他日果由绅商倡办之,而官厅保护以助其成,以通力合作之精神,造公共交通之事业,不特使外商绝其觊觎,利权纯自我操,即其巨镇大埠之次于汉口者,孰不闻风兴起,群思利用电气交通,以为振兴商场之利器?"① 这里面每一步都是以利润为旨归的。发展电车成为政府获利的一种手段,如是壮大本地民族资本,与外来资本争利。并且,计划书将此事业的创办权实际交给了绅商,主张政府只进行辅助工作,"保护以助其成"。那么,在这种模式的市政事业的展开中,实际上形成了官员与绅商共管城市的局面,当时的市自治区、讨论会的主要成员多是一群地方士绅,市政事业所获得的利润最终也必然主要由这两个集团支配。

在排斥了大多数老百姓对于市政经营的参与和监督后,政府经营很容易会和私人经营一样也成为为少数人服务的事业。比如叶秋原反对将市政事业付与私人办理,主张市有市办,甚至认为发展市政事业是将城市事业从私人手里转移于公家的手段。他认为政府经营市政之所以优于私营的理由,是市民更容易对自己不满的市政政策投反对票,假设私人经办的自来水或电车事业要加价,市民只能采取不用自来水或不坐电车的消极方式来抵制,却无法迫使商家降价。如果是市政府要加价,市民就可以投否决票,市长就不能加价。② 这个想法似乎不错,但这种设想如果能够成立,前提就必须是城市市民确实有很大的民主权利,市政府的政策确实必须交予全体市民评价,如是才能确保市政府始终为市民利益服务,而不是如私人事业那样只是出于牟取私人利润。这个

---

① 《汉口电车路商榷书》,载陆丹林编《市政全书》第4编《论著》,中华全国道路建设协会1931年版,第113页。
② 根据叶秋原《市政与国家》,载陆丹林编《市政全书》第1编《论著》,中华全国道路建设协会1931年版,第67页。

前提在当时的中国却是不存在的,即使在当时的特别市市制里,对于市自治会和市长的违法行为,也只规定了一个"监督官署"来进行补救,却没有任何人民对于市政府监督权力的规定。那么由一个不受人民监督和制约的政府来举办市政,极可能和私营市政一样,又走上为少数人谋取私利而发展的轨道。

所以在民国时期,无论是国家经营市政,还是地方经营,都不过是以政府为主体而非私人资本家为主体的资本主义市政模式。不可否认的是,民国公营市政的思想里也含有尊重生产劳动阶级的宣传,产生了一些保障工人权益和提高福利待遇的建议。为了实现这些方案,主张者诉诸政府的介入。吴景超提出:"产业工人,为国家之生产阶级,社会之繁荣、经济之蓄积,胥赖于渠等伟大之势力,故其生活上必须有相当之保障,勿使失业而有啼饥号寒之痛。因之,都市工业区域中,官廷应监督工业资本家,有工人银行之设备,专门存放工人之公积金、老积金、养老金,与夫供给工人平日工资剩余之储蓄,以保险其本身与子女生活之安定。一则酬答工人对社会国家不可抹灭之功绩,一则避免失业问题严厉之袭击,造成经济恐慌,以动摇国民经济之础石也。"[①] 他也呼吁市政建设里要为工人提供各种娱乐设施和公共活动空间,并由政府定期为工人免费放映电影、排演话剧、开办音乐会,以促使工人精神饱满后更能促进生产,还主张由政府创办免费医院专门为工人看病。"不使社会功臣之生产分子,衰病时无医药享受之痛楚。"[②] 这些无疑都是积极的内容,但即使这些给劳动者提供福利的方案全部落实了,也只能说明这是一种类似于福利国家性质的政策,并不能说是社会主义理念。社会主义是人民群众,特别是无产阶级自己来掌握城市管理权和市政建设权,可是一旦触及城市管理权的问题时,市政界最赞赏的顶多是专家治市,其次

---

① 吴景超:《实用都市社会学》,有志书屋1934年版,第32—33页。
② 吴景超:《实用都市社会学》,有志书屋1934年版,第32页。

宁可选择官僚治市，也不愿选择群众参加管理。

今天我们知道，资本主义与社会主义的区别不在是否实行国有化，其关键是资产阶级占有无产阶级创造的剩余价值，至于市场、计划、国家、私人，都可以成为占有剩余价值的手段。资本主义既有市场经济，也有计划调节；既有私人经济，也在19世纪末20世纪初出现垄断组织，在二战前后还出现了国有化浪潮，形成"国家资本主义""社会帝国主义"。而中国近代资本主义发展之时，正是遇上了国际资本主义发生这一转变之际，所以中国资本主义的自由竞争存在时期很短，就被世界大势挟往国家资本主义的发展阶段，这也造成自由主义思潮在中国占主流的时间很短，始终不能成为指导国家的意识形态。这并非完全是无产阶级革命和马克思主义传播的影响，也是为资产阶级自身发展的需要所决定，这种变化同样反映到了市政建设的思想探索里。

第五节　难如人意的"统制"

自抗战之前出现、到抗战结束之后以争取"市自治"而达到高潮的"城市自治运动"，是中国民族资产阶级力图为自身发展争取自由空间进行的一场市民运动，在这点上和欧洲中世纪的"城市自治运动"有相同之处。但是，在要求"自治"的同时，又始终没有完全否定"国家干涉"的必要性，甚至在某些时候还呼唤"统制""官治"。尤其在抗战之后的争取"市自治"地位的呼声里，一边要求赋予城市自治地位，一边又要求强化政府控制权的声音常常同时存在于同一批人身上，这是欧洲城市自治运动所没有的特点。以"统制"求"自治"和孙中山要以"训政"达"宪政"的思路大体吻合，但在现实里政府的"统制"未必会按照市政界的期待发展。

市政界倾向于用政府统制的办法推行市政，一大目的是要将城市居民改造为新型的"市民""国民"。可这无意中产生了一个问题:"统制市政"所强调的一些内容,和体现乡村社会治理模式的"县政"没有太大区别。比如强调将市民组织起来、培养其国民意识、政养教合一、政府扶助地方建设、利用传统地方组织如保甲制来发展自治能力,等等,恰恰也是当时"县政"里的主要内容。这种相似性究竟是表明,当时将农村县治移植于了现代都市,还是都市市政影响于了农村县治?恐怕还需要研究。但当时县治和市政在实践里是发生了矛盾的,这集中表现在了城市实行区保制的问题上。在提倡用保甲制度辅助警察的城市,二者间多有抵牾,早在警察制度设立之初,就出现过与保卫团区分不明确的问题。如1916年潢川的警察组织和保卫团相互混合,权限不分。还有一些地方出现了警察与保卫团对立、警察与警备队冲突的事情。"警察与保甲的日常生活,大都是隔离甚远的,或是警察轻视保甲,或是保甲不信仰警察,而在个别的环境中,尚有警察欺压保甲,保甲对抗警察等现象。"[①] 警察是专以城市和县城为中心的治安组织,在乡村则是由保卫团来承担这些职责。保甲法是传统社会统治农村的方法,移植于现代市政管理就容易产生问题。现代市制多讲究行政权与立法权分立,区保办理行政工作是超越了行使政权的自治范围。且现代行政讲究科学分工与集中管理,区保"管教养卫"的旧式治民术已难以适用于现代大都市。并且,"市"已是独立的自治单位,在其下再设"区",也属违宪行为,因为当时宪法只规定省以下之县为自治单位,未尝设市下之区。倘若将市下之区划为自治单位,便妨害了市自治的推行。

40年代末,市政界在总结城市自治的教训时,有人批评道:"区保在都市办理行政,不仅与警察任务重叠,有时也不免于矛盾冲突……在都市,已经进步到有了现代警察,警察也有了几十年

[①] 李坚白:《警察与保甲之联系问题》,《贵阳市政》第1卷第9—10期,1941年,第10页。

的经验,弃之不用,而以千年前的保甲组织,来办现代大都市的户政,实在是一件可惋惜的事。"① 即使都市里需要组训民众,也当以职业差别来进行组训,以在不妨碍其职业的条件下,进行集体训练。此事唯有现代警察能办,不能用保甲法进行整训。也有人提到市政若是和县治方法不分,就会阻挠市政独立地进行。"如果对于市自治的根本观念没有弄清楚,对于都市的社会性质没有认识透,则不免发生错觉,为惯性所克服,沿袭以农村为对象的新县制法令之结果,就不免往歧途上走。"② "统制市政"的倡导者们本是倡导依靠行政之手将国家强行推向"都市社会",却不料造成"市政"与"县治"的混融杂糅,个中得失难以评说。

  甚至,在日伪时期,为日本殖民统治服务的伪政权也在城市里举办过和国民党统治极为相似的"统制市政"。在长春开展的"新京建设"里,伪政权同样宣称私人社会团体办理市政经费不足,又缺乏"相当统制与联络",所以要"谋本市社会事业有统制有联络有策划合理的共同发展"。③ 而且,伪政权也表面上承认要实行"市民自治",但"多数市民,对市政尚乏研究,国家为应付时宜,故市政暂由官办。一俟市民对市政研究有得,将来仍还诸市民"。④ 和国民党宣称要先实行"训政"、最后再行"宪政"、由"统制"达"自治"的说法如出一辙。所以,伪政权也同样在城市里开设了一些市民自治训练机关,提倡市民教育,号召市民关心市政。甚至,为伪政权服务的人也和国民政府一样宣称要培养新一代国民,"上可酬答国家建设兴亚圣业的需要……改造第二代国民的体质,使成生龙活虎般的健全身手,扛起来兴亚

---

  ① 《对于市自治的意见》,《市政评论》第10卷第9—10期,1948年,第31页。
  ② 《对于市自治的意见》,《市政评论》第10卷第9—10期,1948年,第32页。
  ③ 金璧东:《关于新京特别市政》,《满洲国大系》第七辑《地方·都市》,国务院总务厅情报处1934年版,第11页。
  ④ 金璧东:《关于新京特别市政》,《满洲国大系》第七辑《地方·都市》,国务院总务厅情报处1934年版,第13页。

的重任"。① 日伪时期成立过一个"大民会",宣称自己是要承担改造人民精神的责任,"我们中国弄到这个地步,就是因各人有各人的意思,不能一致。你不管我,我不管你,如一盘散沙一样,随便盗匪来抢劫;你也不问我,我也不问你,随便贪官污吏来榨挤。……各人打扫门前雪,休管他人瓦上霜"。② 其宣称承担塑造新国民和新中国的文化重任的话语,居然和国民政府以及具有爱国情怀的学者们一模一样,当然,其所要塑造的是日伪政权统治的国民和中国。这种情况,恐怕更是那些从民族主义立场出发倡导"统制市政"的人士们始料未及的。

而且,"统制市政"若要达到预期效果,前提是政府必能合理运用自己之"权"、履行自己之"责",但现实里往往并非如此。人们希望在政府包办市政的模式下革除城市弊病、扫清社会旧势力,可政府若是与那些旧势力妥协、合作了,就如前述的北京粪便问题一般,人们也无可奈何。从市政界的立场来看,不管他们如何要求中央及各地政府加强对市政的管理与扶持,但其主要目的仍然是促使国家提高城市的自治能力。他们一面希望"以城建国",另一面也希望国家以"统制"扶"自治"。当"政府统制"与"城市自治"同时出现在他们的诉求中,双方在现实中常常会产生紧张的矛盾。从市政界的言论来看,他们是失望多于满意的。

有人直言:"在中国设置的市级政府是地方官治形式,并非地方自治形式。"③ 这是因为,1930年《市组织法》里规定,只有国民政府才能建立地方管理机构,对于地方自治政府的成立条件缺乏明确界定,这样就可以不断拖延建立市参议会等管理机构的时间。所以当时实际上各地都没有进行过市政选举,市参议会都是由市长任命的,各地大多数市民并没有参与城市管理的权利。

---

① 思齐庐主:《第二代国民的卫生教育》,《新满洲》第2卷,1940年,第27页。
② 《客问》,《新镇江》第1期,1938年,第3页。
③ 根据[法]安克强《1927—1937年的上海:市政权、地方性和现代性》,张培德、辛文锋、肖庆璋译,上海古籍出版社2004年版,第84页。

这自然导致地方市政界经常抱怨市的地位被行政力量打压，如上海，"虽然是一个院辖市，地位和省相当。但是市政府的法律上的地位和权力，却还很含糊，并不分明，严格地说，上海市政府还没有真正地做到地方自治的地步。上海市现在虽然已经有了很健全的民意机关，但是它却不是一个最高权力机关，上海市政仍旧是直接受到中央政府的支配和指挥的"。①

官治导致自治失败的最典型事例是北平自治事件。1933年北平举行地方自治选举，自治筹备委员会办理坊长区长，及参议院选举事宜，令市民们多有不满。有一千多名市民联名向北平党部和南京内政部要求废除此次选举结果，重新展开自治活动。市民在给政府的呈文里称北平自治筹备委员会在选举前未进行认真的人口调查，一百多万的人口里却只登记了十万多市民，多数市民丧失了选举资格；区长坊长同时选举，违反了法定程序；选举候选人名单在之前公布时间过短，市民无法充分了解。总之自治选举进行得非常草率匆忙，官员从中操纵舞弊的嫌疑很大。当时也有报纸抖出一些内幕："当时被选之一般参议员新贵，唯恐选举无效落得一场空欢喜，于是筹款数百元，交该会某筹备员以作为旅费，以便赴京向内政部直接交涉，请速颁发当选证书，以免位置动摇。……今兹市参议会即将成立，议长一席，又为群蛆甘粪之资，因此一般欲得议长者，莫不广为设法，极力运动，以图当选。兹悉某筹备员定明日正午十二时，在庆林大宴其客，被邀人皆为参议员及自治区区长。……市党部委员董霖，昨日亦在忠信堂欢宴平市各参议员。联络情感，以使选举议长，有所成就，席间觥筹交错极尽欢洽云。"② 还有市民爆出市参议员中有人吸食鸦片的黑料。在选举议长前夕，有市民在报纸上呼吁，假如议长和副议长的职位也被投机分子以不法手段攫夺，"将来挂着民选的招牌，

---

① 田永谦：《都市财政问题》，《市政评论》第10卷第7期，1948年，第10页。
② 《平市自治区之可耻事》，《民国日报》1933年7月27日。

与贪污土劣勾结起来,剥削我们、压迫我们、摧残我们,我们怎样办呢?……民选的市参议会,在中国北平为首创,也可以是北平自治筹备人员及全体公民努力奋斗的结果,全国任何市县,至今均未实现。北平是实行民治的试金石,结果圆满,全国起而效之,革命大业立可完成。万一龌龊如故,'民治'二字将永为国人唾弃,认为欺骗民众之又一新名词,中华民国基础则益形动摇矣。"① 时任市长的袁良也承认此次自治"大大小小,无异委了大批自治官",有人尖锐指出:"官僚化之自治,极应根本推翻!"②"统制市政"变成"官僚化之自治",是一个令人尴尬的结果。

在抗战结束以后,由于国家经济极其的困难,中央给予地方的空间更显狭小。有人说,抗战后,"'市'本来是一个地方自治的单位,财政的原则是'取之于市用之于市',但是现在各大都市的几宗大的税收,都由中央统收,然后拨一点半点补助地方,地方财政枯竭,建设当然落空。现在一般市政府的工作,百分之八十是中央交办事项,地方建设和市民福利工作,仅占百分之二十,这也是目前市政问题里最大的症结。"③ 不仅中央压制地方城市的自治权利,城市政府也压制了社会力量对于城市生活的参与。直到国民党政权在大陆覆亡前夕,市政界声称,当时各地市政府仍然"所有法规条文虽无不沿用市自治之名,实则为行政组织之规模,而非自治团体之体制,换言之,终未脱官办性质也。"④

余 论

城市不是一种自发运动的自然产物,它的发展中充满着人为

---

① 《市参议会将选议长》,《北平商报》1933年7月29日。
② 《平市筹备自治怎么看》,《诚报》1933年7月30日。
③ 堡:《中国市政前途的危机》,《市政建设》第1卷第2期,1948年,第1页。
④ 张厉生:《行宪后市政建设途径之商榷》,《市政评论》第10卷第2期,1948年,第2页。

的政治设计和干预。"城市化"也不完全是一个纯粹的经济过程，还是一个政治运动。布罗代尔说过："没有兼具保护性和压制性的权力——不管这一权力采取什么形式，也不管是哪一社会集团体现这一权力——就没有城市。"① 西方社会早期城市自为一个国家，即城邦国家时代，到了中世纪，城市沦为贵族属地，失去了自治权力。之后，新兴的资产阶级为了推翻贵族的统治，与国王结盟，建立了民族国家，城市成为国家行政单位。特别是世界进入资本主义发展阶段以后，无论是自由竞争资本主义，还是垄断资本主义，资本主义与国家权力的关系都是紧密的。城市既成为资本加强对于国家资源整合能力的平台，又成为资本借助其对于社会进行影响和控制的中心，和扩大对世界影响、进行殖民扩张的舞台。后发展现代国家为了实现现代化目标，对抗外部殖民侵略，要求建立民族国家，"构建城市中国"在这一历史进程中必然一开始就和"构建民族国家"的任务结合在了一起，城市也一开始就被赋予了"以城建国"的使命，不可能再成为脱离国家的绝对自治体了。

欧美国家经过资产阶级长期的斗争，城市逐渐具有了双重性质，既是中央政府处理当地事务的代表机关，又是有着自行处理当地事务的自治权的地方自治"组织"。这种双重性正是反映了资产阶级的利益要求：一方面需要借助国家的力量保障自己的经济发展，形成统一的民族市场，并以之为后盾向外殖民扩张；另一方面又不希望国家过多干涉自己在具体地区的利益。"国家"这个新权威，在统制与自治之间达到一个什么样的"度"，都是以资产阶级的利益为转移的。需要获得国家政权的扶植与保护的经济要求反映在政治主张上便成为民族主义、国家主义，要求市场自由、政治自由的要求又始终会和国家、政府的行政系统发生

---

① ［法］布罗代尔：《十五至十八世纪的物质文明、经济和资本主义》第1卷，顾良、施康强译，生活·读书·新知三联书店1992年版，第570页。

矛盾,其表现为政治主张便是自由主义、不干涉主义。

中国的资产阶级也同样如此,其在民国时期尚处于稚弱阶段,一方面,更加需要国家来为他们构建城市空间,在这个空间里保障他们的经济利益,但另一方面又希望自己在这座空间里形成独立的社会力量,国家只应该保障而不要来侵犯这座空间。民国市政界一边批判私人资本主义的弊端,呼唤政府统制,一边又批判官僚主义的祸患,追求城市自治。这种批判"官僚"却又不希望完全排除国家"统制"的市政思想,反映出中国的民族资产阶级希望得到国家扶助,又不希望国家干涉自由的矛盾心理。简而言之,市政界心目中的"国家统制"模式是国家能够履行他们所要求的辅助城市发展之责任,同时又不滥用行政权力去干扰城市之发展的一种理想状态,那些关于国家干预程度的分歧大抵都是资产阶级内部的争论。白吉尔认为,国家是市民社会一个不可分离的组成部分,自由主义则是国家的一种产物,中国市民社会只有依托于国家,才能在全国范围内发挥出它的创造精神。[①] 尤其是民国时期的中国资产阶级正好是处于一个力量十分微弱、希望扩大国家经济职责的时期,所以最后他们选择了统制经济和"顶层设计"型的计划经济。于是在城市建设的思想上,鼓吹"统制"的内容便占了上风。

资产阶级既要求国家权力保护又厌恶国家权力干预的这种矛盾特点并不是只发生在资产阶级力量弱小的初期,即使到了发达阶段也会表现着相似的经济政治诉求。大卫·哈维教授指出,自由市场的发展决定性地取决于国家权力特定形式的扩展和深化,市场过程带来了国家对社会过程特定方面的更进一步控制。大卫·哈维这个观点指的是已经处于发达资本主义时期的自由市场,他说:

[①] [法]白吉尔:《中国资产阶级的黄金时代(1911—1937)》,张富强、许世芬译,上海人民出版社1994年版,第248页。

如果自由市场像惯常那样削弱国家权力，那么它就破坏了自身允许的条件。相反，如果国家权力对市场的运行是至关重要的，那么国家权力的保存就需要对自由运行的市场进行颠倒。正如波拉尼清楚地概括的，这是处于新自由主义政治经济学中心的主要矛盾。[1]

资产阶级与国家权力的这种矛盾是资本主义或市场体系内含的一种矛盾，可能具有结构性的原因。当资产阶级参与到空间创造后，这些矛盾也会出现在城市化运动和城市改革运动中，其利益诉求会转化为城市化理论的种种语言继续得以表达。但无论是自由主义，还是民族主义，无论是自治还是统制，其实都是一个主义——资产阶级的市场主义。对于民国时期市政界中出现的这种种思想，也可作如是观。到此我们似乎可以超越中国近代城市研究的范畴进行一个更加广泛的引申：在发达资本主义国家里，"政治"也从未离开过对于社会和市场的控制，不过退居幕后秘密控制而已。后发次生型或发展中国家在向现代社会的过渡中，"政治"则在前台公开展现着自己的存在，这就有了所谓"新权威主义""新保守主义"等思想的盛行。城市化运动的发展同样体现着这种特点。

因此，作为城市化运动的"局中人"，民国市政专家们并没有那种绝对自由主义的城市化幻想，很清楚必须获得国家的支持，很清晰地道出了城市与国家之间的联系，这是他们比今天的新自由主义者们更清醒也更坦率之处。或许正是这种坦率，让我们这些现代人能够得以从他们的思想中发现"统制"与"自治"、"国家主义"与"自由主义"之间的对立对于特定的阶级而言，可能未必像当代人渲染得那么大。民国资产阶级对政府真正的不满不

---

[1] [英]大卫·哈维：《希望的空间》，胡大平译，南京大学出版社2008年版，第175页。

在于政府是否权威过大,而在于政府始终没能构建起符合他们愿望的"国家",也没能创造出符合他们理想的"城市"。刘易斯·芒福德对于西方"城市化"运动曾如是描述:"这个总的运动把现代社会的各个部门都集中到同一个大的城市容器内,并在很大程度上打破了各统治集团和阶级之间的分散状态。土地、工业、金融、武装力量和官场这些力量在主要西方国家形成了一个联盟,以谋取最大数量的经济剥削,并在最大程度上运用有效的政治控制。政治权力的后台开始把'国家利益'导向为工业家和金融家服务。"[1] 这个描述和列宁关于垄断资本主义的描述非常接近了。芒福德特别认为,大城市是促进垄断资本主义发展的动力,并且是这一进程取得胜利的象征。"城市"通过自身的运动,建立起了社会各种因素之间的有机联系,构建起了现代超级国家的组织结构。民国资产阶级的城市运动和市政改革运动,也未尝不想通过打造出这样的大城市,构建起如此规模的资本主义国家,与世界垄断资本主义国家并驾齐驱,这就需要一个有权能的政府的领导。可民国政府并没有成为他们期待中的既有权威又开明的政府,他们理想中的大城市和现代国家自然也一直在难产中。

---

[1] [美]刘易斯·芒福德:《城市发展史:起源、演变和前景》,宋俊岭、倪文彦译,中国建筑工业出版社2005年版,第543页。

第三章
特殊的统制:"专家治市"

在西方资本主义的影响下,近代中国"正在成长起一个具有管理国家的必要知识并且接触了欧洲科学的新的阶层"。[①] 城市化的发展又孕育出了国人市政的意识和一个以市政研究作为自己专业的学者群体。这些有国外学习经历的人迅速成长起来,很快成为传播西方近代市政思想和推动中国市政改革的主力。在这种条件下,"专家政治"的呼声与日剧隆。

第一节 学者对官僚治市的批判

由于20世纪初期的美国市政体制被视为最先进的,城市建设最有成效的,所以在前往欧美学习市政的留学生中,超过半数以上是从美国学习归来。[②] 1927年,这些关注市政的留学生,就在上海成立了中华市政学会,其宗旨为"以联络市政同志调查市政状况研究市政学术促进市政发展";另一个有影响的市政研究团体为1933年在北平建立的市政研究会,创办了《市政评论》,主要介绍现代市政观念和以美国为代表的市政改革经验、评价中国市政现状、提出中国市政建设建议。

当然,在近代中国,专门前往外国研习过市政学、具有正式

[①] 马克思:《不列颠在印度统治的未来结果》,《马克思恩格斯全集》第9卷,人民出版社1961年版,第247—248页。

[②] 赵可:《市政改革与城市发展》,中国大百科全书出版社2004年版,第75—78页。

市政学专业文凭的人数不算很多，据殷体扬在1936年介绍："我国近十数年来，前往欧美专门从事市政研究的人们，据我所知道的，约有七十多位。"① 目前有关学者整理出来的有资料支撑的专业市政学者人数只有54名。② 尽管专门出国学习过西方市政学的的人物很少，可事实上有许多未出国留学专门学习市政专业的人也成为当时有影响的市政专家和学者，如殷体扬本人。而且非市政学者的知识分子也越来越多地关心起了中国的市政，包括不少普通市民，也在报刊上发表对市政的看法和建议，这一切标志着中国"城市意识"的发展。很多人虽然并非是正式市政专业研究者，但是却能够以专业的眼光去管理和研究市政，并且对于中国市政的发展和研究产生了较大影响。较有代表性的管理者如叶恭绰，本是一书画家、收藏家，可又是交通系成员，立志以交通救国，历任路政司司长、交通部次长、总长、交通部部长，并兼理交通银行、交通大学，对城市交通事业出力不少；学者如《市政全书》的主编陆丹林，其人也本是一长于书画收藏和文史研究的文化学者，但也颇关注市政研究，其主编的《市政全书》乃民国市政研究专著之最有代表性作品。是以论及近代市政专家，不能不将这些人包含在内，这些人中很多主张"专家治市"模式。可以说，中国近代的市政专家群体，其实是一个不仅只包括具有出国学习市政经历、具有正规市政学文凭之人在内的更大群体，这个群体基本是在国民政府时期最为活跃。

市政界一直对政府统制市政的成效颇为失望，在既要维护"政府统制"，又要追求城市和市民更多自治权利的目标下，多数人都认为主要症结是中国数千年来的官僚政治。在他们看来，"政府承办""国家统制"或许并不错，但是主持市政的官僚们和他们的官僚主义习气，却是市政运动中的最大障碍。

---

① 殷体扬：《解决中国市政问题的一个企望》，《市政评论》第4卷第4期，1936年，第2页。

② 张金鉴：《美国之市政府》序言，正中书局1936年版，第5—6页。

北洋政府时期在市政人士看来，市政是极不成功的。虽也有朱启钤这样的专家型官员，做出了不少成绩，但更多是旧式官僚在主办市政。他们认为这些官员们既未有尽心于市政建设，也根本不懂市政。在南京国民政府成立后，杨哲明总结北洋时代的市政情况："十年来的市政的建设成绩，除了广州、上海、南京、杭州等处有相当成绩以外，其余的各处市政府或市政筹备处等等的机关，大半都是消耗地方政府及地方的费用而已。甚至于建设的经费毫无把握，建设的计划十分幼稚，主其事者，一概不管，开始便主张拆毁旧市街，建设新都市，以期实现其都市建设之主张。结果是旧街市拆毁了，新市街呢？弄得泥泞满地，垃圾狼藉；市公债是发了，结果市民受了无形的损失。去年（1930年）安徽的芜湖市政筹备处就是这样干的。"[1] 陆丹林分析市政混乱的原因是"从前负责办理市政的，所谓督办、会办、坐办、局长、所长等挂名不做事的大人物，不是官僚就是绅耆，若聘任市政专家来做政务官和事务官的，实在寥若晨星。试查欧美都市发达的主要成分，固然他们科学设计的周详，同时他们也因为他们受过市政训练和经验的行政官与开明市民的努力合作，造成社会化民众化的开明市政府哩！我们的都市则反是，又何怪所举办的，多像'纸扎老虎'空有其表啊！"[2] 他介绍自己有一次去某地的市政公所考察，结果督办、会办、坐办、所长、科长统统不在，只有一个打盹的看门人和几个科员。当陆丹林询问一个科员市政计划时，那位科员只能回答钉门牌、收房捐车捐这些事情，最多就是修马路。陆丹林遂感叹这些市政人员根本不懂"市政"为何物，只是徒然拿市政作时髦欺世

---

[1] 杨哲明：《十年来中国之市政》，《世界杂志》（增刊），引自杜严双《近年中国都市财政之趋势》，《新中华杂志》第1卷第17期，1933年，第28页。
[2] 陆丹林：《编者自序》，载陆丹林编《市政全书》第1编，中华全国道路建设协会1931年版，第10页。

盗名而已。① 更有人总结现实里市政官员的素质："查我国政府官员，具有市政学识者极少，即在地方政府任事者，亦多尸位素餐，或学非所用。平时对于市政学，多不事研究……吾人只见孳孳为利者，孰见孳孳为学者乎？"②

国民政府时期，虽然一大批专家学者进入政府部门任职，可是市政界认为仍然有大量的不懂市政的官僚政客在把持大权，这些人既无办理市政的实际才能，也无干事业的雄心抱负，总是妨碍市政的顺利展开，如人所述："现在各市市长，多为政客出身，长于奔走，不谙市政，彼此互相逐鹿，均存五日京兆之心。好容易夺得市长的肥缺，赶快长袖善舞，就是三五月后，被人挤掉，至少也可做个名利双收的要人，享受物质的快乐。这种人是为升官发财，显宗耀祖而做官。至于怎样以身作则，整饬风纪？怎样决定计划？怎样讲求行政效率？怎样为市民谋幸福？这些问题，有的竟然根本不懂。"③ 在政客把持下的市政系统里，政治无规划，一切靠以长官意志为左右的"人治"现象十分严重，一朝天子一朝臣、人走政息的政治顽疾一直根深蒂固，"我国官厅最大的毛病，在政府人员，完全以长官之进退为去留。换一局长，则局内所有职员，上至课长，下至仆役，均随之更换，以致行政无固定方针，甲来如是，乙来如彼"。④ "言其缺点，则或因市长易人，所有位置较高之事务官，如局长科长等，随之俱易，凡百事宜，遂皆陷于停顿。"⑤ 许多有实际才干的人才却在这种体制下惨遭埋汰，如有

---

① 根据陆丹林《编者自序》，载陆丹林编《市政全书》第1编，中华全国道路建设协会1931年版，第10—11页。

② 陈良士：《国民市政常识之培植》，载陆丹林编《市政全书》第1编《论著》，中华全国道路建设协会1931年版，第78页。

③ 冯秉坤：《各市政府成立十周年纪念感言》，《市政评论》第5卷第6期，1937年，第2页。

④ 谢国瑛：《市政人选》，载陆丹林编《市政全书》第1编《论著》，中华全国道路建设协会1931年版，第152页。

⑤ 陈念中：《陈序》，载傅荣恩《江浙市政考察记》，时事月报社1931年版。

人指出大量留学的以卫生行政为专业的回国人员，由于政府缺乏规划未有被合理任用，"南京卫生局在一年半中已三易其组织，四更其人选。组织时易，则行政无确定之方针；人选迭更，则设施无充分之准备。虽有人材，亦且无从着力，更何能冀其有成？"①

市政界不仅对于行政人员的专业素质进行猛批，对于他们的道德素质更是不遗余力地炮轰，特别对于官僚们借办理市政之机中饱私囊的腐败行为深恶痛绝。有人论述："我国财政，无论国税省税市税县税，无不紊乱，征收之数过手即少，过机关更少，由分卡而分局短少十之二三。机关层次愈多，则其侵吞中饱也愈大。在出者方面，常有十元百元，而到收者方面（最后收者方面），即变为数十元。贪婪成风，习为固然，上尤下效，伊于胡底？"②这位作者将原因归结为"公务人员之道德卑下"。到抗战前，更有人尖锐指出："我国自举办市政以来，都是受官僚的绝对的操纵和包办。虽然秉持市政者当中，间有'鞠躬尽瘁'，竭力建设，发展市民福利的领袖，惟大多数都是劣腐的庸才，自私自利之辈，有时竟将全市盘踞，以市政府做他们亲朋的寄生所，拿市官的职位，去作他们忠仆的酬劳，市产变成了他们的私产，市务看作他们的家务，一任他们为所欲为。"③

民国时期将国有化、市有化等同于"反资本主义"，这种简单认识在现代化和工业化历程中，很容易导致官僚资本主义在"反资本主义"的话语中悄然壮大。官僚资本主义是一种以追求少数特权集团的经济利益为最高目的、不顾大多数平民百姓利益的发

---

① 谢贯一：《我国地方卫生事业实施之方法与步骤》，《武汉市政公报》第1卷第3号，1929年，第14页。

② 刘永耀：《城市发达之趋势及建设武汉财政问题》第1卷第1期，《汉市市政公报》，1929年，第21页。

③ 陈受康：《改革我国市政的先决条件》，《市政评论》第4卷第7期，1936年，第2页。

展模式，并且以官僚们的蛮横作为来实现此种理念，如此城市也就必然要承受官僚资本主义的苦果。许多学者都将批判市政的腐败与批判官僚资本主义联系在了一起，痛批官僚们在这种模式下肆无忌惮地以管理和公营为名行敛财之实，积累自身，"有了'整理'，便一切可以不依法令，有了管理，便一切可以予取予携，结果愈'整'愈坏，愈'管'愈少。官僚的腰包胀了，而老百姓的所有，也会不翼而飞，不胫而走"。在这种"统制"下进行的建设沦为少数官僚牟取私利的手段，所谓"公营"经济也变味了，在市政建设中土地涨价的收入，"不是归公，而是参加计划的人们，事先垄断了。公营机关可以变为私营衙门。接收敌伪产业可以接'财'不接事。至于金融政策的翻云覆雨，兴波作浪，更不知制造了若干官僚的暴富"。① 在抗战结束后这种现象特别突出。日寇投降后，国民党对敌伪物资进行了一场以"接收"为名义的"大劫收"，"封洋房、抢汽车、劫物资、索金条……花天酒地、狂嫖滥赌……至于工作呢，那就是把工场关闭，让机器腐蚀，让剩下的物资霉烂……"② 官僚资产阶级掌握着城市经济命脉，在市场上兴风作浪，除了四大家族所控制的国家资本以外，还有许多名为私人企业实则有深厚政治背景的公司，如孔祥熙的扬子公司和长江公司、宋子文的中孚公司和金山公司、cc系的齐鲁公司中茶公司和丝织品产销公司等，共同把城市搅得乱七八糟。许涤新尖锐指出："都市的膨胀，在本质上，就是大官僚资本的膨胀。"③ 所以，在这种以"统制经济"为理念的官僚资本主义下，公私界限混淆，建设管理变成了聚敛掊克。城市官僚资本恶性膨胀，导致国统区经济总崩溃日益加快，城市发展陷于停滞、倒退，市政建设也沦为官僚资本主义操纵下的敛财模式。有人指出，"官

---

① 陈懿淑：《经济漫谈》，《时代公论》第6期，1946年，第25页。
② 陈人白：《官僚制度之史的检讨》，载陈中民《官僚政治批判》，《民国丛书》第2编第21册，上海书店1990年版，第58页。
③ 许涤新：《论城市经济的改造》，《群众》第2卷第10期，1948年，第7页。

僚"已经在一切领域泛化,有"官僚政治""官僚资本",还有"官僚教育""学校官僚化""党团官僚化""银行官僚化""邮局官僚化"。① 所以,总体说来,国民政府的官僚们办理市政的情况远未达到市政界的预期。

第二节 "专家治市"的呼声

依靠"官僚"统制不成功,可否依靠其他的力量来"统制"呢? 于是"专家政治"的呼声渐起,并且影响到了市政领域。主张者将中国市政问题的解决之道寄望于"专家治市",以为依靠一群具有良好职业素质和专业知识的专家集团来代表政府掌握城市治理的一切权力,既能强化政府对于城市的管理,又能真正实现城市自治、根治城市各种社会问题。

市政界学者以为,中国传统城市的那一套组织制度、管理模式、城市设施以及官僚们的习气做派,都是前工业文明时期的产物,已经不能够适应向现代社会过渡的需要了。如人所言:"我国的市政建设,以及一切调施,大都是历史的遗留物,绳墨旧法,古气盎然,逃不了一套等因奉此的官样文章,颇缺少现代化、理论化的条件,所谓市行政效率,自然谈不到了。但自近年以来,情势变迁,都市人口,日益稠密,都市形态,愈趋繁荣,始变而为政治文化的中心,再变而为工商业枢纽。"② 由于市政府管辖的事务日益繁多复杂,其内部组织,也日趋庞大而复杂,"于是不得不借用科学管理之方法与原则,去处理一切市民公共之事务,此即晚近市政学者所注意的市用

---

① 吉衣:《官僚政治的面面观》,载陈中民《官僚政治批判》,《民国丛书》第2编第21册,上海书店1990年版,第22页。
② 唐应晨:《略论革新市府人事制度》,《市政评论》第8卷第9期,1946年,第17页。

人行政问题"。① 当时有人这样给专家定义:"现代的世界,是科学化的世界,一切事情,不管大小,都要讲求效率。所以欲使某种事业科学化,某种事业有效率,非由对于该事具有特殊学问及训练的人们来办不可。这种人们,因有过人之长,便被称为专家。数十年来各国市政进步的结果,已使市政成为一种专门学问,所以我们对于长于市政的人们,称为市政专家。"② 如是,一批接受了现代市政学知识的专家学者正是"以统制求自治"的最好依靠力量。

对于官僚的腐败行为,市政人士认为通过科学的管理和调查方法就可以克服。"那些腐化了的贪官污吏,利用国内没有统计,靠着一肚皮破铜烂铁,自负经验宏富,中央与地方政府每误认为非他们不可,纵容得他们张牙舞爪……假使统计办到五六分,一切依科学方法进行,他们那些破铜烂铁,哪里再能作怪?"③ 当时有一些口碑甚佳的专家型官员,他们平时工作、生活的风格都体现出所谓科学化、效率化、标准化特点。如沈怡在南京市市长任上,兢兢业业,《大公报》称他"作风是相当精明实干,为政不在多言,一切讲效率"。"公文简单明了,尽量避免繁文缛节。""甚注重用人制度,强调只要用人得当,就不非得事必躬亲,像一般官场的习惯,反是于事无补的。"④ 曾担任过中国工程师学会总会会长、京沪沪杭甬铁路管理局局长、市政协会副理事长等职务的黄伯樵(黄巽)被誉为"科学管理的天才",一直以"科学化""合理化""标准化"为口号自任。其为人行事风格近似于康德,可用"标准化"三字来形容。时人将其做派概括为守纪律、守时

---

① 唐应晨:《略论革新市府人事制度》,《市政评论》第8卷第9期,1946年,第17页。
② 冯秉坤:《各市政府成立十周年纪念感言》,《市政评论》第5卷第6期,1937年,第2页。
③ 《江苏旬刊发刊辞》,《江苏旬刊》,1928年,第2—3页。
④ 根据南京市档案馆编《民国珍档:民国名人户籍》,南京出版社2013年版,第149页。

间、守信用、守真理。他的房间内,书桌、抽屉、床等永远收拾得整整齐齐、洁净不染,连衣服都找不到一丝尘垢,其起居饮食几十年来都是按照同一规律进行,无丝毫违反。在公用局和两路局任职期间,对任何用品,包括一支笔、一张纸、一个小册子,都要求统一尺度,编列号码,精确管理。他本人的桌椅、办公桌上的笔墨纸砚、各类文件夹、印泥、夹针等的摆放,无不常年遵循固定距离。黄巽可谓是将"科学管理"的理念不仅用于公务行政,而且贯彻到了自己的日常生活中。

为了实现所谓科学、理性、高效的管理理念,市政界认为需要具有相关专业知识的专门人才来进行管理,而不能再交予一般的官僚政客,即任用具有现代市政知识的科层官僚来管理城市建设事业,这即是他们所说的用人行政问题。当时各个城市的执政者和市政界基本上有一个共识,即对市民进行市政教育、在行政上选拔专业人才。市政府必须"确立一完善之人事制度,公平考选,确保市政人员地位之独立,不为政局所牵及,并采用科学方法,使人能尽其才,以赴事功"。[①] 姜春华说:"市政建设是个专门问题,绝非仅具普通行政经验者所能济事……除必须工程家外,更必须有其他方面的专门人才及通晓明瞭整个市政的'市政专家'。"[②] 这就是在理论上承认了市政事业必须建立专业化管理制度,同时也需要专业人才来实行。

要选拔人才,前提是必须有合乎需要的人才。中国的专业市政人才是比较少的,所以市政界一直在呼吁加强对于市政人才的培养,对市民进行广泛的市政教育。比如有人建议成立国立市政学院,以培养专门市政人才,或在各大学增设市政系及市政课程。直到抗战结束后,市政界人士仍然感到中国市政人才的严重匮缺,

---

[①] 唐应晨:《略论革新市府人事制度》,《市政评论》第 8 卷第 9 期,1946 年,第 17 页。

[②] 姜春华:《都市建设与建设武汉》,《市政评论》第 3 卷第 8 期,1935 年,第 12 页。

认为正是由于这种匮缺，导致中国的市政建设从未真正走上过正轨。中国"至少需要五万至十万市政专门人才，而我国目前留学欧美专攻市政归国的还不到一百人，在国内各大学曾经学习过市政课程，或者学习过与市政有关课程的，也不过千数人，以至我们市政行政工作，普遍的是假手于一般普通公务员，加之政府对于市政工作，始终视同普通地方行政工作一样。我们的市政工作之所以不上轨道，这不能不说是最大的原因。"① 也就是说，他们认为中国市政不能令人满意的主要原因就在于"专家治市"一直未有实现，或者说，城市里始终未有建立起由一支具有专业市政管理素质人员构成的科层官僚制度。

专家群体们为了实现自己的治市蓝图，自然具有强烈地参与政治的诉求。他们对于城市体制的设计，都是为了保证专家能够掌握城市的管理权。由于蒋介石抗战期间在《中国之命运》一书里宣称过，要以计划经济和社会立法"实现民生主义之和平的普遍的革命"。那么计划经济的前提就是有一批专家进行科学的、理性的"顶层设计"，这为专家群体强烈要求参与政权提供了合法性。并且，在这个诉求中，还出现了要求工程师参政的呼声，有相当多的市政专家和官员正是出自土木工程学，如沈怡就是在德国获得的水利工程博士学位，回国后加入工程师学会；当过杭州市市长的赵志游，也是土木工程专业出身的著名建筑师。抗战后美国学者 William Goldsmith 写了一篇文章《工程师应参预政治》，被土木工程学者、中国土木工程师学会首任会长夏光宇介绍给了国内。其中说："现在的世界，是号称为科学的世界，也许我们运用科学智识和方法来处理行政，在政治家或政客所失败的地方，我们可以得到成功。……或者我们可以利用它的方法和用途，而达到世界大同，造成一个真正民主和永远康乐的

---

① 《建议政府筹设国立市政学院》，《市政建设月刊》第 1 卷第 1 期，1948 年，第 1 页。

和平世界。"① 文中还批评了工程师不关心政治的态度，认为工程师应该积极参与政治生活和公共事业。夏光宇深以为然，并以蒋介石在《中国之命运》一书里号召"全国的青年必须立志为工程师"为据，强调中国工程师的责任，不要把本身命运"轻转托于不谙工程少数政治家或法律家之手"。② 他明确阐述了工程师参政和计划经济的一致性："为国家计划经济，应以'最有资格指导立法'之地位参加政府创立百年大法，然后计划经济可以决，决而能行，行而能通，建国之法必待建国之人。故工程师参预政治，与其谓为一种权利，勿宁谓为一种应尽之义务。"③ 这样，在民国学者眼里，计划经济、统制市政、专家政治，三者达到了高度统一。

专家们也同时从欧美各国借鉴最有利于让专家们参与城市管理的选拔体制。有人回顾了美国城市发展历史，指出，在1883年以前，美国城市政治非常黑暗，原因在于城市的大权完全掌握在了少数政治家手里，贿选盛行，"不论人品学问能力，只要他对哪一位得势的长官，有些劳绩，便可站着重要位置，便可升官发财"。因此城市在这些政客的把持下，变得龌龊不堪，难以进行改革。转折点出现在1883年，那年美国颁布第一次考试法规，开始了以考试选拔人才的时期，加上许多有抱负的学者和政治家的共同推进改革，引起全体国民注意，到了1888年，"市行政才脱离恶劣势力的把持，从此政治渐入轨道而进于光明的境地"。④ 现代的文官考试制度正是一种为

---

① 夏光宇：《读〈工程师应参预政治〉书后》，《工程》（武汉版）第7期，1947年，第361—362页。
② 夏光宇：《读〈工程师应参预政治〉书后》，《工程》（武汉版）第7期，1947年，第361—362页。
③ 夏光宇：《读〈工程师应参预政治〉书后》，《工程》（武汉版）第7期，1947年，第362页。
④ 谢国瑛：《市政人选》，载陆丹林编《市政全书》第1编《论著》，中华全国道路建设协会1931年版，第148—149页。

了让专业人才能够跻身管理阶层的选拔制度。文官主要指政府公职人员中经过考试任用的职业常任的管理人员，在有些国家都将其统称为"公务员"。[①] 所以，现代社会的官僚制度、行政管理制度，都是和"专家政治"联系在一起的。鼓吹在城市实行文官考试制度的目的，也无非是为了实现"专家治市""专家治国"的理念。

在城市管理体制上，市政界有很多人较为赞赏市经理制，因为经理制更容易让专家掌权，"市经理制的原则，即将市政，由政客之手，移于专门家，以图施政的科学化合理化。因此，市会以必要的最小限度的少数议员组成，且市会权限，只有市政上根本政策的审议和决定权；其余权限，均委于由市会选任的市政专家"。[②] 甚至有不少人认为美国体制不如德国体制，因德国明确规定须有市政知识和经验的人担任市长，更有利于市政专家办理市政，以致德国市政比美国发展得更为迅速。因此德国体制颇受市政学者们的欢迎，而德国实行的正是市经理制。据介绍："欧洲各国城市大都遴选具有专门技术的人执行政务，美国对于此点向来不甚注意，在'市长和议会制'或'委员制'的市政府监督行政的人，差不多都是没有专门学识的。市经理制的一个目的，就是要除去美国市政上这个劣点。故在理论上经理制应该是专门家，想要符合这个条件，一般市经理都不由民选，市议会有全权委派。因为照美国民选的经验，希望人民选出一个适称其职的专门家来，是一件很难的事。"[③] 当然，市议会在委任管理人员时也不免有滥用权力的情况，但多少会认真考虑人选的学识才干能否胜任，因

---

① 根据周敏凯《当代资本主义国家的文官制度》，福建人民出版社1996年版，第122页。

② 贾秉仁译：《地方团体之政治组织及其革新》（续），《市政评论》第3卷第15期，1935年，第7页。

③ 罗偟：《美国城市经理制》，载陆丹林编《市政全书》第2编《各国市政府制度》，中华全国道路建设协会1931年版，第96页。

为"市议会必须对于市民负责"。①

并且,有人直接提出,市经理制"缩小地方议会的权限,使执行权之扩大强化,为解决一切问题的根本方法。可谓一有效的提案。且现在于民众主义美名下,地方议会对理事机关,与以不当的掣肘,增多地方政治的紊乱和腐败,若缩小地方议会的权限,减少发言机会,庶可得到某种程度的匡正"。② 这就是要将更多的地方权力移交给市政专家或城市文官,减少公众的参与,为达此目的,赞同压缩地方议会的权限。在此,"专家政治"和"统制市政"的理念进一步趋同,"专家"实际上仍然执行的是垄断城市管理大权的"官僚"之职,只不过是一群专业化官僚。

当然也有人批评市经理制,"谓城市执政领袖,不由市民公选,殊失民治精神"。③ 辩护者则认为:"民治政府注重在人民可以直辖官吏,不必定要民选官吏。现在市经理式的政府,规定由市民选举的代表去直接监察执政长官处理政务。如执政长官不能尽职,市民的代表可以随时把他免职,并不要什么免职的理由。这种控制的方法,运用很敏捷,又不需什么手续,似乎比'直接民选'和'直接罢免权'的制度好得多。"④ 应该承认,这个观点有其深刻之处。选举制未必能够保证可以选出适合民众需要的官员,人民的民主权利未必一定要体现在选举权上;民众对官员的监督权、罢免权其实更为重要一些;官员可以由上级直接委派,可以实行一长制,但越是如此,越是需要建立起民众对官员的监督和制约机制。问题是,市民里包括很多不同的阶层,哪个阶层

---

① 罗偟:《美国城市经理制》,载陆丹林编《市政全书》第2编《各国市政府制度》,中华全国道路建设协会1931年版,第96页。

② 贾秉仁译:《地方团体之政治组织及其革新》(续),《市政评论》第3卷第15期,1935年,第7页。

③ 罗偟:《美国城市经理制》,载陆丹林编《市政全书》第2编《各国市政府制度》,中华全国道路建设协会1931年版,第96页。

④ 罗偟:《美国城市经理制》,载陆丹林编《市政全书》第2编《各国市政府制度》,中华全国道路建设协会1931年版,第96页。

能够真正掌握对于官员的罢免和监督权才是关键。

特别是由于大多数学者们并不信任民众的力量，反对民众参与管理的直接民主制，这必然降低他们追求民主政治的真实程度。国民党所宣扬的"民治"本就浮于表面，而有些专家连"民治"的口号都表示怀疑。鉴于像北平自治选举那样的丑闻，"民治"在许多人心中已经成为闹剧，有宣扬"专家治市"的人说得很坦率："民治的理论，是否全适实际；民治的理论，人们是否达到它的最高鹄标，现在处处都发生怀疑。尤其是市政问题，在科学昌明，机械进步的今日，'城市'职务日益复杂，市行政亦日趋于科学化和技术化，秉持市政的全权，我以为更不应尽授予一班'门外汉'，所有市政的设计和行政的实施，皆宜由专家负责办理，市民不应干预。"① 并且认为对于官员的任免权也不可直接授予人民，"不可让人民有直接而灵活的罢免权限，否则酿成这种的政治作用，一市的行政将无宁日了"。②

这种怀疑"民治"、主张将城市统治权彻底交给专家的想法，在当时并非只是个别，而是日益成为专家们的普遍想法。殷体扬强烈指出："我国上下正标榜民治，民治绝不是政党的分赃自肥的民治，使一般不学无术只会拉选举票的人滥竽职位，就算民治了！政党固赖群众，可是政治是唯赖'贤与能'，市政是一个庞大的而极复杂的机器，每部分受理的人员，均需专门人才……全国的市政府，必须赶快确立良好的文官制度，切实执行，丝毫不可迁就。……我常常担心民主政治在中国变质，一般愚民徒然替少数野心家做工具！我们借此机会，大声疾呼，痛自觉悟，以文官制度以济民治之弊。"③ 这

---

① 陈受康：《改革我国市政的先决条件》，《市政评论》第4卷第7期，1936年，第3页。

② 陈受康：《改革我国市政的先决条件》，《市政评论》第4卷第7期，1936年，第4页。

③ 殷体扬：《伯樵先生纪念特刊编后感言》，《市政评论》第10卷第3期，1948年，第1页。

种想法的产生，显然是出于对具有盲目性的普罗大众容易被别有用心之人所误导、导致民主政治扭曲的担忧，因此想依靠专家来决定一切，排除城市政治变异成为"群氓政治"的危险。

此种担心并非完全没有道理，专家们由对"民主政治"的虚假产生了对人民民主能力的极大不信任，在他们的话语里，老百姓是一群"愚民"，只能由具有专业知识的文官来代替他们行使权力。当然殷体扬也提到了："市政虽然必须由专家来管理，可是更需要市民来协助来督促才行。"① 不过，从他的上下文来看，他所说的"愚民"和"市民"并非同一批人。市民的主体包括什么人，才是深可玩味之处。

在"愚民"和"官家"之间，学者们宁可选择"官家"，尤其更加相信贤明能干的市政官员，"靠民众的力量由下层做起，是不成功的；专靠政府的力量，又有时靠不住。不过在事实上，今日之中国，还是为政在人，人存政举，人亡政息。在市民达到自治的程度，养成自治能力以前，如办市政，非有一个贤良市长不可。"② 论者以为广州市市长孙科、南京市市长石瑛、上海市市长张群、北平市市长袁良，以及青岛市市长沈鸿烈，均为市长楷模，诸人虽非市政专家，然"市长一席，非必市政专家，方可充任。凡具有高深学识，隆厚资望，目光远大，操守严明，能够驾驭其僚属者，均可为之"。③ 只要市长人选得当，这种非专家出身的官员也能促进市政进步，"市长的一举一动，是全市官民的表率，动关市民的幸福。所以如果市长不得其人，则一切市政的进步，均谈不到"。④ 黄巽去世后，从《市政评论》里刊登的市政界对他的

---

① 殷体扬：《星期看市政》，《市政评论》第10卷第6期，1948年，第9页。
② 李忠枢：《考察东京市政杂感》，《市政评论》第2卷第7期，1934年，第21页。
③ 冯秉坤：《各市政府成立十周年纪念感言》，《市政评论》第5卷第6期，1937年，第2页。
④ 冯秉坤：《各市政府成立十周年纪念感言》，《市政评论》第5卷第6期，1937年，第2页。

纪念文字里也传达出，市政界呼吁的就是这种所谓具有现代科学管理知识又廉洁奉"公"不牟私利的现代官僚，这是市政界同时不反对市长集权制的缘故。美国在1901年产生了"市委员会"制度，这种制度将立法与行政二权合一，"将一市的议决和执行权，都集中于少数人的委员会"。① 这里体现的是一种城市政权集中于少数人进行管理的趋势。孙科在广州的市政改革就仿照了这种体制，并且市长的权限比美国体制下还大得多，都是为了将城市政权集中于少数市政专家型官僚之手。所以，尽管市政界推崇市经理制，但后来包括上海在内的各大城市里，形式上实行的是市议会制，其实还是市长集权制。据介绍，在上海市政府各部各局，"完全秉承市长的意旨，管理关系行政。市长是现在最高行政机关的领袖，他的一言一动，关系全市三百万人口的福利。现在的市政能有今日的进步，却正是现行市组织规定市长的职责集中的效果"。② 可见，时人虽然赞同市经理制，对于市长集权制也是颇为赞赏的。市经理制也好，市长集权制也好；分权也好，集权也好，重要的是能否让"专家"来掌权，这才是专家们关注的重点。

抗战结束后，市政界打出了"治权民主化、政权专家化、地方市政化、市政科学化"的口号。在这个口号里，可以看到，"治权民主化"已经直接和"政权专家化""市政科学化"联系到了一起，仿佛只要实现了"专家治市"，或专家型官员的治理，就等于实现了"民主化"。而所谓"治权专家化"与"政权民主化"互相配合，更表明这些专家们多反对人民参与管理的直接民主制，主张的是代议制民主——由"专家"或"专家型官僚"代表人民管理城市生活的制度。这样将大多数普通老百姓排除在了城市统治权之外，在市民与城市政治生活中间插入一个专家集团，

---

① 顾敦鍒：《中国市制概观》，《东方杂志》第26卷第17号，1929年，第36页。
② 根据《上海市政的发展》，上海通社编辑《上海研究资料续集》，《民国丛书》第4编第81册，上海书店1992年版，第684—685页。

就等于在城市里建立一个新的特殊阶级——"管理者阶级",让所有市民都在这些"管理者"的规划中生活行动,所有人只要接受这些管理者的指令安排就行了。这种诉求浓缩为一句话,就是:"专家决定一切。"①

据王绍光教授介绍,在欧洲历史上,"专家治国"的口号由来已久,它一直是知识精英们的一种反民主主张。他们害怕实现了大众民主以后,穷人会起来剥夺富人的财富,所以拒绝穷人们参与国家的管理,更主张由那些专业的、出身高贵的人来统治国家。②也就是说,"专家治国"本就是一种"精英民主""贵族民主"的表现形式。涌动于近代成为主流的民族主义思潮又迎合了这样一种治理理念,因为在民族主义的话语里,本身就蕴藏着精英救世、顶层设计的思想,这种思想很容易剥夺底层大众参与社会管理、争取自身解放的权利。而且"专家治国"的口号历来容易予人一种印象:专家是反对官僚制度的。市政学者对于现实里的"官僚治市"作了如此之多的批判,也同样容易给人们造成这种印象。但是,"专家政治"和"官僚制度"是否就一定矛盾?批判具体官僚们的腐败自私,是否就等同于反对整个"官僚体制"?尤其是具有强烈的民族主义、国家主义意识的市政官员和学者心目中,"专家治市"和"官僚治市"是否一定是截然对立的两件事?前文谈到过,市政界并不是要排斥政府干预,而是需要一个真正能为自己服务,同时又不过多干涉自己自由还能够予以问责的政府。所以他们基本肯定国家的强化管理的合理性,并且肯定政府是市政的经营主体。如此一来,尽管他们对"官僚治市"多有批判,但不会一概反对整个官僚制度。只不过现实中的许多具体市政官员都极其令他们失望,方引致他们对于官僚政治的猛烈批判。他们真正所表达的意思是,官员们应该都成为具有

---

① 《对都市计划的三二贡献》,《市政评论》第6卷第6期,1941年,第2页。
② 根据王绍光《民主四讲》,生活·读书·新知三联书店2008年版,第30—31页。

良好的市政知识和道德素养的专家型官僚。他们寄望于更多符合他们理想的、真正懂得现代市政科学的专家型官僚如孙科那样的人出现，建立一种理想化的新型官僚制来代替旧官僚制。董修甲说过，市政学"既有政府性质的行政，必须依照政府行政办法办理，更有科学性质的事业，又须依照事业办法办理"。① 这就是肯定了政府管理和官僚制度存在的合理性，但强调办理市政的官员必须要具备专业的市政学素养。梁思成和张锐合拟的《天津特别市物质建设方案》里，提出的六项任务里就包括实行新型官僚制度，因此"专家政治"正是适应现代工商业社会需要的科层官僚制。"专家治市"要求的出现，反映了近代中国资本主义和工业化逐步发展的社会变化，其适应着资产阶级与国民党政权结合的需要。

第三节 "专家治市"的经济与历史动因探析

一 企业组织的逻辑延伸

民国市政界追求城市自治之时却强调依靠"统制"，呼吁"治权民主化"却同时宣扬少数专家和文官决定一切的城市治理理想，反映了一个耐人寻味的历史现象：近现代经济活动本身就具有对于超经济力量的依赖。汪晖教授曾揭示过这个看似矛盾的现象："为什么那么多自由市场的拥护者，同时又是干预政策的制定者或鼓吹者，为什么有许多自称是'自由主义者'的人却去称颂技术官僚治国的伟大进步。对技术统治的称颂不正是另一种国家主义么？"②

这种矛盾现象其实体现的是工业资本主义的一种内在矛盾：资产阶级为了发展工商业，要求自由贸易，打破一切超经济的束

---

① 董修甲：《市政与民治》，上海大东书局1931年版，第52页。
② 汪晖：《死火重温》，人民文学出版社2000年版，第38页。

缚。但随着资本主义工商业的发展，他们又越来越要求管理上的专业化，特别是工业革命以后，随着科学技术的日趋发达和社会事务的复杂化，资产阶级难以直接管理生产和国家机器，必须雇佣一个庞大的专业技术人员群体为自己服务，委托这些人作为自己的代理。詹姆斯·伯纳姆在《管理革命》一书里提到"管理（经理）阶级"成为新的统治阶级，便是指一群被委托的专职管理人员成为一个掌握社会统治权的群体。专家型官僚正是适应资本主义市场经济需要的一种具有现代专业知识的管理者阶层，这种新官僚在现代社会的政治生活和社会管理事务中已经开始发挥越来越大的作用。

民国资产阶级同样希望将城市和国家大权交付与符合他们要求的技术官僚之手，市政专家就是一批在市政领域为资本主义工业化要求服务的现代官僚，他们常常表现出试图用一种工业组织结构来建构城市政府组织的思维特点，比如有人说：

> 城市政府的组织，就是一个工厂模型的放大，市长是一架发动机，他受市民付托，负全市行政之责，规划行政方针，指挥并监督市政府以下各局的工。各局及其所隶属之各课各股，便是分工合作的部分机器。……发动机固然是全部主脑，应健全无疵，具有十二分足的马力。然而各部分机器，也是同等的重要，不容丝毫忽视。①

郑梁更是详细说出了这种工业组织结构的特点："都市好像一所工厂，房屋可看作'住的机械'，因此，都市计划可说是准备工具，既是工具，当然要实用大、效率大、获利大。""真正的都市计划，要善于运用科学来解除痛苦，合乎经济原则的都市计划，

---

① 谢国瑛：《市政人选》，载陆丹林编《市政全书》第1编《论著》，中华全国道路建设协会1931年版，第147页。

须能自动生利。此种经济计划的实现，非靠政府力量不可。"① 这些话非常鲜明地道出了专家设计的目的是将城市打造成一个能生产利润的工厂，其强调的所谓科学、理性、高效的治理模式，本质上都是为了保证获得更多的利润。科学管理的目的是提高效率，效率的目的又是获得更多的经济利润。为了保证利润的获得，就必须加强对工人和普通市民的管理，所谓科学化管理首先是适应资本主义工业生产的经济目的而发展出来的管理模式和理念，制定这些管理制度的每一步都是从如何用最小成本获取最大利润这一目的出发进行考量的。西方的文官制度就是自工业革命以来为调整生产关系、保证资产阶级的利润产生发展而来。专家们就像工厂主制定严格的工厂纪律一样要求有严格的城市统制制度，要求市民、工人能够为创造利润遵守秩序认真苦干。黄巽任铁路管理局局长时，尝有工人要求提高待遇，黄巽就要求工人以增加效率作为条件，可见其着眼点也主要是利润。

中国的市政既然接受了这种为保证利润获得而服务的理念，市政专家所崇尚的城市政府组织，就一方面体现着工业组织结构，另一方面又体现着商业经济的经营管理模式。一边将城市想象成一座工厂，另一边将作为管理层的市政府组织想象成一个股份公司，用企业管理的模式设计市政管理，这似乎是当时主张"专家治市"者的共同思维特点。殷体扬一句话坦承了他们心目中现代市政的实质，"现代市政，与其说是市政府的事业，毋宁说是商业的机构，收受市民租税，无异收受股东的股金，一切市政活动，要讲本求利，所以市政府要商业化，即是简单化、效率化"。② 董修甲直言市政"实乃商业的而非政治的，倘若市政一旦入政治范围，吾人犹应谋所以纳入商业的轨道之中"。③ 言下之意，他并非

---

① 郑梁：《都市计划新论》，《新市政》第2期，1943年，第15页。
② 殷体扬：《市自治通则几个要点》，《市政评论》第10卷第9—10期，1948年，第7页。
③ 董修甲：《中国市政问题》，《道路月刊》第18卷第2期，1926年，第33页。

主张不要政府干预，而是说政府也要按照商业的原则进行运作，即"谋所以纳入商业的轨道之中"，依商业的规律进行组织和干预，这个观点道出了专家所设计的市政的资本主义性质。张锐也有相同的观点："市府经营的各事业单位，应在可能范围内尽量采取商业公司的经营方式；宁可使政府事务商业化，不可使商业机构政府化。"① 邵鸿猷也是主张多延揽"上级的各项建设专门人才"，他认为要想保证市政府能为市民服务，就得令"市府好像一个大公司一样，更应尽力服务。因为不尽职的职员，我们的股东，就是全体市民，可以辞歇他的啊"。②

专家们还承认，他们最推崇的市经理制"恰如股份公司的组织，理事会和总经理的关系，约适用于市议会和市经理"。③ "市经理制之目的，一方面是剔除市委员制之病态，一方面则要求把城市事业彻底地按照股份公司经营的方法来办，它有像股东选举的董事会。"④ 有人认为市经理权力太大，辩护者则认为，"市经理并不能专擅独断，一意孤行。他不过是一个城市雇佣的经理员，没有权力决定政策，他只能办理市议会委托的事务。……至于如何办法，他却可以自行酌夺了"。⑤ 若是按照股份公司的运行逻辑来设计城市政治，市政官员就是经理，他们作为市经理就只是个雇员，那么雇主或股东就名义上是全体市民，他们可以罢免市经理，这似乎是最能实现城市民主的设计。但实际上按照这种模式，也是股份最多的股东才真正具有监督、罢免经理的权力，

---

① 张锐：《论都市民治》，《市政评论》第9卷第5期，1947年，第3页。
② 邵鸿猷：《实施最革命的市政治》，《首都市政公报》第23期，1928年，第1页。
③ 贾秉仁译：《地方团体之政治组织及其革新》（续），《市政评论》第3卷第15期，1935年，第7页。
④ 郭体乾：《市委员制与市经理制》，《道路月刊》第32卷第1号，1929年，《论著》，第7页。
⑤ 罗偟：《美国城市经理制》，载陆丹林编《市政全书》第2编《各国市政府制度》，中华全国道路建设协会1931年版，第100页。

而按照当时的规则，城市最大的股东只能是城市里最有势力和财富的阶级，他们才能决定市经理的去留。《市政评论》有一期登载了一篇标题为《学习别人的民主作风》的文章，里面介绍了一则纽约长岛市民维权促成市经理制在当地实行的事件。事件中当事人对当地市政官僚和警察局的不作为十分不满，就联合了许多市民一起雇用了一个专家顾问团，调查出当地许多市政漏洞公布于众，并在他们的推动下，在当地正式实行了有利于专家掌握市政管理权的市经理制。这个事件的发起者是一个颇有财力、开办了工厂的进口商，而专家顾问团也是需要市民用钱来雇佣的。① 由此可见，在专家们设计的城市权力体系里，那些资产最多的人才能成为大股东，城市政府主要就被他们所掌握，他们成为城市市政的真正操纵者，因此市经理制同样反映的是资产阶级掌握城市统治权的愿望。一些像北平一样的大城市自治选举里只有极少数人具有选举资格，时人归咎于官僚操控之结果。但在专家们的设计方案里，恐怕也只能是少数人掌握城市的统治权。鲁迅曾在《最艺术的国家》一文里讽刺"上海只剩四千四百六十五个大市民"，就是基于如下事实：上海公共租界自1928年起，准许由"高等华人"组织的"纳税华人会"选举华人董事3人（1930年起增至5人）、华人委员六人参加租界的行政机关工部局。"纳税华人会"章程规定有下列资格的可为会员并有选举权：第一，所执产业地价在500两（按指银两）以上者；第二，每年纳房捐或地捐10两以上者；第三，每年付房租在500两以上而付捐者（按上海公共租界规定出租房产的房捐，由租用者负担）。有下列资格并住公共租界5年以上者，可以被选为"纳税华人会"代表大会代表及被推选为工部局的华人董事、华人委员：一是年付房地各捐在50两以上；二是年付房租1200两以上而付捐者。1933年3

---

① 帅右堂：《学习别人的民主作风》，《市政评论》第11卷第3—4期，1949年，第17页。

月27日"纳税华人会"市民组举行第12届选举时,按上述条件统计的会员数,其中有选举权和被选举权者只有4465人。[①] 或许,在精英阶层话语里的"市民"主体,就已经是指少数的有产阶级了。虽然国民党第一次全国代表大会宣言的政治纲领第四条里宣称了要"废除以资产为标准之阶级选举",但在现实里根本未有实现。大上海和老北平的自治一样,都是少数市民决定城市发展方向。

所谓"市民自治""城市自治"的理想,首先是最有势力和财富的阶级的自治,"专家政治"是为其服务的管理模式。绅商以商会或企业为基本单位发展资本主义,市政专家们则是将城市看作一个大企业,市政建设等同于经营企业,城市内部的管理模式和经营模式几乎等同于企业运作模式。若白敦庸自述的"弃工厂管理之学而攻市政管理"便是道出了其欲将城市作为一个企业空间进行管理的更大企求,"以都市建设促产业发达"也同样表达着这层意思。在这里,"城市"就是商会或企业的扩大。专家理想中的城市体制,都是按照资本主义经营模式而来。他们前往欧美城市,看到了欧美国家已经将"城市"整体当成一个单位推动生产关系的发展,遂决意效仿之,将中国"城市"也当成一个发展资本主义的基本单位。于是专家们类似于企业高层管理人员在市政领域的延伸。企业高管和城市专家,都是一批为资本主义社会发展需要服务的技术官僚,雇佣这些管理人员的雇主主要是那些资产雄厚的富商和士绅。市政在民国被提到了超越以往的高度,和这样一批人的利益有直接关系。

二 历史渊源——士大夫政治的发展

当代许多现代化问题的研究者是将专家集团的出现、科层官

[①] 鲁迅:《最艺术的国家》,《鲁迅全集》第5卷,人民文学出版社1981年版,第89页。

僚体制和文官集团的形成作为"现代性"的一个重要特征。近代中国,"专家治市""专家治国"要求的出现和科层官僚体制的形成、发展,也主要由近代中国向工业文明过渡、资本主义发展、民族国家构建等新的社会变动因素所推动。但是,这其中还存在着一股于中国历史纵深中持续作用的内在运动之促进。科层官僚体制的特点是知识分子与官僚的结合,由是形成一个庞大的专业文官集团。在这种体制下,知识分子既和官僚集团常有利益冲突,自己又常常转化为新的官僚。这样一种知识分子与官僚的互动结构其实在中国历史上早已形成。

朱启钤是近代重要的市政专家,清末重臣瞿鸿禨之子、文史学家瞿宣颖在为朱启钤《蠖园文存》所作的序里曾有一段论述道:

> 自汉以还,为学之弊凡三:儒家流派,不越三支,所谓考据、词章、义理鼎分,而更胜求其贯通三者不囿一端,已为难遇。……夫此三者。仅为治学之方,全非学之鹄的,犹且拘牵若此,何缘见其远大?其弊一也;汉儒缘饰经术尤颇达于治道,自尔以降,事功学渐渐判两途抗礼,虽周情孔思,莅官则簿书期会,于是经政之要,多入胥吏之掌握,士大夫初不得而问焉,其弊二也;专门之业,必世其家,口耳相传,往往非文字所能沟瀹,一自官与工分,学与事分,而专门之工师,永不得侪士林之列,传之于载籍者与施之于事物者,截然不相谋焉,其弊三也。坐是三弊,通才弥艰,沟瞽之见,积非胜是,由来久矣。海通以来,事变繁会,耳目发皇,瑰奇迈越之士,争有以自见其能力,扫重规迭袭之陋,上接往古久坠之绪者。①

---

① 瞿宣颖:《蠖园文存序》,朱启钤《蠖园文存》,紫江朱氏1936年版,第9—10页。

笔者以为，这是一段比较重要的论述，其揭示出了近代"专家政治"与中国历史上长期存在的儒法斗争和儒家内部斗争之间的历史渊源，还关联着自汉代以来持续的"法治"与"礼治"之争，以及宋代以后士大夫与胥吏集团的斗争。相比欧洲国家，中国社会在很早以前，已经在形式上形成了分工细致、专业化管理的类似于科层官僚管理的制度。在秦始皇统一中国以后，这个职业文官组织进一步膨胀。阎步克认为，汉王朝出现了儒的"吏化"倾向，而文吏与儒生的对立，就是"法治"与"礼治"矛盾的主要焦点。其中文吏又代表着帝国政府中的理性行政。[①] 那么，所谓文吏实则就是"法吏"，其强调循名责实，精研法律和各种具体事务，属于一种古代专业化的官僚。《论衡·程材》里说："将以官课材，材以官为验"，便是指出了这种官僚的特点。而且专业官僚组织的锻造，自秦朝甚至战国时期就已经开始了，它一直和建立大一统中央集权制国家的要求是同步发展的。"法家的'法治'，则充分体现了依赖理性规程操纵官僚机器的精神。"[②] 而到了东汉时期，已经呈现出儒法合流的趋势，即士大夫与专业官僚的合流，士大夫政治由是定型。在以后的历史岁月里，又经过了三公九卿制、察举制、征辟制、科举制、三省六部制等选拔考核体制的改革，中国形成了一套越来越成熟的分工管理的官僚体制。特别是如果考虑到西方国家在工业革命后城市里发展起来的文官制度也是很大程度借鉴了中国这套传统文官制而形成，就不免要承认这样一个事实：西方的这一"现代事物"对中国而言很大程度上不是什么崭新事物，文人与官吏之间既对立又结盟的结构——"士大夫结构"很早就在这种体制下逐渐形成发展了。有学者认为，在这种体制下，知识精英与政治权威结构具有先天性的张力关系，一方面，他们必须与政治权威充分合作以实现其政

[①] 根据阎步克《士大夫政治演生史稿》，北京大学出版社1996年版，第418页。
[②] 阎步克：《士大夫政治演生史稿》，北京大学出版社1996年版，第421页。

治理想。政治权威在本能上不会认同知识精英,但是政治统治对于文化价值的合法性需要却使政治权威不得不依赖于知识精英。这种政治权威与知识精英之间的融合与冲突关系始终存在于帝国统治的历史之中,士大夫政治正是由这种张力的内在需求而产生的。① 可以说,中国传统士大夫结构极好地在知识群体和官僚群体之间构建起了一座他们随时可互相转换、互相补充的桥梁。民国有学者直言:"士大夫就是官僚的候补人。"② 在近代,就如传统士大夫成为官吏的土壤一样,知识群体和专家群体也有相当一部分成为官僚集团的土壤和盟军。在某种程度上说,现代科层官僚制度的出现,使得中国文士集团与官僚集团的互动结构具有了更加巩固的制度支撑。这套体制的发展有着十分显著的历史延续性质。

当然,中国古代的"士大夫文化"与现代官僚体制的区别也很明显,主要在于古代"士大夫文化"是为以农业文明为基础的王朝政治服务,现代官僚体制则应工商业文明为基础的现代国家政治需要而生。但在依靠智识阶层和行政官僚共同处理社会事务、管理民众上,则是一脉相承的。从这种角度讲,民族国家构建过程中形成官僚体制和文官集团的这一现象,对于中国而言,其实只是一种"传统性"的强化而已。

不仅专家与官僚的结合体现着传统官僚制的特点,专家或者说科层官僚与旧式行政官僚之间的权力斗争也同样有着历史传统的延续性。回顾中国政治史,每当世易时移革故鼎新之际,常会出现出身基层的技术官僚(来自乡村)与贵族官僚(盘踞城市)的激烈斗争,这些技术官僚多能在一定程度反映基层社会的现实需要,代表着社会比较进步的方向,比如唐代永贞革新、宋代庆历新政。在晚清,这种斗争表现为在野士绅与在朝士绅的观点、

---

① 刘晔:《知识分子与中国革命》,天津人民出版社2004年版,第85页。
② 吉衣:《官僚政治的面面观》,载陈中民《官僚政治批判》,《民国丛书》第2编第21册,上海书店1996年版,第19页。

利益之争。在朝士绅反对革命,以保大清为己任,排斥有行政经验的地方士绅,在野士绅则不信任这些缺乏现代知识的在朝士绅,希望与他们分享更多的参与管理社会生活和国家行政的权利。而且,根据陈志让的研究,当时这种要求最为强烈的,还是在野的上层士绅。这种矛盾在民国建立后的市政改革运动和城市生活中也存在着延续,表现为专家与官僚的矛盾。在市政学者们痛批行政官僚的各种文字里,已经反映了知识官僚要取代行政官僚独掌大权的迫切心态。

这种士大夫政治既然本身就是一个充满矛盾的结构,所以在汉代以后的历史发展中,文人和官僚的矛盾仍然在不断发展,并且这种矛盾还又引起了文人内部的分化,瞿文里所说的考据、辞章、义理、事功之学的分化,就反映了这种矛盾。这种矛盾在宋代以后又更加鲜明了起来,形成了中国政治思想的一大主题。当时由于一些士大夫出身的官僚只务辞章考据之学,精通实学的士大夫受到排挤,就如瞿文所言:"官与工分,学与事分,而专门之工师,永不得侪士林之列。"这就导致地方官员在办理实际事务之时不得不倚重于一群熟悉当地财税司法的"吏"阶层,遂使地方逐渐形成了一个庞大的胥吏集团,把持了地方治理的大权。于是在国家治理层面形成了官与吏分离、"官无封建,而吏有封建"的局面。若陆九渊所形容的:"吏胥居府廷,司文案,宿留于邦君之侧,以闲剧劳逸尝吾之喜愠,以日月淹速尝吾之忘忆。为之先后缓急,开阖损益,以蔽吾聪明,乱吾是非而行其计。豪家拥高赀,厚党与,附会左右之人,创端绪于事外以乱本旨,结左证于党中以实伪事,工为节目,以与吏符合而成其说。吾以异乡之人一旦而听之,非素谙其俗。而府中深崇,闾里之事不接于吾之目,涂巷之言不闻于吾之耳。"① 这种局面一直沿袭到了清代、民国社会。郭嵩焘

---

① 陆九渊:《与杨守》,《陆九渊集》,中华书局2016年版,第124页。

尝评价清代社会"本朝则与胥史共天下",便是对国家不再是"与士大夫共治"局面的抱怨。的确,对于士大夫阶层而言,这意味着自己长期处于权力被架空的状态。为了将社会治理的大权从"吏"手里夺回,一批崇尚"事功之学"的士大夫出现在了历史舞台上。标志便是在宋代以陈亮、叶适为代表的"功利之学"(事功之学)的兴起,他们极力反对"辞章之学",并且反对当时士大夫耻于言利的风气,主张以国家之力支持工商业发展,代表了一批浙东沿海地区的商人利益。黄宗羲曾评价永嘉学派"教人就事上理会,步步着实,言之必使可行,足以开物成务"。[1]

简言之,事功之学就是号召士大夫们要留心时务、专研实学,精通财政、税赋、法律、农工、吏治、簿书等各种专业事务。以后从明清到近代的思想运动中,一直可以发现"事功之学"的影响。崇尚"事功之学"的士大夫虽然以"真儒"自居,其实他们的治理理念倒更接近于试图建立专业化官僚体系的法家理想一些。士大夫对胥吏集团的反对,所表达的意思也不是指责官僚的权力太大,恰是认为官僚的权力太小,权力太小又是由于士大夫们能力不够专业,导致地方治理被胥吏所把持,所以他们才试图要建立一种以士大夫为主导的严格官僚制度。这种愿望和"事功之学"的主张相结合,到了近代市政探索中,发展成为"专家政治"。于此可以看到"专家政治"的官僚政治性质,以及近代市政专家和自宋代以后士大夫政治诉求的历史渊源。民国时期有一段讨论市政的论述就表达了"士"力图成为专业官僚的愿望:

> 往日士与公务人员是相通的。……士是知识阶级,同时也是士大夫阶级,掌握着国家社会的政治与学术,世运与民命,简直足以转移国家社会的隆污兴亡,所以几千年来历史

---

[1] 黄宗羲:《宋元学案》卷52《艮斋学案》,载沈善洪编《黄宗羲全集》,浙江古籍出版社1992年版,第56页。

的变乱承平，可以说都与士有着密切的关系，不论汉高、明太之为人如何狠刻，但张良、萧何、李善长、刘基等对于汉明两个朝代之建立，是绝对少不得的人物；不论唐元晚节的如何不终，宋仁对外的如何不武，但姚崇、宋璟、韩琦、富弼之图治，是守成时代少不得的人物。同时大家也知道黄巢、洪秀全都是不得意的举人秀才。①

有些市政官员也明显是在用士大夫的价值观念和道德操守来要求市政人员，南京市市长马超俊曾告诫官员："奉公守法，上下一心，无分畛域，确立共信，所谓君使臣如手足，臣事君如腹心，合则留不合则去，不失士大夫光明磊落之态度。"② 封建士大夫的道德准则和伦理纲常仍然是官员们的基本人生信仰，并且构成为他们职业道德的文化底色。这种道德既可告诫官员们尽忠职守、勇于任事，也在继续用君臣上下的等级观念塑造他们的精神。1941年贵阳市市长何辑五在市政府首次扩大纪念周的讲话中宣称："市长即如一家的家长，全市的人民，即如家庭里的每一分子。"③ 这里"家国一体"的传统和官员是人民"父母官"的旧思想，都一起被当作了现代市政官员的准则。

而且，"士"本身是一个庞大群体，其内部包含特定的阶级和阶层，在古代，其主要包括地主士绅。自唐宋以后，中国社会结构出现了一大变化，便是商人阶层的兴起、壮大，导致士绅阶层发生了重大变化。明后期已经出现了颇多弃农就商、弃儒就商、致仕从商的事情，何良俊《四友斋丛说》卷十三里记载："正德

---

① 段四一：《论今日中国公务人员应有之觉悟与使命》，《昆明市政》第1卷第1期，1947年，第6页。

② 马超俊：《京市两年来工作概况》，《市政评论》第5卷第5期，1937年，第18页。

③ 何辑五：《在市府首次扩大纪念周训词》，《贵阳市政》第1卷，1941年，第23页。

以前百姓什一在官,什九在田。……自四五十年来……遂皆迁业。昔日乡官家人亦不甚多,今去农而为乡官家人者已十倍于前矣。昔日官府之人有限,今去农而蚕食于官府者五倍于前矣。昔日逐末之人尚少,今去农而改业为工商者三倍于前矣。"① 商人交通官宦,士大夫交接富贾,互通婚姻,已成风尚。许多商人更通过捐输纳官之法跻身仕侪,打破了以前商人不得入仕的束缚。在民间,商人也逐渐由人们所鄙视的社会阶层成为人们崇尚羡慕的阶层。明末的许多文人和思想家都有重视工商的思想,黄宗羲还提出了"工商皆本"的观点。明清之际许多下层士绅开始经商营利,如清邑令何子祥《蓉林笔钞》云:"昆阳文风运逊浙西。士子得一青衿,便为止境,养习商贾事,科岁试聊以备功令,盖其视科名若登天然,先自画也。"邑人毛锦涛《启元社题名记》云:"厥后习俗陋,士气衰,诵读者率皆志气卑小,甫游庠辄束书高阁,营什一利;不然亦自视满足,不复切磋,以底有成。"② 道光年间的沈垚在《费席山先生七十双寿序》里说:"古者士之子恒为士,后世商之子方能为士,此宋元明以来变迁之大较也。""天下之士多出于商","天下之势偏重于商,凡豪杰有智略之人多出焉"③,这段话道出了中国士人所依赖的阶级力量的变化。

于是士人倚重商人,影响于官僚,这就使得官、绅、商之间出现了一种微妙的联系,19世纪末20世纪初以来,官、绅、商日益呈现合流趋势。特别是1905年废除科举,是"强制传统绅士阶层发生大分化,促使绅、商合流趋势空前增强的一大关键,对近代社会阶级关系的调整和重组有着深远的影响"。④ 正如陈旭麓

---

① 《林次崖先生文集》卷2,引自吴承明《中国的现代化:市场与社会》,生活·读书·新知三联书店2001年版,第35—36页。
② 王理孚、刘绍宽修纂:民国《平阳县志》卷19《风土志·士习》,1925年,第9页。
③ (清)沈垚:《落帆楼文集》卷24。
④ 章开沅、马敏、朱英:《中国近代史上的官绅商学》,湖北人民出版社2000年版,第226页。

所说:"绅商和乡绅是官与民的中介,前者多在市,后者多在乡;前者与工商业结缘,后者与宗法、地租联姻;从他们身上可以捕捉到中国近代社会的脉络。"[1] 如果说,当时低级士绅主要留在乡村,与宗法体系相结合,成为统治乡村社会的乡绅;高级士绅则多聚集于城市,融入现代工商业组织内,成为早期资产阶级——绅商。进入了新式学堂接受了现代教育的读书人大多不愿再回到农村,都选择城市作为施展自己人生抱负的舞台,那些留学欧美的知识分子就更是如此了,他们和绅商集团一起构成了市政学者们的阶级基础。

有了士大夫政治和官僚体系的内在演变,"事功之学"对于中国士人的广泛影响,商人力量崛起又导致了士绅的城市化与资产阶级化,而在向现代工业社会迈进的过程中,随着社会分工的细密、事务繁多,城市行政又越来越要求具有专业化的趋势,传统的士大夫政治、城市士绅集团遂与资本主义、工业社会的要求相结合,一种现代的官僚就开始处于了形成之中。

"专业主义其实是新阶级的'集体意识'在某个发展阶段的形态。它虽然没有对旧阶级作明显的批判,却是新阶级相对于旧阶级在技术和道德方面优越感的无声的声明,并且暗示旧阶级只是一群既市侩又贪婪的家伙,不能以才服众。专业主义无形中将新阶级吹捧为正义和法理权威的典范,说他们既有专业技术,又有为社会整体利益奉献之心。专业主义是新阶级悄然地削弱旧阶级的权威,树立自己的合法性的呼声的集中反映。"[2] "专家政治"的呼声通常是某种新阶级在形成中为了掌握对社会的控制,因而对原先的统治阶级进行斗争的一种手段。农业文明时代,地主阶级为了获得对政权的掌控,就宣扬"皇帝与士大夫共治天下";到了工业时代,工业资产阶级为了获得对政权的掌握,就会宣扬

---

[1] 《陈旭麓文集》第4卷,华东师范大学出版社1997年版,第156页。

[2] [美]阿尔文·古尔德纳:《新阶级与知识分子的未来》,杜维真、罗永生、黄蕙瑜译,人民文学出版社2001年版,第15页。

"专家治国"。无论是绅商为基础的商会及其他民间社团组织主持承担的市政建设，还是市政学者们组成的各种市政研究团体发起的"市政改革"运动，都是为一个新阶级努力参与甚至领导国家政权这一政治目的服务的。如果说，近代中国的绅商阶层还是一个介于士绅阶级与资产阶级之间的模糊阶层，那么，"专家"群体则可以视为一个新阶级从原来的士绅阶级中脱胎分化出来的醒目标志；"专家治国""专家治市"口号的出现，是这个新阶级已经成长壮大并且具有鲜明阶级意识的表现。这种意识作用于城市建设层面，表现着这个阶级企图主宰空间的创造。

第四节　城市官僚主义的顽固

到了1949年，有人反思国民党政治，仍认为这几十年还不如北洋时代，很怀念当年的梁士诒、叶恭绰等人，"中国人才的零落与分散，日甚一日，使我们觉得民初人物，已有三代以上的意思。即交系诸钜公而论，当时很有些人加以微辞，但我们试加比较，今日的财政当局，尚有纡筹深远如梁氏其人否？今日的交通长官，尚有开拓事业、综核名实如叶氏其人否？真令人掷笔三叹！至于舞弊贪污、拔茅连茹、裙带登场、敛衽在位，昔时总使难免白圭微玷，也万不像目前之变本加厉。……可是写近世史的人，必秉笔大骂旧军阀、旧官僚。"[①] 国民政府初建时，专家们大骂北洋时代的市政，可是到国民政府覆亡之际，有人却以为国民党的新官僚还不如北洋的旧官僚，"舞弊贪污、拔茅连茹、裙带登场、敛衽在位"等腐败官风，在新官僚那里比旧官僚更厉害了。

由于国民政府时期的治理模式在现实里的成效令人失望，许多市政学者认为国民党政府并没有重用专家治市，国民党的新官僚其实与北洋旧官僚没有太多区别，因而导致了市政落后。直到

---

① 庸庵：《交通系与民初政局》，《四十年来之北京》第1辑，1949年，第6页。

国民党政权在大陆覆亡前夕，市政界一直认为中国市政没有走上轨道，就因为领导市政的人是一群不懂市政知识只会胡闹的旧官僚。但这未必完全符合事实，民国的不少城市执政者都是市政专家和相关专业学者出身的专家型官员。国民党时期，有不少城市都是一批市政专家和后来被奉为模范官员的能员干吏在主持市政。朱启钤、叶恭绰都是赫赫有名、卓有成效的市政官员。国民党的势力范围里，1921年的广州市政厅里，市长孙科留学美国加利福尼亚大学、哥伦比亚大学，专研市政；财政局局长蔡增基留美哥伦比亚大学毕业，继任李思辕也为留美毕业生；工务局局长程天固留美加利福尼亚大学毕业；公安局局长魏邦平留日陆军学校毕业；卫生局局长胡宣明留美约翰·霍普金斯大学、哈佛大学毕业，专研卫生行政，继任李奉藻为留美医学博士；公用局局长黄桓留学法国及比利时，专习电气工程；教育局局长许崇清留日帝国大学毕业。各局的课长、课员80%以上为留洋学生。[①]

国民党统治全国后，立即着手建立现代科层官僚体制，建立了公务员、考试监察铨叙、预算会计等制度。不可否认，在很多城市里对于这些制度的建立还不很完善。在行政上国民政府也强调效率为主要目标，为此大量引进了专家学者进入地方和中央机构，很多专家进入政府任职。国民政府定都南京后立即任命具有西方近代市政思想的刘纪文主持南京城市建设及管理，南京特别市成立时的市政府官员，大半是留学外国大学或在国内现代学堂深造过的专家型官员，如刘纪文本人是日本法政大学政治经济专科毕业，后又在英国伦敦经济大学及金桥大学研究了两年经济，还曾被广东政府委派为欧美市政考察专员；政府秘书卢锐桐生是美国俄亥俄州大学的硕士，另一个秘书邵洵生是剑桥大学毕业；总务科科长钱浤子通是广东法政大学毕业，长期从事财政和法律工作。其余成员也多是在江苏法政大学、广东法官高等专门学校

---

① 根据赵可《孙科与20年代初的广州市政改革》，《史学月刊》1998年第4期。

等现代学校毕业，或有长期游历英法德比等欧洲诸国的经历。上海特别市首任市长黄郛提出"专门学识"和"办事经验"作为用人标准，特别市首届政府的特点就是根据各部门的实际需要，选用许多具有相当学历的高级专家和具有专长的前领导官员。① 市政府的官员多是高学历出身，且很多人是学习的技术工程，绝大多数市政官员还到国外高等学府深造过，主要是美国，其次为日本和欧洲。抗战后的国民政府内政部营造司长哈雄文、上海市工务局局长赵祖康、上海市公用局局长赵曾钰、上海市财政局局长谷春帆、上海市民政处处长张晓崧、上海市府秘书刘震武、上海市会计科科长耿美璋、上海市警察局局长宣铁吾等人，都是市政专家。汉口市政在刘文岛主持期间，十分注重政府人员的专业化构成。如1930年武汉公安局的904名内部职员中，来自警校和专门学校、国内大学的已经占一半以上。② 整个汉口市政府职员教育程度属于国内外大学和专科学校毕业的也占了绝大多数。赵可在其专著《市政改革与城市发展》里专门梳理过主要城市市长的出身和政府成员构成，都可看出国民政府时期市政管理者的专业化水平是比较高的。当然，如赵可所指出，国内各城市的专门化程度也是不平衡的，南方城市若南京、上海、广州、汉口的专门化程度的确较高，而北方城市由于地方军阀势力太大，专门化程度较低。③ 特别是在上海这些南方现代化程度较高的大都市，专业化管理水平在全国是最高的，董修甲曾经对京沪杭汉的市政进行过一个考察，从他的介绍来看，上海专业化水平已经非常成熟，很早就建立起了统计、审核、选拔等一整套管理制度。但也不

---

① 根据赵可《市政改革与城市发展》，中国大百科全书出版社2004年版，第208页。
② 《汉口特别市政府暨所属各局职员籍贯统计表》，载汉口市政府秘书处《汉口特别市市政统计年刊民国十八年度》，1930年，中国国家图书馆藏。
③ 根据赵可《市政改革与城市发展》，中国大百科全书出版社2004年版，第208页。

是说北方城市就没有专业人士主持市政,比如北平的袁良就是一个非常专业的市政领导者;臧启芳担任过天津市市长,张锐也是市政府成员之一;抗战结束后被誉为全国最年轻的市长——1948年任职的兰州市市长孙汝楠毕业于北平大学法学院经济系。而且,当时对于官僚习气的批评指责有很多也是集中于南方城市的市政表现。

国民党的上层决策层也是由一群受过良好现代教育的文官集团组成,吸收了一大批留学归国的著名教授或专家,这其中自然也包括一大批市政专家和官员。特别是全面抗战爆发后,蒋介石为收揽人心,又邀请了一批著名学者进入政府领导机构,交通部和建设部都是知识分子集中的地方,留学生和大学生均占80%以上。[①] 市政学者和官员许多出自土木工程专业,主要就在这些部门为国民政府效力。所以从民国各主要城市的市政官员出身来看,专家型官员至少比重很高。国民政府时期的城市化运动虽然在市政经营管理上多是采取了官办或官督民办的模式,但也多是一群专家型官僚在主导。白吉尔指出,尽管国民政府时期经济发展的主动权主要发轫于中央政府和少数大官僚,但仍然不可与晚清的官督商办体制相提并论,因为这些官僚中最活跃的人物多是欧美留学生,他们对于现代世界的基本知识远远超过了清朝的官僚。我们可以如是认为,国民政府时期的经济活动基本在开始采取科层官僚化管理,这种统治模式也就是专家和官僚共同治理的管理模式。但是为何民国市政的状况在市政界的眼里仍然无比糟糕呢?除了确实仍然有大量掌权的旧式官僚胡乱作为以外,科层官僚制度和专家自身也存在一些问题。

从时人的一些描述中我们发现,当时有一个很严重的现象:市政学者尽管有很多人留学接受过西方现代文化知识的熏陶,可

---

① 章开沅、马敏、朱英:《中国近代史上的官绅商学》,湖北人民出版社2000年版,第718页。

一旦踏回中国的国土，进入到官场政界，重新回到了这生长于斯的文化空间，士大夫阶级的"学而优则仕"的追求又由他们的潜意识之中激发出来，回国后便开始以做官为己任，而置自己当初的理想抱负于不顾。有人感叹："我国市政人才，本极缺乏。而在这有限的人数中，有的升了官，有的改了业，更有的自己认为学识已够宏富，不必再求进取。真正能够抛开功名利禄，矢志致力于市政改革的人士，实属凤毛麟角。"① 殷体扬也描述过相同的现象："我国近十数年来，前往欧美专门从事市政研究的人们，据我所知道的，约有七十多位，不知怎的，回国以后，就无声无臭的下去，有的改了业，有的升了官，把自己当初的志愿，和所应负的责任，都弄得一干二净，既没有健全学会的组织，也没有宣传上专门普遍的刊物，对于市政改良方案，更属少见。"② 臧启芳也感叹："一部分留学归国的人虽然晓得了优美清洁的生活，多半各自为谋，只要自己的欲望满足就算了，哪有许多功夫去启发市民的智识、鼓励市民的自觉？"③

在这种情形下，许多成为市政官员的人自然不会真正以市政造福人民，而是以市政为自己牟利；各种职位也不再是专业人士以此推行改革、增进民生幸福的舞台，只是成为一种形成特殊集团、巩固小团体利益的工具。国民党时期的张锐曾揭示过当时科层官僚组织的现状："现在的市政组织并不是替人民谋福利的，而是救济其自身员工的机关。"④ 董修甲说："我国各都市，受数千年之恶习，不能破除情面，不能不多用所需以外之人员，因之浪

---

① 冯秉坤：《我也来谈谈"解决中国市政问题的企望"》，《市政评论》第4卷第5期，1936年，第3页。
② 殷体扬：《解决中国市政问题的一个企望》，《市政评论》第4卷第4期，1936年，第2页。
③ 臧启芳：《市政和促进市政之方法》，载陆丹林编《市政全书》第1编《论著》，中华全国道路建设协会1931年版，第47页。
④ 张锐：《论都市民治》，《市政评论》第9卷第6期，1947年，第3页。

费公款之处甚多。"① 还有人描述："无论工厂、农场、公司、银行、邮局、电局等，都成为机关化、官僚化，不求事业之发展，先谈机构之扩大，人员之增加。机构越大，反而松懈，人员越多，反而散缓。"② 在这一套科层体制的建立过程中，许多职务的增设方便了掌权者将各种和高官大员沾亲带故的人塞入其内，如此就导致行政领域内部裙带关系、派系文化仍然十分严重。如南京市市长石瑛是一个颇有作为的官员，但他在任时的市政府职员多是其同乡和老上司张难先的老乡。此种风气渗透进了各行各业，如有人指责卫生行政："当局者不求真实之专门人员以办理卫生行政，而徒以卫生机关为其夹带中人物之噉饭地。"③ 连教育机关也屡见不鲜，"自己做校长，丈夫或妻子做事务主任，女婿做会计，儿子当教员，这种情形不但在私立学校屡见不鲜，而在公立学校亦复不少"。④ 王亚南在40年代末指出了专家政治的一大隐患："采行专家制，重视文吏专门经验，则又因他们长期或世守其职，造就特殊积习，造成相伴而生的种种官场流弊。"⑤

今人对于上述现象或许可以解释为是旧官场习气和传统的关系文化等积习太甚，侵蚀了新制度，导致新瓶装旧酒，或者认为一切都是集权政治下的产物。但还有一些被专家学者们认为是沾染了旧衙门习气、令人头疼不已的制度章程，本身却正是在适应他们自己的要求下而形成的现代专业化体制，如审计制度，就正

---

① 董修甲：《京沪杭汉四大都市之市政》，上海大东书局1931年版，第140页。
② 吉衣：《官僚政治的面面观》，载陈中民《官僚政治批判》，《民国丛书》第2编第21册，上海书店1990年版，第23页。
③ 谢贯一：《我国地方卫生事业实施之方法与步骤》，《武汉市政公报》第1卷第3号，1929年，第14页。
④ 陈青士：《上海教育行政上几个问题》，《市政评论》第11卷第3—4期，1949年，第2页。
⑤ 王亚南：《什么是官僚政治》，载陈中民《官僚政治批判》，《民国丛书》第2编第21册，上海书店1990年版，第9—10页。

是按照他们建立科学化管理和调查方法的要求而建立起来的一种新制度,当时也同样令专家们自己感到头疼不已。据夏光宇介绍,1947年工程师学会在南京召开时,会上上海交通大学校长凌竹铭提了一个"现行制度给予工程上之障碍"的讨论题目,立刻引起了与会者热烈响应,将会议变成一个诉苦大会。所控诉的内容包括从会计、审计到复杂的人事关系对于专家学者们的种种羁绊,研究人员们举步维艰、进退皆非的窘迫状态,等等。总之就是认为在这种细琐严苛的审计制度下,学者们不仅难于做事,而且尊严全无。夏光宇认为此种局面还是由于专家权力太小导致的,"今日工程师仅有能而无权,故到处立于被动地位,实不足以当国家之大任。"①

当时很多学者也注意到了这些问题,并都提出过自己的看法。有人认为不是这些制度不好,而是"人"不好:一些现代科层制度虽然在形式上建立起来了,但执行制度的人却似乎仍然是一批旧时代的做僚、小吏在奉行旧时代的做派。"人事制度、会计制度、审计制度等,根据他们的条文看来,非常详细。假如执行人员一秉至公、讲求效率,当然是好制度,但是事实告诉我们,在制度里面,还是人情第一,讲交际、讲金钱,最低限度要请客,否则你的手续无论怎样完满,也要挑剔一下,或拖延或驳回,都由他们自在。"②"譬如拿机关的报销来说,一个老于公文而富于造报销的人,懂得其中的奥妙的假造亦可以核准。否则一份印花没贴足,也要被驳回。正月要用的钱,要做的事,往往因有审核牵制的机关驳来驳去,必致钱不够,事不成。然而经过讲人情、请饮、请食以后,亦可以批准。此时事过境迁,批准的钱可以不用了。讲报销,泻泻意就可落袋。这究竟是制度不好还是

---

① 夏光宇:《读〈工程师应参预政治〉书后》,《工程》(武汉版)第7期,1947年10月,第362页。

② 吉衣:《官僚政治的面面观》,载陈中民《官僚政治批判》,《民国丛书》第2编第21册,上海书店1990年版,第25页。

人不好？"① 所以论者认为应该将会计制度和审计制度简化和合理化，董修甲考察几个主要都市后提出的建议里也包括要将很多手续简化。

尽管在专家们的文字里，将市政管理中的阴暗问题都归咎为行政官僚的素质低下和旧文化习气浓厚。但是许多市政专家出身的、颇有成绩、口碑甚佳的官员在他们的治市风格中也表现出了官僚的蛮横做派。如刘纪文在南京任市长时因为以铁腕手段强行拆屋而有"拆屋市长"之称，客观而言，这期间他拆了不少达官贵人的豪宅，最为人所称道的是他曾敢于拆除蒋介石官邸。这确实显示了他刚直的一面，但这刚直也同样会被他用于对待老百姓。他上任伊始，为了修建中山大道，将中山桥逸仙桥路线两边的民房及其他建筑物尽行拆掉，导致"反对迭起，阻力横生"。他以小摊小贩和各种障碍物导致本已狭窄的南京街道更加交通不便为由，下令公安局工务局在两三天内将所有障碍物全部拆除；又为了开辟马路，下令14天内将有所阻碍的桥梁和桥面上的民房全部拆迁；下令10天内验明从旧督署经狮子巷浮桥、成贤街到鼓楼一带的民房、商店的房屋产权，也是为在此路段开辟马路而没收该路段房屋作准备。对于被拆民房，他的政府也有过补救工作，如在武定门洪武门等地修建了一些"平民房屋"，但却是进行出租。他的这种手腕被政府报告里称赞为"以果敢之精神、断然之手段，积极进行"②，这种不顾民意强拆民房和强行没收民产的行事方式恐怕体现了专家规划至上的理念和一种现代社会里"技术官僚的专制"。在刘文岛、董修甲等人主持的汉口市政改革时期，也同样存在此种现象。共产党领导下的湖北互济会在内部开会时介绍："租房子要几连保，搬家要搬家证，要报告。许许多多的事件已经使一般民众感觉得非常麻烦，……汉口不久以前，因为警察干涉

---

① 吉衣：《官僚政治的面面观》，载陈中民《官僚政治批判》，《民国丛书》第2编第21册，上海书店出版社1990年版，第25页。

② 南京特别市政府秘书处编译股：《首都市政》，1929年，第2页。

伤兵的行动,以致伤兵与警察冲突起来,结果,被服厂互济会的会员一个被捕。……还有许许多多的社会问题,如现在汉口修马路,把马路上的民众房屋无分说的拆毁,国民政府建设厅不但不能建设旁的屋子来给民众住,而且连租房子的租洋都分文不给。因此有许多稍有一间房子安身的,而专靠数间房子出租来养生的,经此次国民政府拆毁,发公债票,其余你死你生,你有不有屋住,他们是不管的,因此最近为着此事自缢的民众,在在闻见。还有汉口的贫民借贷所,不但不能应民众的需要借贷,而且反要借着这个漂亮的名字来剥削民众,每月一元收一角五分利息还不算,而且还要大人物的保及铺保才可借给他一点。"① 这段文字所描述的现象在当时应当不是个案。

官员们在面对市政失败的现实时,总是归咎于财政困难和政府不支持,现在许多研究文章也是将一些大都市计划的失败主要原因归结为此。可实际情况并非完全如此,很多时候是由于官员专家们为了推行自己的城市规划而不管实际民生,招致老百姓对这些城市计划的不支持。就以专业化管理程度最高的南方城市为例,上海作为第一大都市,直到1949年街道还污浊不堪,有"世界最污秽的城市"之称。市政官员们总是以财政困难为由辩解,这显然是推诿之辞,毕竟上海相较其他城市,其财力和人力还是雄厚得多。假如财政困难,可是官员们却有勇气去设计宏伟富丽的"大上海计划",另一边又长期解决不了街道卫生问题,个中原因也不复杂,市政官员以为对己利益不大,并不热心解决。有人当时就指出:"市政当局的官员们,大家为了自己的生活挣扎,对于市政执行,多抱着得过且过的心情。这种市政的病态,可能是过去全国都市一致的通病。"②

---

① 《互济会代表大会决议案——关于组织、宣传工作》(1930年8月),《湖北革命历史文件汇集(群团、苏维埃文件):1927—1933》,中央档案馆、湖北省档案馆1985年版,第258—259页。

② 孟威:《全市清洁大扫除》,《市政评论》第11卷第3—4期,1949年,第1页。

以上海为代表的城市棚户现象一直是严重的社会问题，它实际上就是中国的城市贫民窟。有些城市也建造了一些平民房、平民新村之类的住宅，这无疑是比较积极的解决途径，但也存在另一种事实：城市规划者们为了实现他们的大都市计划而只管拆除棚户老房，或者将棚户居民从一个有碍观瞻和施工的棚户区迁到另一个不那么碍事的棚户区去，却甚少真正为这些城市贫民解决住宅问题。上海棚户居民曾发出过痛切的控诉：

> 为了国家民族的生存，在抗战过程中，我们不惜牺牲个人的财力物力，以贡献于国家，虽然力量是那样的微薄，而在我们已是尽了最大的努力。今日国家是获得胜利了，而我们呢？因为财产的损失与肢体的毁坏，更加以内乱的扰攘，使我们有家归不得，因而流落上海，度着那仰不足以事俯不足以蓄的牛马生活，在这二年中胼手胝足，获得了一间聊避风雨的草棚以资栖身。不料近日有一批如狼如虎的路局人员，不问是非黑白，赶拆房子，既无明令，又无手续，且丝毫不能商讨，于四月卅日下午二时拆去我们茅屋数栋，态度强横，行为粗劣，殴打妇孺，大骂居民。如此无法无天，一若凶神降世……而时至今日，我们非但未曾获得社会上丝毫同情，且另有一批人们变本加厉拆除我们血和汗的结晶。寒天将临，万余棚户，将何处栖身？……我们的希望极低，只须要拆除我们屋子的机关替我们另外指定一处空地，同时给我们一个相当期限，让我们有一个迁移的准备，已被拆除的，则请赔偿其损失。[①]

控诉中所提到的现象可能是办事人员作风蛮横霸道造成，但作风的野蛮只是表面现象，导致这种事情发生的根本原因还是

---

① 《何处栖身》，《市政评论》第9卷第11期，1947年，第38页。

在城市的宏伟规划里并没有考虑这些贫民的生存问题,为了所谓的大都市计划,这些贫民的利益可以牺牲。现在许多人为"1946年大上海都市计划"夭折而不平,但这个方案的夭折也有其自身的原因。该计划在当时曾被批评过于"欧美化",这背后就有批评该计划过于豪华脱离了实际、不顾底层民生之意。战后的上海是遍地难民,求生乏术,此时的市政规划更当以谋市民的生存为第一要义。过于宏伟、摩登的都市计划完全脱离了城市的实际情况,也难以得到大多数人的认同。规划者在计划中所表现的情怀就算不无可敬之处,但当时的民众确实无暇顾及他们的宏伟蓝图,若要实施这些蓝图,就等于从民众本已少得可怜的口粮里再克扣一些去建造专家们想象中的西式建筑,也难怪得不到响应了。而且都市计划都制订得如此壮丽宏大之时,规划者是否还会如同研习市政之初仅出于一种纯粹的情怀而没有掺杂上某些特殊的利益?

据1942年统计,国民党中央委员中国外留学出身者占40.6%,有人感叹:"眼见中国的政治完全操在一班留学生的手里","今日之域中,竟是留学生之天下"。[1] 近代留学生的观念意识和知识结构,大多是西方都市文明的产物。而近代中国是一个半封建的农业社会,因此留学生归国后,无论是其本人意愿服务奋斗的场所,还是其才能实际所能够施展的舞台,都不可能是广大农村,只能是近代都市。清末以来,从国外归来的留学生普遍倾向都市化就是这个原因。并且,留学生从政后,所制定的一些施政方针、法令也多以外国为蓝本,常常脱离了中国国情。中国文人,历来有知识与劳动相脱节之弊病,一生皓首穷经,却不事生产,不识稼穑耕种为何务,知识遂流于不切实际的空中楼阁。20世纪20、30年代,大量留学生到西方学习西学,却又不知不

---

[1] 根据章开沅、马敏、朱英《中国近代史上的官绅商学》,湖北人民出版社2000年版,第201页。

觉将中国文人这一传统弊病继承了下来。吴景超在20年代对于留学生已有所反思："那些回国后便不读书的，固然不消说了。便是那些以求学为一生职志的，似乎还脱不了书虫的气味。他们与中国老学者不同的一点便是：老学者读中国的古书，而这班新学者，读的却是外国古书，其为读书一也。除了读旧书以外，他们没有新的发展。"① 1937年从事乡村建设的晏阳初感叹："中国的法令都是从美国、英国、法国抄来，好都很好，只是不适合国情。一般留法留美留英的博士，没有认识到中国的问题是什么，空口讲改革，没有到实际的生活中去做工作，所以终于找不着实际问题。"② 白修德在抗战时发现："我过了一年才发现，'国民'政府中英语讲得十分流利的任何中国高级官员同他自己的人民是完全隔绝的，而且对本国人民、甚至对重庆这座古老城市一无所知，要向他们了解中国国内的事态完全是徒劳的。"③ 直接研究市政的张锐在抗战前承认："国内市政，非老官僚所能办，非新政客所能办，亦非留学欧美专习市政者所能即办。"④ 有学者在抗战结束后反思中国市政不成功的原因时也得出结论："市政学术的研究工作更普遍受留学生的影响，与中国现实社会环境脱节，空中楼阁的计划当然不能实现。"⑤ 这些反思其实正是承认了民国"专家政治"的不成功。有人甚至明确说道："绝对信任专家和绝对信任民众都是不可能的事。"⑥

前文说过，技术官僚与行政官僚的矛盾古已有之。如果说在古代，一些技术官僚还由于出自乡土社会，因而能够在某种程

---

① 吴景超：《都市之研究》，《留美学生季报》第11卷第3期，1927年，第1页。
② 晏阳初：《农民抗战与平教运动之溯源》，载宋恩荣编《晏阳初全集》第1卷，湖南教育出版社1992年版，第536页。
③ [美]白修德：《探索历史》，方生、马清槐译，生活·读书·新知三联书店1987年版，第11页。
④ 张锐：《促进市政的基本方策》，《中国建设》第2卷第5期，1930年，第209页。
⑤ 堡：《中国市政前途的危机》，《市政建设》第1卷第2期，1948年，第1页。
⑥ 叶逊：《都市教育的新组织》，《市政期刊》第1期，1934年，第1页。

度上反映底层百姓的利益，充当底层百姓与朝廷之间冲突的调解人的角色。那么到了近现代，民国的这批包括市政学者和市政官员在内的技术官僚，却大多不是出自基层或乡村，他们多是出自以城市的富豪绅商或政界要人为主体的城市士绅阶层。他们的知识理论也不是他们通过自身在社会基层经历的积累提炼、总结形成，而是直接来自与乡土中国完全判若天渊的另一个世界——西方都市。他们由于对这片海外"天堂"的崇拜而试图直接将这个世界的知识经验照搬到本土来，这导致他们不论具有多少现代知识，总是容易与中国大多数人民的现实多有隔膜。市政学者和市政官员们的阶级出身和知识渊源也都决定了他们的知识体系和理想追求从一开始就是高高凌驾于普罗大众之上的、带着华丽的西洋土豪色彩，他们制订的那些大城市计划、城市治理方案不能反映社会大众特别是贫苦阶层的真正需求，表现着学者与社会、上层与下层、城市与乡村的脱节。这恐怕才是民国时期许多大城市计划蓝图多流于纸上未能付诸实施的更重要原因。

余 论

现代官僚制和民族国家的形成，具有一种内在相伴生的联系。这一事实在欧洲可以追溯到中世纪民族国家的形成之时。"在中世纪，强有力的、'现代'国家形成的萌芽，到处都是与官僚体制机构的发展共同出现的，不仅这是毫无疑问的，而且，正是官僚体制最发展的政治机构，最终摧毁那些基本上是建立在不稳定的平衡状态之上的混杂体。"[①] 在中国，这种一致性自秦朝形成大一统中央集权制国家时就已经展现于历史。到了现代社会，这种一

---

① ［德］马克斯·韦伯：《经济与社会》（下），林荣远译，商务印书馆1997年版，第292页。

致性更加明显了,民族国家的形成伴随着官僚体制的强化和官僚集团的壮大、政府对于社会控制的加强。"民族国家的民族主义是公民性的同时也是官僚性的。因为民族国家通过官僚制及其与公民相关的机构得以制度化,并得到表现。因此官僚制及其机构日益成为民族国家的民族主义的所在地,这不是简单地从官僚部门的现任者们的物质利益和地位利益方面来说,而是就民族国家自身的权力、团结和利益而言。"①

而人们通常意义上所说的官僚多是专指行政官僚,这只是一种狭义的官僚,广义的官僚则包括了行政官僚和技术官僚或知识官僚。学者、专家们即是技术或知识官僚,在现代社会他们与行政官僚同属现代科层官僚。专家为现代官僚提供着组织成员、价值观念和治理技术,官僚将专家的理念通过行政力量加以实施。专家型官僚既要掌握对知识权力的领导,还要掌控行政权力的运作。他们共同构成了现代官僚集团,一起直接控制着城市的管理层,掌握着城市的话语权和建设权,阻挠了广大市民和下层贫民对于城市的直接参与,而这两种官僚之间又常常有着权力分配和治理理念的冲突。"专家治国""专家治市"表达着知识官僚的诉求,他们对政府行为、理念进行的猛烈批判,恰是为了督促政府推动、改组传统政治机构以形成他们心目中的"现代国家",这些批判本身就是对于构建民国国家政治的一个参与。它上承历史上的法吏与文吏、技术官僚与行政官僚、士大夫集团与胥吏阶层的矛盾,又适应工业社会启动中建立新型官僚体系的要求。在这种意义上说,"专家治市"也是国家主义的另一种表现,近代学者们与国家的分歧是在两者之间的联系互动中凸显出来的。城市化和市政运动同样如此,所谓自由的、不受政府干预的城市化运动只存在于自由主义者的想象中。

---

① [英]安东尼·史密斯:《全球化时代的民族与民族主义》,龚维斌、良警宇译,中央编译出版社2002年版,第117页。

在这种互动关系中所发生的对于"官僚政治"的检讨，多数人将市政建设中的官场恶习和"城市病"归咎于传统政治体制和官僚文化。在学者们看来，中国城市在向现代转型的过程中，城市政治体制上虽然在逐渐具备现代官僚科层制的形式，执行这个体制下的具体的官员们却多是传统的旧式官僚，他们的知识结构、管理风格、执政理念和官场做派仍然是旧时代政治体制中形成的官场文化产物，这些习气是由于旧体制现代化程度还不够所造成的，只要将旧体制"现代化"或者"西洋化"了，实现了"专家治市"，就可以消除这些弊端。这就是市政学者们一面肯定政府加强市政管理的必要性，一面又对于官僚治市深恶痛绝的思想逻辑。他们将批判矛头指向一群在小生产方式下形成的旧官僚，呼唤具有大生产方式下的职业素质的新官僚，也就是为已发展起来的资产阶级服务的科层官僚。这反而说明，学者们对当时市政官员的猛烈批判本身也就属于构建一种现代新官僚体制的努力，所谓专家与官僚之争更应当视为现代科层官僚与传统官僚的矛盾，而非官僚政治与民主政治之争。

对于民国市政建设里的种种腐败习气，表面看来，这是传统文化中读书做官、官本位、派系、人情等旧文化的幽灵继续缠绕在这些貌似接受了现代知识的新型知识分子身上的表现。但是，当我们今天具有了比前人更宽广的历史视野和更丰富的现代生活经历后就会发现，这背后恐怕还体现了一种更深的社会逻辑。刘易斯·芒福德揭示过，单以官僚主义而论，其不仅是现代国家的伴生物，也是现代城市的伴生物。城市工商业的发展导致交易越来越复杂，"机械化的官僚主义的办事方法必须取代人与人之间直接的交往与接触"。[1] 机构扩张也是这种现代文明的必然结果，如是就容易出现办事人员冗余、行政化色彩浓厚等现象。会计、审

---

[1] ［美］刘易斯·芒福德：《城市发展史：起源演变和前景》，倪文彦、宋俊岭译，中国建筑工业出版社2005年版，第548页。

计制度和复杂的人事关系,也同样会在现代社会体制中形成,那些刁难专家学者的会计、审计人员也都是采用现代行政管理手段的专业人员。现代行政体制下人事关系的复杂化表面是因为行政机构庞大而造成的,背后却是现代经济和技术发展导致事务越来越繁杂,知识门类越来越繁多,组织机构和办事程序也相应复杂化和专门化,审计于是也越来越苛细,这给行政官僚、技术官僚和行政人员提供了共同扩张权力、恣意作为的许多机会,旧文化在新制度的建立中继续得到了延续。德国社会学家马克斯·韦伯推崇职业官员掌权的官僚制(科层组织),认为这可以实现更高的管理效率和专业化水平。但是他也指出,官员对自身职业利益的过分关心以及某些相沿成习的习惯,会在很大程度上损害科层组织的功能。现代社会本身也常常会不断再生产出许多被人视为落后的传统事物,贝克在《风险社会》里认为,工业社会并未克服自身带有的"前现代的封建残余",在相当程度上仍是等级社会。其中的等级制不仅是传统的残余,而且是工业社会的产物和基础,镶嵌在工作和生活的制度性结构中。这些问题都会在城市生活中得到体现。

民国时期的人多认为这些官僚主义习气只是中国特有的现象,西方社会则政治极其清明。其实不然,刘易斯·芒福德在讲到19世纪欧洲的城市社会时甚至认为,工商业者们对于政府部门官僚主义表示出的愤怒完全是假装正经,事实上,官僚主义发展最厉害的领域就是工商业本身,政府部门的官僚主义与之相比是相形见绌的。并且他还提到,那些国际性的大企业,在世界各处形成了一个庞大的商业网,随之就有一群庞大商业机构和庞大的职员队伍,没有这支按照固定程式运作的队伍,这些大企业根本无法存在。[1] 而由于这些机构的出现,就必然带来城市的扩张,这就是

---

[1] 根据[美]刘易斯·芒福德:《城市发展史:起源演变和前景》,倪文彦、宋俊岭译,中国建筑工业出版社2005年版,第547页。

给城市规划师们带来诸多困难的技术问题的原因所在。在这里，芒福德实际上提出了一个官僚主义与现代城市化互为因果的复杂现象：没有庞大的官僚机构，就难以推动城市化的发展，城市化的进展必然带来官僚主义的膨胀，官僚主义的膨胀又反过来给城市建设带来种种困扰。官僚政治是城市化和现代国家发展的助推器，又是种种社会问题产生的制度土壤。这就是城市化和现代化运动中的一个悖论。

传统的基于士大夫文化基础上的官本位文化和现代官僚主义本就有许多相通之处，现代化体制中的官僚主义和传统的官僚文化可能也不是像许多现代化问题研究者所想象的那样截然不同。是以不论如何把体制按照某些学者的"现代化"思路进行改革，这些弊端估计都难以消除。相反，专家集团内部就在不断滋生着官僚主义、等级制度、人身依附、派系山头等腐蚀社会的恶习。这些是官僚体制的共同弊病，无论是传统官僚体制还是现代官僚体制，概莫能外。现代科层官僚制虽然比传统官僚制度更有效率，更具有专业的分工，但却解决不了官僚主义的弊病，在消除前工业社会的一些被许多人视为是"封建主义""传统官场文化"的"残余"方面也效果有限。相反，现代科层官僚制度取代传统官僚制度，在一定程度还促使了官僚主义继续发展壮大，成为现代国家的如影随形的伴生物。当专家们在极力批判官僚治市的种种弊端时，如办事拖拉、推卸责任、冗员充斥、形式主义、刻板教条、官样文章、贪污腐败、裙带关系，等等，他们可能未必会想到，这些弊端大多数没有在专家治市模式中得到解决，并且这些官僚习气恰恰在他们自己所主张构建的一套体制中越来越呈规模化、制度化发展。民国有学者也评价当时的官僚制度的"阶级基础已经不单是那些古老的地主和商人高利贷者，而主要是站在现代资本主义经济上的买办、银行家乃至工业巨头了。然而这种阶级基础的转换，并不会使我们的官僚制度改变其原来的传统特性，相反地，却使它的传统特性发展到了空前未有的奇观！"①

在某种意义上说，现代化社会是一个"官僚主义"无孔不入、渗透到公众日常生活的社会，现代人对官僚主义的困扰常有不堪忍受之感，"反官僚主义"日益成为城市政治生活中的一个主题。无论是专家、民众，还是官僚，直到现代，也不能单独只依靠某一方来治理国家和社会。三方都具有自己的盲目性，实行在生产劳动者领导基础上的三方联合治理模式，即生产者参与管理，专家和官员接受民众监督，可能才是建设更高层次文明的方向。

---

① 陈人白：《官僚制度之史的检讨》，载陈中民《官僚政治批判》，《民国丛书》第2编第21册，上海书店1990年版，第56页。

第四章
城以载道：政治化的城市生活建构

自中国城市化运动起步以后，以世俗化为主要特征的城市市民文化的空间迅猛发展，特别是在如上海这样的沿海口岸城市，吸收西方城市文明得天独厚，十里洋场、霓虹摩登、花园洋房、赌场剧院，从此成为城市文化的标志元素。当代有学者认为，现代性表现为三个分离，其中两个分离是经济领域与政治领域的分离、经济与（非功利主义）道德的分离。经济与政治的分离结果是经济被视为独立于政治的领域，政府不应干预市场。经济与道德分离的结果是实利主义的经济观取代了道德观，这种实利主义的经济观注重财富、物质的繁荣，在西方表现为两个主义：自由主义和资本主义。[①] 许多现代化理论研究者都持这种观点，按照这种看法，在走向现代社会过程中，国家对于经济生活和社会生活的干预减少，出现一个较少受到政府控制的世俗生活和市民社会领域，是一个必经阶段。

但是，近代中国却未必如此。回顾历史，世界主要的原生型现代化国家，如英国、法国、德国等，原本大多也和近代中国一样，农民是主要的社会基础。但是它们在经历了中世纪由农业社会向都市社会的转变后，大批进城的农民逐渐转化为市民，之后在进入19世纪后正式向工业社会迈进。随着工业化的兴起带来了新兴城区的拓展，产生了群众运动和群众社会。西方的"市民""群众"，在某种意义上说，都是城市化和工业化的产物。而近代

---

① 陈嘉明等：《现代性与后现代性》，人民出版社2001年版，第8页。

中国，城市化和工业化水平都很低，农民仍然是社会基层的主要成员，聚集在城市里的人名为"市民"，其实大多离现代市民的素质尚有相当距离，许多人实属游民和"城市里的乡民"。在此局面下，该当如何一边推动城市化和工业化的进行，一边将传统的城市居民转化为现代国民呢？城市改良者和市政研究者们所发现的契机就是以民族国家的构建为旗帜，以"民族危亡"为鞭策，在城市里进行国民动员，而这与中央政府企图借市政建设来重新加强对社会控制能力的愿望一拍即合。于是，承载了"构建民族国家"任务的近代中国城市化运动，道德与经济、政治与世俗在城市生活的建构中并不是那么截然分立的。不仅在引领中国社会发展潮流的政治家、改革家和思想家的视野里，即使是市政界里，都一直在将城市文化纳入他们的政治范畴里。"政治"一直都眷顾着城市生活和文化的建构，近现代中国城市生活的形成也离不开"政治"的干预。尤其在"市政国政化"的趋势下，文化上的政治与世俗、精英与大众的关系就更加微妙。如果说，欧洲资产阶级如哈贝马斯所认为的，其公共领域的前身是文学公共领域，随后才从文学问题转向政治问题，形成政治的公共领域。那么近代中国的各种有识之士，从一开始所关注的就是政治问题，"其讨论的主题，不是所谓公共的文学艺术问题，而是民族国家的建构和传统制度的改革。中国的公共领域，从一开始就表现出明显的政治性质"。[1]

第一节 城市生活背后的政治关照

一 城市文化的政治化

早在晚清时期，一些地方的城市改良活动已经具有道德标准

---

[1] 高瑞泉、[日]山口久和：《中国的现代性与城市知识分子》，上海古籍出版社2004年版，第67页。

至上的政治味道。根据王笛的介绍，在成都20世纪初的戏曲改良中，城市改良者对城市文化进行改良的目的在于建立一个符合他们心中文明标准的新型文化，但没有在意底层大众的价值品位，所以精英文化与大众文化的冲突非常明显。[1] 这属于一种城市统治者以自己的"政治标准"来构建城市文化的活动。到民国建立以后，这种趋向进一步加强。辛亥革命爆发后强行给老百姓剪辫子就带有这种性质，直到国民党统治时期，这种做法还在延续，如刘纪文任南京市市长时，他听说市内还有人留着辫子招摇过市，便下令公安局一旦遇到必须拘留，"把他们剪去辫子，并要罚他们做几天劳工，以示惩戒"。[2]

对于类似"强行剪辫子"的做法，今天有很多研究者颇有微词，认为老百姓是否留辫子、爱听什么戏，是个人权利，"强行剪辫子"和"强行留辫子"都表现着一种共同的专制主义性质。这些看法很有道理，但是评价历史往往不能盲目从一种抽象的权利观念出发，还要从时代条件去客观理解。是否留辫子、听什么戏，在一个已经表面"去政治化"的时代，确实是个人的自由，但是在一个还无法"去政治化"，"政治"仍然十分重要的时代，它们本身就是一种政治。正如当代某个男人留辫子可能仅仅只是为了显示自己审美独特，可在近现代那样一个大变革时代，若辜鸿铭之流留辫子就绝非只是出于审美，而是在表达他们怀念清王朝、仇视革命的遗民政治，一个号召要带领国人改造现实、宣称自己是革命组织的政权，无法对其放任自流也自有其道理。在中国近代这样一个灾难深重的年代，尤其是后来随着抗日战争的逼近，学者和政治家们对市民文化的评判标准往往是以政治标准至上、

---

[1] 根据王笛《大众文化与城市公共空间的重构——清末民初的成都城市改良》，载姜进主编《都市文化中的现代中国》，华东师范大学出版社2007年版，第373—374页。

[2] 《刘市长在总理纪念周之报告》，《南京特别市市政公报补编》，1928年，第4页。

政治的需要取代美学的情调、民族主义思想压倒了市民的个体意识。

在这种视野下，有一些被当代人视作具有"现代性"的文化风习并不被当时市政界的政治家和专家学者所认可。比如，妇女的时尚变化往往可以反映出整个社会时尚的变化，于是很多对城市文化风气持批判态度的人将妇女时尚纳入自己批判的视野中。一些政治人物视时髦服饰有伤风化不难理解，若北洋时代孙传芳禁止女性穿旗袍，1935年行政院的工作报告里介绍的国民服制条例规定，奇装异服当严厉禁止。① 不过有不少接受过西方现代理论的市政学家也是用"政治"的思维看待这种世俗文化的，如著名市政学家刘郁樱就站在救亡的高度对重庆市民的"女性审美期待"十分反感：

> 女人们已是称为新时代的女性了，而社会上所崇尚的美的根本精神，仍然是优秀、柔弱一派，意识反映在女人们的身上来，便成为病态的人为的瘦而美的姿态体格、装束，这样瘦下去、美下去，弱柳迎风，落花依草，诚然是一件病的美术品。但是国难有些深了！抗争的事实，将不可避免。社会上需要壮美的体格，与激昂的情绪，更为迫切。谁人能以蒲柳之资，荏弱无力，而取得预备奴隶之地位？瘦而美的重庆女人，请你们强壮起来罢！自然男人们也应该发愤自强。②

在这段批评的文字里，我们会发现，这位民国市政学者将女性美的形象定位于"壮美的体格、激昂的情绪"，这在许多现代学者看来，估计属于将"女性男性化"，等于抹杀了女性的个性，

---

① 行政院秘书处撰，李强、黄萍选编：《行政院工作报告（1934—1947）》第2册，国家图书馆出版社2013年版，第58页。
② 刘郁樱：《在重庆城里》，《道路月刊》第39卷第1期，1932年，《杂俎》，第2页。

刘郁樱是一个研究道路改良的市政学者，但在这个问题的审美取向上与革命年代的意识却极为相似，我们当承认，其中确有大时代的政治要求使然。这个要求就是唤醒妇女的社会主人翁意识。并且，"妇女"在这里还有一种更广泛的象征意义：她是弱者的象征，是整个中华民族在世界上处于柔弱、病态形象的一个意象符号。唤醒妇女的自强意识，就等同于唤醒整个民族的主体意识。所以，刘郁樱才同时又呼吁："男人们也应该发愤自强。"因为，当男人们都欣赏这种"柔弱美"时，表明他们自己也正在逐渐沉迷于脂粉氤氲之气中不能振作，正如清朝后期当文人们热衷于读《红楼梦》，将贾宝玉、林黛玉作为社会理想男女形象的时期，正是整个国家一片死气沉沉、萎靡颓丧的时代。

如果说，刘郁樱的观点还是针对中国男人以柔弱为女性美的传统审美取向而发，另一位著名市政学家殷体扬则对反映现代潮流的妇女摩登时尚提出了严厉批评，要求取缔城市妇女的奇装异服。作为一座历史文化古城的北平，在南京国民政府成立后社会上开始出现了许多摩登时尚，改变着青年男女的生活方式。这却令不少具有现代市政学知识的市政学者看不惯了，他们从救国的立场出发进行批判，殷体扬就是其中的一个代表。他阐述道：

> 将来民族之复兴，妇女也负了一半责任，如不及时觉悟，共同前进，国家前途是很暗淡的。大家知道苏俄妇女，人人工作，以及刻苦耐劳的精神，都应取法，至于取缔奇装异服，不过是促进妇女生活向上的一种至低限度的举动，还要妇女界自动起来革除过去的错误，人人都努力朝着创造路上进行，那才不愧新时代的妇女。[①]

这段话里，殷体扬不仅不吝表达他对苏俄的赞赏，其思想比

---

① 殷体扬：《取缔奇装异服》，《市政评论》第2卷第4期，1934年，第18页。

刘郁樱更接近于那个激情燃烧岁月的"妇女想象"。他们都是给予了妇女不亚于男性的能力期待，赋予妇女极强的政治使命，鼓励她们去承担国家、社会的改造责任，参与社会的建设工作。殷体扬也是由对妇女时尚的批判，进而对北平的整个新兴文化时尚都表达了激烈的批判："号称有钱阶级之摩登男女，烫发、露胸、赤腿、高跟、口必红、眉必翠，终日流荡于跳舞场、电影院、各剧场、各公园，女云诱惑，男曰追求，憧憧往来，如鬼如蜮，此复成何世界？此岂国难期间所应有之现象？故吾甚愿侨居豪绅右族、游闲青年，毋恃势力以自大，毋溺淫僻以自废也。"① 于此可见，对摩登时尚的批判包含着他对有钱阶级不顾国家贫弱现实仍然沉溺享乐的强烈不满。和刘郁樱一样，文因妇女而发，意在国家民族。

有一些关心妇女权利问题的非市政学者，其观点更加鲜明，明确表示反对建立在个人主义、自由主义基础之上的妇女解放。他们表示妇女应该解放，但不等于个人欲望的无限张扬，而是必须和为国家、为民族的利益结合在一起，"个人主义极度膨胀的结果，一部分醉心自由误解平等的妇女，只知道女子也是人，却忘记了伟大的母性，只争权利不尽义务，只知个人的极度贪逸享乐，无视了国家，忽视了社会"。② 还有人宣称支持政府把留烫发的女人抓去将头发剃个精光，这和强迫人们剪辫子的做法是一个思路，不过一个是对新风尚的制约，一个是对旧习俗的改造。当然，也有人认为依靠政府去强制改变的效果不会太好，主张由民间团体去施行改造，但是他们在将城市生活和文化纳入政治视野，并强调以"政治性"去战胜"世俗性"方面，则是一致的。"运用整个的政治力量，在统制的原则下，进行彻底的改革"，当可表达"政治化市政"的理念。

---

① 殷体扬：《如何建筑北平国防线》，《市政评论》第2卷第9期，1934年，第5—6页。
② 景元：《纪念妇女节》，《社会半月刊》第1卷第13期，1935年，第5页。

各种娱乐方式的现代化是近代城市生活中的一个重要现象，但在"政治化"的视野和话语中，更侧重于强调娱乐对社会风尚的教化功能，如官方所宣称的："戏剧歌谣，发抒民族精神，伏有移风易俗之潜势力。"① 比如电影本是民国城市娱乐生活中的一个重要新生事物，但在许多人将电影看作娱乐工具的同时，另外一些人却更多看到的是电影作为重要教化工具的作用。他们热烈呼吁多生产宣扬爱国主义的影片，十分厌恶那些尽是谈情说爱、风花雪月，甚至满是露大腿、胳膊的言情片，从一开始就很强调文化艺术的政治功能。20 世纪 30 年代政府曾下令，6 岁以下的儿童禁止入电影院。有市政人士呼吁当局还要更进一步："负责人亟应该取缔这种不良的、不合时代的片子，而易以教育的、国耻的爱国的片子，来教育儿童，警惕儿童，激励儿童，提高他们的民族意识，沸腾他们的爱国情绪，养成他们的牺牲精神，为国家、为民族，这不也是很好的社会教育机关吗？"② 1932 年 7 月以教育学术界人士为中心成立的中国教育电影协会，提出了"发扬民族精神""鼓励生产建设""灌输科学知识""发扬革命精神""建立国民道德"的教育电影五大原则。③ 过于低俗的文化充斥了城市生活，令不少普通市民也甚觉反感。有人指责："中国人的浪漫奢侈生活，有一大部分是从外国电影学来的，这话怕无人能否认，自然外国影片不尽是如此，可是运到中国来的片子，却大部分都是如此。"④ 抗战结束后，有读者写信反映上海广播电台每天播送的节目，"尽是一些陈旧的唱片淫靡的歌曲，以及低级趣味的滑稽，至于富有教育意义的各种讲座，则除英文而外，其他如历史、

---

① 行政院秘书处撰，李强、黄萍选编：《行政院工作报告（1934—1947）》第 2 册，国家图书馆出版社 2013 年版，第 59 页。

② 石玫：《故都庙会情形一般》，《市政评论》第 2 卷第 12 期，1934 年，第 28 页。

③ 根据［日］张新民《〈每日电影〉与姚苏凤》，载高瑞泉、［日］山口久和主编《中国的现代性与城市知识分子》，上海古籍出版社 2004 年版，第 205 页。

④ 子明：《都市中的娱乐》，《市政评论》第 2 卷第 12 期，1934 年，第 17 页。

地理、科学常识等等，就绝无仅有了。再论其广播的精神，更是一团糟，大多数的电台似乎都以盈利为目的，各种广告的节目，占了一大半时间，其语絮絮，闹人厌烦，不但得不到什么愉快，反且叫人讨厌。希望有关当局及各电台主人努力单新，不要专在利上面材算，让我们多听一些有意义高尚的音乐、常识，和有价值的东西。"[1] 经过一场国难之后，不少国人头脑里的政治意识更加鲜明，希望总结中国积贫积弱的教训，城市文化过于低俗、缺乏鼓舞人心培养高尚力量的内容，也是他们总结出来的一个教训。

对文化艺术的政治化规范会涉及与租界争夺文教管理权的问题。如20年代末的汉口教育局要求法租界中央戏院和维多利亚戏院必须将影片送审，认为此事关系领事裁判权的收回，并认为中央戏院放映"肉欲与情魔影片，有伤风化"。宣称："各影戏院，只图营业发展，不计社会利害，常常开演不良影片，一经禁止，即以租界为尾闾，或永远开设租界内，藉外人为护符。其流弊金钱外溢，贻害社会，且予各戏院以不公允之口实，而损政府之威信。况收回教育权，为本党最要之主张，而利用戏剧影片，又为施行社会教育之要图。"[2] 双方交涉不下，政府遂动员市民抵制两大戏院的影片：禁止民众和政府工作人员前往两大戏院观戏；各报纸不得刊登两大戏院影片广告、禁止两大戏院在华界张贴广告。此举终令两大戏院妥协，将影片送交汉口政府审查。最后汉口政府分别给予了两大戏院以四种类型影片的放映许可证。

用政治规训文化，还有重要的经济意图在内。一位主张取缔奇装异服的人将目的讲得很明确："中国现在是一个经济破产的国家，人们的精神生活每况愈下，此种奇装异服，不能成为生产建设的兴奋剂，只是一种使精神麻醉、意志消沉的鸩毒物；而且奇

---

[1] 读者谭黎明：《改进广播事业》，《市政评论》第9卷第5期，1947年，第28页。
[2] 《争回法界影片审查权》，《新汉口市政公报》第1卷第6期，1929年，第169页。

装异服，多用外货，民财外溢，故必须取缔。"① 因此，他极力主张由政府下达"国民总动员令"，严格执行"新生活运动"的规定，"使全国男女之日常生活衣食起居以及各种娱乐，均为有规律的、有秩序的，而适应建立国家民族新基础之要求"。② 同时，还非常赞成实行"统制经济"，以摆脱"外国商品之吸血的锁链"，对于本国商品，也不能任由其自由生产和销售，必须生产适合"新生活"需要的产品，有一些容易刺激人们时髦消费欲望的产品和广告，就应该严厉限制。在政府的政策里，将建立有纪律、有节制的城市文化的尝试，一直落到了儿童身上。国民政府成立不久，就在各市学校实行党童军制，以为这种制度是对儿童最好的教育，可以"养成儿童之革命性、独立性、耐劳性、服务性"③。30 年代，国难将至，催动着人们强调用统一、集中的要求来塑造城市文化、规范市民人格。在许多人眼里，享乐、消费就是不值得提倡的事情，尤其是很反感一些人盲目追求西方的消费方式。有南方城市的人呼吁建立朴素俭约的城市文化："自从铁路、航空站、电气、马路、汽车，和远方来的军队、商贾，征服了古老的 S 城，新的氛围逐渐的把它旧的氛围赶散了，于是 S 城全貌，便统向'现代化'迈进着。旧的氛围，在好的方面说，例如：性格是敦重的，生活是朴素的——被新的氛围赶散，该多么可惜！我以为思想定要现代化的；至于生活呢？在这民穷财困的时候，却不必一定现代化，只来个'纪律化'，已经足用了。住在 S 城的人们，要保持你们固有的特质——寄居者也无妨仿效一二——你们仍要用那价廉工省，连汤带菜的'羊肉泡馍'，甚至'白水泡馍'，万不必垂涎西餐馆里的'英法大菜'呀！"④ 抗战时期，有人为了提倡艰苦奋斗的精神，还呼吁过"吃素运动"。有

---

① 宝骅：《取缔奇装异服》，《社会半月刊》第 1 卷第 1 期，1934 年，第 6 页。
② 宝骅：《取缔奇装异服》，《社会半月刊》第 1 卷第 1 期，1934 年，第 6 页。
③ 南京特别市政府秘书处编译股：《首都市政》，1929 年，第 48 页。
④ 中：《城市闲话》，《平凡》第 13 期，1936 年，第 19—20 页。

人还提倡穿短衣,除了"经济"的理由——生活昂贵、添置短衣已经不易,还有活动方便的理由,并以为国人身体衰弱和长期穿长衣活动不便很有关系,因此"要强国须得打倒长衫"。①

在抵制奢靡浪费和过于摩登的城市生活风气中,当政者和知识分子们很容易利用传统文化伦理道德对大众进行规训。在抗战时期反对奸商不法经济活动中,政府的宣传文字里说:"凡我市民,应知戒惧,物质欲望虽人情所有,但古人'成仁''取义'之说,又为的是什么?在非常时期,死且不顾,遑论其他?大敌当前,存亡所系,当牺牲小我,以成大我,此精神生活的价值。孟子说:'生亦我所欲,所欲有甚于生者,故不为苟得也;死亦我所恶,所恶有甚于死者,故患有所不辟也。'……其危害国家民族利益,而营私舞弊,以满足个人私欲者,实昧此义,足以妨害抗战前途。"②里面充满了浓厚的孟子学说的话语。这时,本来作为被改造对象的传统文化反而成为可资利用的文化资源。

因此,在这个时代,与国政无涉的城市文化就很难为继。1931年中国大城市的艺术界掀起过一股后印象派、野蛮派和超现实主义派热,但当反日本侵略的爱国运动兴起后,这股热潮就逐渐消失了。③到1937年抗日战争全面爆发,中国国土大片沦陷,各种市政报刊停刊,市政相关书籍的出版也几近停止,此时抵御外族侵略成为首要任务,市政建设被视为次要或更加强调要为民族抗战大业服务。面对国仇家恨,如何将全体人民动员成一股坚不可摧的力量成为时代的主题,也成为市政教育的主题。不少人对于当时市民文化的世俗色彩冲淡了政治追求的状况忧心忡忡,汪日章提醒社会:"现在是意志集中力量集中的群众时代,大多数

---

① 白水:《提倡短衣》,《申报》1940年7月1日。
② 罗承侨:《今年市民应有的认识与努力》,《贵阳市政》第2卷第1期,1942年1月,第11页。
③ 根据[美]约瑟夫·列文森《儒教中国及其现代命运》,郑大华、任菁译,广西师范大学出版社2009年版,第125页。

人对于事理物情如不大了解，没有切肤之痛，怎么能够自动的集中意志和力量，怎么能够知道死有重于泰山去慷慨赴难呢?"① 并呼吁："这个加强的工作，最适宜的还是由市政府来主动发起。"② 30年代初，新月派的梁实秋、自称"第三种人"的苏汶等，都曾宣扬"为艺术而艺术"的观点，以为艺术应超越一切功利而存在，创作的目的在于艺术本身，与社会政治无关。汪日章激烈批判这种理念，"有些美术人才，往往逃避时代，自鸣孤高，或限于技巧，只会模仿山水草虫之类，他们根本不晓得美术家是要跑到时代的前面去工作的"。③ 艺术家和他们的艺术再不能是那种脱离政治的"纯艺术"，而被赋予了明确的向人民传播爱国主义情操的政治任务，"只要有二万万人的动员，每个人都怀着'一夫苟敢死，敌人岂纵横'的气概，把蕴蓄着的精神力量，如怒潮般地发挥出来，以奔赴一的，这是一种如何伟大的力量呀!……现在的问题，就在如何强调地揭开这蕴蓄在每个同胞的心灵深处的伟大无比的力量，这无疑的不是科学所能奉功，而是要靠艺术"。④ "就美术家方面说，目前中华民族遭受极度的侮辱，各人生命亦在安危与共之时，还能忍令倭寇猖獗，置身事外吗? 还能徜徉于山水花鸟之间，于世事不闻不问吗?"⑤ 汪日章虽不是市政人士，但是他的这些观点发表在了《市政评论》上，《市政评论》的负责人殷体扬本人的文字里就经常充满着国家主义情怀，所以汪日章

---

① 汪日章:《市立精神教育馆的建议》,《市政评论》第6卷第6期,1941年,第8页。
② 汪日章:《市立精神教育馆的建议》,《市政评论》第6卷第6期,1941年,第8页。
③ 汪日章:《市立精神教育馆的建议》,《市政评论》第6卷第6期,1941年,第8页。
④ 汪日章:《市立精神教育馆的建议》,《市政评论》第6卷第6期,1941年,第8页。
⑤ 汪日章:《市立精神教育馆的建议》,《市政评论》第6卷第6期,1941年,第9页。

这些观点当可反映着《市政评论》的倾向。在这个国家主义、民族主义如怒涛排壑一般汇成汹涌澎湃之势的年代，个人主义、自由主义等观念都要为之让步。关心市政的人进一步强调了个人对于国家所应当承担的责任，以为不管是何种职业之人，都不应当逃避这种责任，包括最洒脱不羁的艺术家。在强调爱国主义、反对市民生活的世俗化方面，甚至出现了非常极端的事例，如有人以"锄奸救国团"名义，警告男女学生不要只顾玩乐，忘记国难。1933年元旦，当北平学生在中南海公园举行化装溜冰大会时，有人向他们投掷了一枚炸弹，所幸没有死伤。

战时陪都的建设，更是宣扬一种为抗战大业服务的文化塑造。重庆新市政强调"生活之严整""秩序""整洁""健康"为市民战时生活之准则。"重庆之美是重庆市民'人格化'的表现，都市'人格化'的美，表现是人类生活于有机的都市的一种共同意志、共同道德，与共同的精神。"① 在市政为国政服务的大趋势下，在"统制市政"的模式下，市民人格和城市环境的塑造都表现出鲜明的"政治性"。

二 公共空间的政治化

对市民人格的塑造，离不开公共空间的营造。"城市公共娱乐之所，包括公园、草地、运动场、戏园、游戏场等而言，此所以发人兴趣、助长精神、使人身体发育易于健壮，以养成充实之脑力。我国素不讲求人民之愉快，而重要之精神为人生之要素……吾国之民所以萎靡不振者，因精神缺乏也。欧美各城市，皆注意人民愉快事业，故其国民皆有活泼精神与强健身体。"② 秦晖教授指出，欧洲自罗马共和国晚期，执政者就承担了对民众的"面包与马戏"的责任，即国家不仅要对公民的物质生活，而且要对公

---

① 黎宁：《重庆新市政》，《新市政》第2期，1943年，第5页。
② 董修甲：《市政规划》，载陆丹林编《市政全书》第1编《论著》，中华全国道路建设协会1931年版，第226页。

民的精神享受负责保障。到了帝国时代,这一传统得到继承乃至强化。罗马政府建造的公共娱乐设施越来越大、娱乐活动越来越频繁。于是,国家为公民承担"面包与马戏"这一传统延续至今。[①] 中国历史上的朝廷,却素无承担此责任的传统,城市里华丽奢豪的建筑、场所倒是不少,却多不是为平民提供的公共空间,而是供皇族显贵憩息休闲的宫殿、园囿,和供官宦富豪们居住、娱乐及学习的府宅、书院和园林,底层平民的活动空间则多在庙宇、茶馆、酒肆、集市这样一些地方。这些地方也可算作传统的公共空间,但多是老百姓自发聚集营建而成,并非政府出于公共责任有意兴造。它们具有非政治的"世俗化"特性,表现为浓厚的烟火气、市井气,处于一种自在、散漫的状态。在这些空间里,老百姓虽然也可以形成一些共同的平民意识和底层话语,但容易表现为快意江湖的兄弟义气、草莽精神,很难自觉发展出鲜明的人民观念和阶级意识。从自发走向自觉,需要政府对公共空间进行"政治性"的建构。

近代市政学才开始提出了政府要注意建造城市公共空间的问题,并认识到,城市本身就应当成为一座公共空间,若吴景超就谈到都市必须要有"总括一切公众出入之所、于大众共同生活上占重要地位而为之谋福祉之建筑物"。[②] 这是一种思想上的进步。1914年10月,北京出现了第一座现代意义上的公园即中央公园,向公众开放,系朱启钤发起捐款,将稷园开辟而成。此后的几年里,北海公园以及中南海、景山、太庙等传统皇家坛庙与园林改造的公园也相继开放。1929年的北平市教育局工作报告里也有在天桥地方开办民众茶社的计划。1934年行政院也提倡在各省市筹建森林公园,南京市政府就准备在清凉山至挹江门一带山地建首

---

① 根据秦晖《共同的底线》,江苏文艺出版社2012年版,第298—299页。
② 吴景超:《实用都市社会学》,有志书屋1934年版,第13页。

第四章　城以载道：政治化的城市生活建构　177

都森林公园，以为提供"市民适当休息之所"。① 并且，国民政府在对公共空间的构建时，有时就有意和那些喧闹的市井商肆保持一定距离，若广州市成立后建设公共建筑的原则就是"择一宽旷之地域，无论为合设的或分立的，当使每一建筑为一单位……俾建筑得离群独立，以增加其傲岸庄重之地位，而不致与商肆肩踵摩接，实逼处此，以损其尊严与华美"。② 所以，打造公共空间虽然一直宣传和市民自治、自由精神的培育联系在一起，实际却需要政府有意识地进行营造构建，并和老百姓自发聚集的闹市、酒肆等烟火之地保持距离。

而且，公共空间虽然主要是为市民交流、游乐提供必要的场所，背后却离不开政府的行政组织和意识形态的渗入，是一个表面"世俗化"其实"政治化"的场所。在民国时期，公共场所的修建也并不仅仅是满足市民的游乐，各地市政府对于公共空间的营造也和晚清成都改良一样，很强调勿伤风化，电影院或戏院的剧目要有教育上的价值，游戏厅、娱乐场的节目"应随时派员视察，如有不合，致碍风化处，应即报告局长，函达公安局取缔或禁止之"。③ 当然，在现实里这种做法若执行不当，又很容易引起市民的不满。1925 年 11 月 14 日北京《京报》报道："教部昨饬京师学务局，谓据各处报告，正阳门外香厂路城南游艺园，及城内东安市场中央公园北海公园等处，迭次发生有伤风化情事。各女学校学生游逛，亟应取缔。特由该局通知各级女学校，禁止游行各娱乐场，并由校通知各女生家长知照云。"教育局因为公共娱乐场所中发生了不少有伤风化之事，就令行各校，禁止女生进入游艺场和公园。这种只禁女人不禁男人的禁令，实际上是一种对

---

① 根据行政院秘书处撰，李强、黄萍选编：《行政院工作报告（1934—1947）》第 1 册，国家图书馆出版社 2013 年版，第 234 页。
② 《公共建筑及行政中枢》，《广州市市政公报》第 185 期，1925 年，第 23 页。
③ 顾彭年：《四年来之杭州市政》，《市政月刊》第 4 卷第 6 期，1931 年，第 17 页。

妇女的禁锢。当时就引起不少质疑，鲁迅形容这是一种"收起来"的治理方法，"以'收起来'为改良社会的手段，是坐了津浦车往奉天"。①

公园也可以成为进行市民教育、提高市民文化素质的空间，而更重要的是，还带有培养市民的公共意识进而构建国民意识的目的，特别是中山公园的营造。在国民党的宣传下，全国曾经掀起一波中山公园的建设热潮。孙中山逝世以后，许多大城市将旧公园改名为中山公园，最早是广东革命委员会将观音山改为中山公园，北京、天津、贵阳等地也都将公园改为中山公园。中山公园不仅是市民们游乐休息的空间，还是一种政治意识形态的建构，内里设置的孙中山塑像、纪念堂，都是为了给民众建构一种对于孙中山的伟人崇拜、历史记忆和民族主义的思想意识。比如南京修建中山公园声称是为"作总理万祀不朽之纪念"②，刘纪文在任上时号召市政府每周日组织团体分赴广场或公园向民众宣传三民主义。昆明市政府把市内市外的许多古迹名胜都改建成公园，以"鼓舞市民爱乡土史迹及天然护纪念物的心理"。③ 1933年修建沙市中山公园和中山纪念堂，当政者宣称就是为了培养公共道德，把一切为私的心理，扩展为"使之爱公物、爱国家"。④ 沙市中山公园的修建者一开始就坦承他们的政治大义："中国民族是散漫的，社会的组织，可以说是破产了，以四万万人口七十万万方里土地的国家，它的民族精神散漫没有组织，在生存竞争剧烈的现在，还能求

---

① 鲁迅：《坚壁清野主义》，载范善祥《现代社会问题评论集》，《民国丛书》第5编第20册，上海书店1996年版，第4页。
② 《呈国民政府为觅定中山公园园址请示遵由》，《南京特别市市政公报补编》，1928年，第41页。
③ 昆明市政府秘书处：《昆明市政概况》，载陆丹林编《市政全书》第3编《各省市政概况》，中华全国道路建设协会1931年版，第13页。
④ 《徐总司令在沙市中山纪念堂开幕典礼游艺会之讲词》，《沙市市政汇刊》第1期，1936年，第3页。

生存求发展么?"① 因此修建公园的意义一方面是使市民有正当游乐憩息之处,另一方面也是为了"使我们把精神团结起来,因为我们时常到公园游览,彼此无形中都熟了,感情也无形中融洽了,做起事来,精神自应团结"。"我们做一个现代的国民,必须有充分的智识,这种智识,不是坐在屋里能得来的,我们有这公园聚会一下可以彼此交换智识。"② 也就是说,在公园里交换智识、融合感情,更容易形成现代的国民、公民意识。

刘纪文尝感叹:"今日市政推行最大的困难,不完全在经费困难,亦不在一时内乱,实在我们一般民众少爱国爱党之心,无自治自存之力。"③ 于是,政府有意识地通过公共空间进行市政教育,这种方式成为培养公民意识的重要手段。汉口等地都设有市民教育所、图书馆、读报室、演讲厅等场所对市民进行教育。杭州市教育局计划针对市民发起"读书运动",准备用游行、宣讲、图书、标语等方法来推行运动。④ 在包括宁夏这等偏远之地的中山公园里,都设有阅报所、识字所、图书馆、国货陈列馆等场所,各市进行市政计划时经常会提"革命化、平民化、社会化、艺术化"之类的口号。不过当时对市民进行市政教育或者对教师进行培训的同时,也要进行党化教育和三民主义教育。此外,市政建设里还往往通过开办回顾城市历史的展览来激发人民民族自尊、为国献身等崇高的感情,1928年上海市展充满了国耻纪念、革命纪念的展览、标语、口号,"你看这些血和泪的文字,都是些伤心的史料,相信谁看了也要激动爱国的思想、民族的概念"。⑤ "市政"在这里已经成为一种进行爱国教育、革命教育的手段。在这种民族主义的语

---

① 《对荆沙民众的希望》,《沙市市政汇刊》第1期,1936年,第1页。
② 《对荆沙民众的希望》,《沙市市政汇刊》第1期,1936年,第2页。
③ 刘纪文:《市政与教育》,《南京特别市市政公报补编》,1928年,第12页。
④ 顾彭年:《四年来之杭州市政》,《市政月刊》第4卷第6期,1931年,第14页。
⑤ 刘郁樱:《参观上海市展以后的感想》,《道路月刊》第32卷第1号,1929年,第2—3页。

境下，城市自然就应该是熏陶爱国主义的空间，城市生活是为了构建出市民的国家意识。首都是全国的政治中心，必然是和政治权力关联最为紧密的城市。"首都城市有着社会的以及政治的作用和任务，在首都，地方性的风俗、习惯、方言都融合在一起，并按照官方的观念重新塑造，这就成为国家的观念。"① 作为民国首都的南京规划理念也非常鲜明地体现了这一点，《南京市政工务计划大纲》里规定："不可无纪念物之建立以备市民瞻仰，其他革命事实、烈士功绩、革命重要标语，尤须有镌刻，以垂永久，而示模范。"②

各种公共空间的建设都充满着意识形态，公园、纪念堂等不仅是物质的建设，也是心理上的建设。如在沙市，民国官员阐述修中山公园的理由是沙市"在过去未有一个正当娱乐的场所，以致一般人在公余之暇，没有方法寻求正当娱乐，所以养成了许多不良习惯"。③ 修建中山公园就是为了提供市民的"正当娱乐"。所谓"正当娱乐"这个概念本来就是政治化的，"正当"即意味着一件事取得了当时政治上的合法性，不合乎这种政治的娱乐就被视为"不正当娱乐"。"其实所讲的个人娱乐，无非是一些不正当的娱乐，所讲的个人卫生，连自己起居饮食也不清洁，所以一切灾疫疾病来了，不能避免。"④ 提倡"正当娱乐"就是在将娱乐"政治化"，排斥完全独立的"世俗化"。在塑造提供"正当娱乐"的公共空间时，政府始终将自己的意识形态烙印在这个空间中传播给市民。之所以将纪念堂建筑在中山公园内，当局承认"其用

---

① ［美］刘易斯·芒福德：《城市发展史：起源、演变和前景》，宋俊岭、倪文彦译，中国建筑工业出版社2005年版，第373页。
② 《南京市政工务计划大纲》，《市政公报》第258期，1927年6月20日，第15页。
③ 《徐总司令在沙市中山公园总理纪念碑揭幕时讲》，《沙市市政汇刊》第1期，1936年，第9页。
④ 《徐总司令在沙市中山纪念堂开幕典礼游艺会之讲词》，《沙市市政汇刊》第1期，1936年，第3页。

意是在使市民们在公余之暇到公园里去游览，随时看到中山纪念堂，随时就可以想到总理一生伟大的事业和人格，使我们时时刻刻去效法总理，同时努力实行总理的遗教，以图复兴民族，复兴国家"。① 并说"在现在国家内忧外患的时候，本不应娱乐，不过娱乐在使身心获得健全，我们要想救国必须身体强健……希望大家，娱乐不忘救国，娱乐不忘事业，以成就伟大精神和伟大事业"。② "娱乐不忘救国"，正是表达出当时市政界对于世俗生活与政治联系的定位。

在对城市道路的命名上也同样体现了"政治化"色彩，除了中山公园以外，还出现了不少以纪念孙中山的世界大同、三民主义、五权宪法等政治理想而命名的世界路、大同路、三民路、五权路等。刘纪文时期的南京市政府，就认为市内旧城门名称"大多含有封建思想和歌功颂德的意义，站在革命的对立场上"，于是将许多城门改名，如"聚宝门"改为"中华门"、"仪凤门"改为"兴中门"、"朝阳门"改为"中山门"，等等。③ 政府如此，不少知识阶层也是自觉地用政治眼光衡量着城市空间。有人指责安庆市街名太过陈腐，如"天后宫""状元府"之类，"不是含有封建思想，便含有迷信及阿谀意味，都与现代的潮流相背驰"。"革命时代，要在都有革新气象，使人耳目一焕，精神一振才好。""正名也是一件要紧的事，若仍旧把那种陈腐的名词映在眼帘，那嘛，不但不能一新市民的视听，于民族的文化思想，必也有许多妨碍，是万万不可的！"④ 名称不仅包藏着人们的历史记忆，也表达着城市统治阶级的价值取向，一个建筑、一条街道的名称又可能反过来影

---

① 《沙市中山纪念堂开幕志盛》，《沙市市政汇刊》第 1 期，1936 年，第 7 页。
② 《徐总司令在沙市中山纪念堂开幕典礼游艺会之讲词》，《沙市市政汇刊》第 1 期，1936 年，第 3 页。
③ 南京特别市市政府秘书处编译股：《首都市政要览》，1929 年，第 45 页。
④ 蔡天民：《谈谈安庆市上眼前要改良的十桩事》，《市政月刊》第 2 期，1928 年，《言论》，第 4 页。

响、建构大众的集体意识。陈蕴茜教授指出，道路名称作为一种意义载体其本身就是一种意识形态。道路作为空间形式的一种，也成为权力操演的场域。所以，对城市空间名称上的琢磨也表现了城市统治阶级对公众进行意识形态动员的一种努力。

当然，将城市的公共空间政治化，有时也是中央与地方、城市政府与社会势力之间为了利益博弈而有意运作的一种手段，南京秀山公园之争就体现了这个特点。南京第一个公园是北洋时期的江苏都督李纯在原"韬园"基础上修建的秀山公园，"秀山"正是李纯的字。南京特别市政府成立后，认为公园实际上是军阀资以敛财的私产，公园内立有李纯的铜像，李纯的手下齐燮元、白宝山借修建这个公园和为李纯立像的机会，"私设董事视同私产，进园收券藉以敛钱，使穷苦民众无力游观"。① 决定推倒李纯铜像，改秀山公园为南京公园，要求"以民众之膏血，还供民众之享乐……铲去一切污点"。② 原秀山公园主任姜光杰提出了异议，主要就是围绕李纯的评价和秀山公园是否为军阀私产的问题大做文章。李纯在1920年突然身亡，原因众说纷纭，其中有一种流传甚广的说法：李是因桃色事件被手下谋杀的。姜光杰在给南京政府的公文中则宣称李纯是因忧国忧民而自杀的，"李公充任南北议和总代表，时虑国事之蜩螗，统一乏术，愤而自戕以谢国人。其经过情形，举国尽悉，读其遗书，可知其为人"。③ 他特别反对南京政府对于秀山公园是军阀私产的定性，认为公园早已成为后人为纪念李纯自行集资拨款的公共空间，"建造祠堂矜式来者，并建公园，备设图书、博物等馆供人游览，以裨益于社会

---

① 《南京特别市政府令第七三八号》，《南京特别市市政公报补编》，1928年，第28页。
② 《南京特别市政府令第七三八号》，《南京特别市市政公报补编》，1928年，第28页。
③ 《呈国民政府为秀山公园改为第一公园请核示由》，《南京特别市市政公报补编》，1928年，第42页。

教育，而示公开。故名虽秀山公园，实即地方群众之公益"。①并且，"自建设迄今，纯未动用地方公款暨受李公私资之补给理由，出资者有共同保管之主权。历年以来除售门票进款开支外，其余不敷之经费，仍仰陈公调元等设法补助，赖以维持。若此捐资建设之公园任人强行改收，则类此之遗迹，均难保存。甚至甲乙相改，先后互收，任意收改，循环不已"。② 双方各自言之有据，后来国民政府还是决定将其改为市有公园，更名为南京市第一公园。

李纯究竟因何而死？笔者尚未作考证。但在这场秀山公园的归属之争中，由于对李纯的评价关联着公园的性质，南京政府和公园原董事会双方明显都是将对李纯的个人评价作为政治手段来运用的。南京政府可能为了将公园收归市有并将公园打造成宣传官方意识形态的场所而故意贬低李纯，原董事会一方也可能为了保持自己对公园的所有权和公园的原貌而故意美化李纯，李纯的真实形象在双方政治化的运作中已经更加模糊不清了。

三 城市生活的"泛政治化"

在"政治化"的语境下，民国人在谈论与市政建设相关的问题时，总是会不自觉地延伸到国耻、自强之类的话题上。当时无论政界人士还是市政学者，在看待市政问题时，常常是很自然地将自己投入到一种国家兴亡、民族复兴的政治情境之中。在那些关于市政具体问题的各种阐述文字中，有一个经常出现的特点，就是联想性思维很强。不似当代，谈论城市卫生、建筑、管理等问题多是就事论事，顶多用逻辑分析延伸到更宏观的社会问题。民国的文字却是喜欢用市政的某个内容去象征国家整体性的政治

---

① 《呈国民政府为秀山公园改为第一公园请核示由》，《南京特别市市政公报补编》，1928年，第42页。
② 《呈国民政府为秀山公园改为第一公园请核示由》，《南京特别市市政公报补编》，1928年，第43页。

现状,比如前文所述用妇女的状态象征民族的状态,而还有两个领域——道路和卫生,是论者特别喜欢将其和一些更加宏大的问题进行联想的范畴。

比如有人将中国的道路不平、交通拥堵的状况和人压迫人的社会关系联想在了一起,并将建筑道路上升到消除不平等的根本解决方法的高度。像下述这段文字:

> 我们中国的古董社会,数千年来的城市乡村,简直没有道路,交通梗塞,往来不便。遂叫那世界上,最可怜最可悲的平民,受了黑暗社会上种种万恶的束缚钳剥。就像现在国内的黄包车的车夫、抬轿的轿夫,几千万活泼泼的人,都变成那班"大官""大财东"们的牛马!奴隶!……其实同是人类,同具脑力,为什么"大官""大财东"摆大架子,高抬身份,不自步行,反叫"轿夫""车夫"抬着拉着,以图舒服呢?像这样没人道的行为,不仅削夺别人的平等主权,就是个人的人格,也丧失干净了。……我在欧美各国,怎么没有见着你们的行迹和生涯呢?偏偏不幸都生在那黑沉沉的东亚中国呢?推其原,中国没有道路,可算是唯一的原因。假使中国各省、各县、各乡、各村,一旦建筑了平坦大道,可以用足踏车、煤油车、汽车、马车和电车,那么,平民用不着再操拉车抬轿的生涯了,那些"大官""大财东"们,也自然不会再生妄想,做那没人道的行为了。这样社会岂不是日进文明,平民渐渐享幸福吗?①

在这段文字里,交通的落后状态是整个"黑沉沉的东亚中国"的缩影,轿夫、车夫是整个中国社会受压迫阶级的象征,道路的平坦与否是社会关系平等与否的象征。该发言者还出于中西对比

---

① 张务源:《建筑道路的一个感想》,《道路月刊》第4卷第2号,1923年,第5页。

的需要，将法国的社会进行了极度美化，"往往来来，络绎不绝，交通便利极了。工农是发达的，言语是统一的，消息是灵通的，种族是融洽的，还有那教育很易普及，文化很易宣传，知识很易交换，货物很易运输，矿产很易开采。"[1] 而他认为法国社会如此美好的根本原因不是实业发达、教育振兴和政治开明，而是建筑了道路。开辟马路的意义被提升到了不仅只是让人生活便利，还可以改变社会关系。事实上，到法国勤工俭学的留学生都觉得资本主义的法国和封建落后的中国本质上一样黑暗。因为看到欧美国家科技发达，就将其整个社会关系也想象得十全十美，这是当时国内人的一种普遍思维。如胡适到了哈尔滨后，产生了这是"东西方文明交界点"的感觉，因为哈市租界——道里——全是摩托车和电车，租界之外——道外——全是人力车。他说："人力车代表的文明就是那个用人作牛马的文明，摩托车代表的文明就是用人的心思才智制作出机械来代替人力的文明。"[2] 这个想法道出了中国社会和工业文明社会的差距，也看到了中国社会对人力车夫的压迫，但是"用人作牛马"是生产关系层面的问题，他以为这种问题只存在于人力车的社会，在有了摩托车和汽车的社会里就不存在了，无疑是太过于感性化了。他如是诉说自己的感受："我们坐在人力车上，眼看那些圆颅方趾的同胞努起筋肉，弯着背脊梁，流着血汗，替我们做牛做马，拖我们行远登高，为的是要挣几十个铜子去活命养家，——我们当此时候，不能不感谢那发明蒸汽机的大圣人，感谢他们的心思才智节省了人类多少精力，减除了人类多少痛苦！"[3] 可是，这只能说明人力车比摩托车更直观地表现了那种人压迫人的关系，并非摩托车文明里就不存在剥

---

[1] 张务源：《建筑道路的一个感想》，《道路月刊》第4卷第2号，1923年，第6页。
[2] 胡适：《漫游的感想》，载范祥善《现代社会问题评论集》，《民国丛书》第5编第20册，上海书店1996年版，第2页。
[3] 胡适：《漫游的感想》，载范祥善《现代社会问题评论集》，《民国丛书》第5编第20册，上海书店1996年版，第3页。

削压迫。胡适以为只要"用人的智慧造出机械来",就可以消灭"用人作牛马"的问题,表达了一种典型的技术决定论,其实技术进步也可能产生更多的不平等。认为进行市政设施的改善或者技术进步就可以创造一种更高尚的社会关系,这种想法代表的当然也是一种改良主义的思想,市政改革本来也是这种改良主义实践的一部分。

当时,还有人编了《修道路歌》①,还有人宣称,反对筑路就是反革命。可见,"道路建设"在民国一些人的话语中越来越具有一种极强的政治象征意义。发言者从一开始就将道路建设想象成一个可以消灭剥削压迫、实现世界大同的政治活动。

当然,许多市政学家和实业家主张开辟交通的真正目的还是工业化的需要。人谓交通为工业之母,商品、原料的输出输入,都有赖于交通的顺畅。交通的顺畅与否,直接关系着工业的成本,"都市工业与其附庸之农村及销纳制品之市场,两者之间,若无便利之交通为媒介,则转运费必占生产费之大部,于工业进展上,必遭遇非常之打击,而工业区将变为死气沉沉矣"。② 他们不管是以革命口号,还是爱国主义的口号,根本目的都是迅速开辟交通,以利于工业化的成长。

"卫生一项,小则影响于个人身体的健康、寿命的长短,大则影响于民政的兴衰、国家的存亡。"③ 国民卫生是国民党训政工作中重要的一项内容。卫生又是一个容易展开联想、引申于政治的领域,卫生的洁净与否常被人延伸到了国民性格的文明程度与政治的廉洁与否上。比如有人谈到城市里的臭虫,"令人怀想到'一二八'在上海低湿地出风头的坦克车"。④ 并对臭虫作了这样的描述:"它的自食其力,是建筑在绝对榨取上面,即无条件的榨

---

① 霞碧:《修道路歌》,《无锡市政》第4号,1930年,第82页。
② 吴景超:《实用都市社会学》,有志书屋1934年版,第35页。
③ 丘达:《关于卫生问题之商榷》,《江苏旬刊》第9期,1928年,第26页。
④ 强生:《肃清臭虫》,《社会半月刊》第1卷第14期,1935年。

取、无义务的榨取；把别人血汗，做山间明月江上清风样的取之不尽用之不竭。"① 这表面在写臭虫，实在是写人，写一种阶级，后来终于明白说道："我们不但痛恶动物的臭虫，更痛恶人类中的臭虫。"② 他认为人类中的臭虫，就是那些不劳而获、专门吸吮民脂民膏的贪官污吏、土豪劣绅，而且这些人也和臭虫一样具有极强的繁殖性，除之不尽。中国的许多进步事业之所以以失败告终，就是因为这些人类的臭虫腐蚀了组织所致。由此，他寄希望于当局采取猛烈的运动，像杀虫剂一样可以转化人类的臭虫。政治的不洁净就这样和国人的卫生习惯联系了起来，在这种关联感的主导下，卫生运动不仅只是净化市容、培养人民良好生活习惯的市政改良活动，还是净化政治、净化人民精神的政治运动。

清洁卫生这种小事，都和政治具有了对应关系，这也反映出城市市民的日常生活和政治紧密程度的加深。正好孙中山说过："要作革命事业，应从自己方寸之地做起，要把从前不好的思想习惯和性质一概革除。"那么，"大都市、都市、城镇集市，皆为国民生活栖息之所。朝于斯，夕于斯。有完美现代化之公共设备，才有康健幸福之趣味，消极之态度，斯消除而进于积极。有生活上之合理环境，斯引起团体活动之浓厚兴味，斯能有改被动为主动之旨趣。……国民内无现代化思想之头脑，外无康健精神之躯体，涵养工夫，身心俱差，奚得而提高其对国家民族之道德。"③ 城市，是现代社会文明的焦点，政治、经济、文化生活的变迁都最先影响到城市，作用于市政，市政又反过来作用于社会生活，辅助着国家政治的实现。人们在城市里的生活都是市政的对象，都关联着国家大政。

---

① 强生：《肃清臭虫》，《社会半月刊》第1卷第14期，1935年。
② 强生：《肃清臭虫》，《社会半月刊》第1卷第14期，1935年。
③ 袁相尧：《今后我国市政工程发展之途径》，《市政评论》第9卷第2—3期，1947年，第6页。

这样一种"泛政治化"的市政运动似乎是一种新的历史现象，却又在某种程度上延续了中国人传统的"修身齐家治国平天下"的文化思维。在这种思维里，个人的起居行止、家庭的修整洒扫，与天下国家的治理，都是同源同构、互相对应的，国家秩序、社会秩序都和家族秩序体现着同一个结构。近代的市政教育其实也在继续利用家国同构的伦理型政治来达到自己的目的，有市政学者的论述里就表达着这种传统思维的延续，"经营一个都市，大而言之，和经营一国相同的；小而言之，和经营一家相同的；……我们不可不以利家之热情，以利都市；不可不以爱国之热忱，以爱都市"。[①] 北平市政府的标语里就直接说"保存固有的修齐治平"。[②] 或许，在传统文化里，中国人从生到死，生活的空间就和权力是联系在一起的。从最基本空间单位——身体、家庭，到最大的空间单位——天下、国家，都是为了维护同一种权力而联系在一起。正如王亚南先生所说："一方面把家族政治化，另一方面又使政治家族化，把国与家打成一片，这是伦理的神髓。"[③]

只不过，现在又插进来了一个"城"。"城"的进入，就令"家国同构"的性质有了些变化。古代"家国同构"，建构的是基于血缘家族之上的宗法伦理，以此伦理文化维系王朝的统一，"家"成一小国，"国"是一大家，家国混融，形成支撑整个王朝的宗法权力；近代"家城国同构"，却是要建构一个超越血缘家族的都市生活中的市民规范、公共意识，使支撑国家的宗法权力逐渐转变为公共权力，整个国家的认同基础逐渐也由宗法伦理转变为政治信仰。"都市"成为一个由宗法伦理支撑的王朝中国向以公共观念奠基的民族中国的转型场所，"城"作为为瓦解"家"而造成"国"的一个中介，从理论上说，应是对"家国同构"的

---

① 杨哲明：《都市的经纬》，《市政期刊》创刊号，1930年，第5页。
② 《北平特别市市政公报》第29期封面，1930年。
③ 王亚南：《中国地主经济封建制度论纲》，华东人民出版社1954年版，第20页。

一个反动。这个过程中,"政治"发生着越来越重要的作用。如是,都市化、市政建设,具有越来越浓厚的"政治化"色彩,城市空间的意识形态化越来越鲜明,也都是大势所趋。这个政治规范着近代城市文化的形成,城市文化也参与了这个政治任务的实践,"家城国同构"的文化建构方式也由一种伦理规训变成政治运动。

第二节 城市"政治化"的历史缘由分析

不满市民文化的世俗性,以政治标准、道德标准对其进行指责、批判的群体里,其中当然不乏政府官员和传统士绅阶层,他们的态度不难理解。但许多热心中国市政现代化研究的专业人士、接受了西方现代城市理论的人士也加入这一对市民文化进行政治化规范的行列,个中原因才是本节要探讨的重点。

笼统言之,直接原因自然是本书一直强调的市政界对民族主义、国家主义的追求。但是我们知道,现代国家里个体所要承担的义务和其对于享乐的权利未必是对立的,国家利益与个人权利是可以互为辅助的。西方从文艺复兴到启蒙运动,都是鼓励个体享乐的合理性,以宣扬"人性""人权"来建立民族国家。所以要伸张建立民族国家的"政治性",也未必就一定要压抑个体需求的"世俗化"。特别是,中国城市由传统政治军事文化功能向近代工商业功能发展,以追求世俗享乐、消费为主要目的、具有强烈个人主义色彩的市民文化兴起似乎也具有历史的必然性。市民文化的一大特色就是世俗性,民国的城市规划者和执政者们所批判的这些文化现象,似乎正预示着一个独立于政治之外的世俗领域在发展之中。那么当时的政治家和学者将世俗领域都纳入政治视野进行评判和限制的做法,反倒在形式上具有了"反现代性"的性质。

笔者以为,将市民的日常生活政治化的理念和实践,在近代这个特殊时期,恐怕不能按照当代许多现代化理论的观念简单视为是反现代、反人性的。包括中国妇女在内的所有国人,在刚刚进入近代时是处于一种主体意识缺乏状态的,前文提到的刘郁樱、殷体扬等人的话语都在试图为他们塑造一种政治主体的意识。汪晖认为,晚清以降的文化运动中,中国产生的真正新生事物,就是主权国家的政治形式,是商业和工业资本主义的长足发展与民族—国家之间的内在联系,是科学技术及其世界观的革命性力量与民族主义之间的有机互动,是以现代教育和都市文化为中心展开的知识谱系与新的国家认同的关系,是一种能够将个人从家庭、地方性和其他集体认同机制中抽离出来并直接组织到国家认同之中的认同方式以及由此产生出的义务和权利的新概念,是在上述条件之下民族主体本身的更新。[①] 将处于与政治隔膜状态中的妇女和市民们从声色享乐或家务劳动中推离出来,强制他们与构建国家的政治生活发生联系,使他们可能产生国家、民族的概念,政治主体性在这些实践中可能得以觉醒,这难道不是建立现代国家、构建现代国民必须具有的一个重要步骤吗?从城市发展的角度说,离开乡村来到了城市的乡民不会自动转化为现代型"市民""国民",还需要政府进行有意识的引导、转化,市政建设就成为促成这种转化的一种途径。市政建设里的市民文化的构建,更是促成这种转化的一个重要手段,这就会和"世俗性"的城市生活发生各种紧张。

而且从城市化的角度来说,还有深层次的原因,那就是城市功能转型的需要。笔者以为,在我们把城市按照功能分为政治、军事、经济、文化、教育、宗教等诸多类型时,却不能忽视在它们之上还有两种更为基本的功能类型:生产型和消费型。城市的现代化转型首先是从消费型向生产型的转变,而不是简单的指政治、军事等类型向经济类型的转变。无论经济还是政治、军事、

[①] 汪晖:《现代中国思想的兴起》上卷,生活·读书·新知三联书店2004年版,第78页。

宗教城市，只要其并非依靠自身的生产或以生产资料和工具的生产为目的，而主要是以消费其他地区的产品或主要是依靠生产消费品为主，那么该城市首先就是一消费型城市，在这种城市里哪怕生产活动也是为消费目的服务的，于是导致一切文化教育事业也变成另一种消费。消费型城市在前现代社会普遍存在，如中国长期以农立国，工商业多是辅助性质，导致中国的都市，大多是交换及消费的中心，不是生产的中心点。尽管古代也不乏经济型都市和城镇，战国时代的临淄、咸阳、郢、邯郸、大梁等城市，不仅是诸侯国的政治中心，也是工商业经济中心；汉代约有370座城镇，有名的商业城镇就有8座。[①] 长安万商云集，堪称"世界首都"，与洛阳、扬州、益州、广州、泉州、明州、登州为八大经贸中心城市。但是这些城市大多是以生产消费品为目的和作为商业交换中心而存在，所以中国传统城市与近代都市有重大区别，民国学者许仕廉曾概括过这种中国传统城市与现代都市在性质上的区别：

> 除近世工业化的大都会外，中国的都市，大概是交换及消费的中心点，不是出产的中心点。其中原因，中国以农立国，一切的工商业，不过辅助性质。又中国习惯，多以田产为世代相传之承继产业，然而拥有田产的，并非尽属农民，多系绅商官僚。此等拥有田产的人，多居城市，于是城市一切经济及社会组织，如银行学校商店手工厂等专以供给此类小资产阶级的消费生活为主要目的。所以中国普通城市，与西洋都市，或中国近世工业化都市，大大不同。前者偏重消费，后者偏重生产。[②]

[①] 胡焕庸、张善余编：《中国人口地理》（上册），华东师范大学出版社1984年版，第246页。

[②] 许仕廉：《中国人口问题》，商务印书馆1930年版，第49页。

不单是中国，欧洲也是如此。古罗马时期的意大利城市也多为行政中心和军事中心，主要是依靠消费其他地区创造的财富而非生产事业促动城市发展。罗马工商业就很落后，完全依靠教廷的财政收入，是一座典型的消费型城市。在文艺复兴时期，意大利北部和中部城市多属工商业城市，制造业发达，而南部城市多是行政中心，属于消费型城市，后来主要就是北部和中部城市促进了早期资本主义发展。欧洲中世纪还有一些政治首都、宗教首都、军事城镇、大学城镇和贸易城，但都属于消费型城市，如巴黎、吕贝克、奥特涅、佛兰德斯、布拉班特等城市。

民国时期即使当时最发达的都市如上海、天津、汉口、广州、厦门，城市的繁华很大程度也只是表面现象。因为这些城市主要是靠奢侈品的消费产业发达起来，其中又主要是依靠以推销外货为主的买办商业来带动，所以尽管市场极其繁荣，建筑极尽壮丽，城市表面光鲜华丽，生产事业却极其幼稚，尤其是工业生产水平很低，这反而是进一步强化城市生产功能远远小于消费功能的传统特性。对于消费形式十分现代的上海，若要问羡慕上海的人该城市究竟有何特别之处，他们当时也只能说出"繁华"二字。有人就反思了"繁华"本身，说道："繁华就是物质文明的表示，试问这物质文明，是负贩来的呢，还是亲手自造的。恐怕上海人也只能摇摇头，长吁或短叹一声罢。"[①] 美国学者史书美评价民国时期上海的消费文化："上海现代主义中突出的商品崇拜现象反映出：这个半殖民城市是色情和颓废的游乐场，本身只具有消费性而并不具有生产性。"[②] 在北平这等具有悠久首都历史的城市，其消费性更常常体现了一种旧文化陋习的延续，据介绍："北平市贫者固多，然十之七八，殆属贵族后裔。故习俗奢侈，仍行存在，不事变更。据著者调查，即捡煤球为职业者，遇丧事亦必四人杠、

---

① 含凉：《对于上海人的怀疑》，《新上海》第9期，1926年，第7页。
② ［美］史书美：《现代的诱惑：书写半殖民地中国的现代主义（1917—1937）》，何怡译，江苏人民出版社2007年版，第304页。

八人杠，遇喜事亦必四人轿、八人轿。"① 仅就形式看，这种消费文化也很难说具有什么现代意味。在这种基础上所生发的消费文化和所谓"消费伦理"在中国现代化进程中所起的作用是很值得反思的。

从当时人的文字表述来看，民国的城市执政者和市政学者，对世俗文化至少在形式上呈比较反感态度的直接理由是，过于世俗化的消费文化在当时确实给城市和国家的发展带来了诸多消极影响。中国城市生产能力本来就较低，工业化尚在起步阶段，盲目的消费需求往往和工业家发展城市经济、振兴城市工业的理想发生冲突。尤其处在一个发展起点相差极大、游戏规则极不公平的所谓国际自由市场体系中，一开始就出现这种超越生产能力的消费文化，只是徒然令中国城市成为外国产品的销货市场，打压了中国城市产业的成长。从抗战前的外贸数据就可以发现，一方面是中国号称以农立国，自己生产的粮食却不足救济灾荒之年的难民，还需要进口外国大米；另一方面是经济危机席卷全球、世界经济一片低迷之时，中国的奢侈品进口数量却逐年增加，成为洋货推销场。有人直接指出中国经济的关键问题在于"劣等的生产，要有高等的消费"。② 当时批判城市消费之风的人士多感觉到，这种奢靡消费之风已经对市民造成一种强迫，难以依靠市民自觉来克服这种陋习，只有用政治的手段来进行强制改变，"政治化"的市政正是代表了他们的想用强制手段移风易俗、建立一种有利于城市生产发展的文化改造理想。

于是立志于在中国发起"工业革命""实业救国"的人此时不主张建设太豪华的消费设施，只主张能够维持城市市民基本生活的建设，以便将资本都积累起来进行工业化建设。如有人说的"无关生产的事，要暂时停止，官要改业，钱要不许花，有害的法

---

① 张武：《整理北平市计划书》，载陆丹林编《市政全书》第 4 编，中华全国道路建设协会 1931 年版，第 32 页。

② 强生：《奇装艳服》，《社会半月刊》第 1 卷第 16 期，1935 年，第 2 页。

令规章要改良。……这类的营建是积极性的,亦是中华民族所最需要的"。① 就市政而言,现代市政制度,本就是19世纪工业革命的产物,市政也是为产业发展服务的,中国市政落后的根本原因在于产业不发达。是以要发展市政,也当和振兴产业相联系,就如臧启芳所说的"以都市发达促产业发达"。市政发展如果脱离了为生产服务这个中心,去单纯追求市面景观的漂亮光鲜、娱乐设施的高级时髦、消费生活的时尚摩登,也会是舍本逐末。诚如有人所说:"工业为城市社会的滋养料……城市社会的滋养料既形枯竭,结果当然要变成一个'贫'的社会了。"②

民国时期在市政界经常出现"化消费为生产"的呼声,可以看出市政界对于当时城市主流文化时尚的反感,表达着一种对城市始终停留在消费型城市的反感,也表达出将市政生活"政治化"的背后实是代表了相当大一批"工业派"的要求。他们希望政府能用政治手段,以国家主义、民族主义的意识形态宣传,来遏制城市奢靡之风,从而为民族工业的成长争取到更多的市场和资金,并激发市民的生产精神。就如殷体扬对于"新生活运动"的期待一样,促使"市民百分之五十走进工厂里去!市民百分之三十走进图书馆里去!市民百分之二十走进研究室里去!"③ 因而市政界很早就与容易刺激消费文化的自由主义、个人主义保持了相当的距离。"近代中国的公共领域,与以市民社会为基础、以资产阶级个人为基本成员的欧洲公共领域不一样,其在发生形态上基本与市民社会无涉,而主要与民族国家的建构、社会变革这些政治主题相关。"④ 从理念上说,在那个风雨如磐的时代,将城市

---

① 《卷首赘语》,《工程》(武汉版)第3—4合期,1947年,第137页。
② 《成立职业介绍所》,《新汉口市政公报》第1卷第6期,1929年,第148页。
③ 殷体扬:《都市中如何实行新生活运动》,《市政评论》第1卷,1934年,第65页。
④ 高瑞泉、[日]山口久和:《中国现代性与城市知识分子》,上海古籍出版社2004年版,第82页。

生活和文化置于"政治性"之下进行规范和塑造，有其必然性和合理性。只是，当一部分执政者和文化精英以居高临下的姿态将"政治"规范于市民的生活之时，就为官僚专制提供了一道方便之门。尤其是，民国工业资产阶级、市政人士和他们所依托的那个"政治"，能否塑造出他们所期待的市民性格和城市文化呢？

第三节 "政治化"与"世俗化"的共同扭曲

当时市政界所舞动的政治大旗是国家主义、民族主义，但问题是，对"民族主义"如果不加严密界定的话，就是一个比较宽泛的话语体系。民族、国家在口号上十分高大，可现实里却是由一个个具有特殊利益的人组成的，在口号下面掩盖的真实利益才是最易被忽略的。甚至，同一阶级内部不同集团也会将特殊利益包裹在"政治"的运作中加以实现，使得"政治"并不像他们所宣扬得那么纯粹。

空间安排一直体现着等级，直接主导着城市资源、影响着城市格局的无疑是政府的行政权力，城市的行政中心往往会集中更多更优秀的市政设施。当时流行"功能分区"理念，将城市分为行政区、工业区、商业区、生活区等。在分区的过程中，市政资源的分配非常明显地体现着权力干预的色彩，如国民政府定都南京后，《南京市政工务计划大纲》里规定："一切侵占官街之店户，一律督拆。"[1] 这就鲜明地体现出强化"官民"等级的理念。官方、政界人士很容易在"政治化"建设中打着为国家为革命的口号扩张自己的特权。一个突出的表现就是，官方在自己城市修建豪华机关建筑，常能冠以崇高的政治宣传，郑梁在设计陪都建设时宣称："都市的行政建筑为发号施令的首脑机关，都市人民（甚至全国人民）之保卫，工商各业之维持，均赖

---

[1] 《南京市政工务计划大纲》，《市政公报》第258期，1927年，第13页。

此等行政机关的策动与维护。是故都市之存在，实先赖此等行政机关之健全。"① 其实一些城市里一直都是在秉承此种理念打造豪华的行政大楼。若1933年沈怡在上海青年会宣传他的大上海市中心计划时宣扬道："上海是我国最大商埠，市政府又是上海最高的行政机关，所以建筑不能不有相当规模。再者建筑市政府房屋，乃是市中心区建设的起点，倘使过于因陋就简，恐怕一般人要误会到市政府连自己都还没有建设市中心的决心。但是同时民生这样凋敝，谁也知道这不是踵事增华的时候，因此单把市政府造得比较讲究一些。"② 广州市政府新署落成之时也宣称："府署为市民集会之所，市内观瞻所系，若建筑简陋，不足以表扬伟大之精神。"③ 这里将官衙门说成是"市民集会之所"，并以此为由，要求"合署内部，须设备各项办公室，并建筑可容万数千人之大会场，以为市民举行庆祝集会之用"。为了建成这个会场，还需收用中山公园的一部分地段。④ 其实广州市政府大楼只是陈济棠主政、刘纪文任市长时期的市政府合署办公大楼。郑州在广州市政府大楼尚在筹备之时就起而效仿，宣称："今日世界城市改造之趋势，莫不注重于集合公共机关于一圈，我国广州市亦根据多种充分理由而建议集建各大衙署于市之中央。总之市行政机关，为地方政令所自出，民众观瞻所系，而市政府又为全市最高行政机关，尤须庄严雄伟，论地势须居全市之中心；论建筑须具革命维新之精神，文化美术之气象；方足唤起全市民众之观感，以集中于市政府指导之下，而收改造社会之实效！"⑤ 南京的执政者就更可以国家首都名义号召

---

① 郑梁：《论陪都建设计划的两大要点》，《市政评论》第6卷第7期，1941年，第4页。
② 沈怡：《大上海市中心建设之过去与将来》，《道路月刊》第42卷第2号，1933年，《路市建设》第12页。
③ 《市府新署筹建之经过》，《广州市政府新署落成纪念专刊》，1934年，第5页。
④ 《市府新署筹建之经过》，《广州市政府新署落成纪念专刊》，1934年，第5页。
⑤ 《郑州市新市区建设计划草案（续）》，《市政月刊》第3期，1928年，《言论》第4页。

政府集全国资源来建设南京，并且说得理直气壮："以首都地位言，则非南京一地所私有，而为全国所共有，故中央及全国国民均有共同建设之责。且以南京市区之辽阔，今日政治上地位之重要，所需乎设施之手续者，至为繁重，绝非南京一隅之人力物力所能负责而胜任。在昔专制时代，竭天下之力，以供奉一人，尤不以为怪。今集全国之力，以经营一首都，实出事理之当然。"① 这些话语打着革命的口号，其实只是要耗费当地和全国资源来打造豪华行政场所，这本身又是继承了一种封建王朝时期的观念：早在西汉王朝建立之初，萧何大兴土木修治未央宫，汉高祖甚怒，曰："天下匈匈数岁，成败未可知，是何治宫室过度也？"萧何对曰："天下方未定，故可因以就宫室。且天子以四海为家，非壮丽无以重威，且无令后世有以加也。"② "以壮丽重威"是一种君主专制政体下形成的等级文化理念，这种理念被历朝历代沿袭传承一直到民国的市政建设中。以革命口号为铺张排场的作风提供借口，只能加剧市政流于形式建设的泛滥，而无益于创造和市民生活、经济建设息息相关的城市文明。

那些主持市政改革的城市当权者经常将市政运动当作进行权力斗争的又一条途径，或者只是将其作为规训、控制老百姓的一种手段，自己也并不想真正遵循，在"新生活运动"中就体现出了这一点。这场运动并非一无是处，如有研究者指出它也包含了准备抗日的意义。在以精神总动员的方法，唤起国人现代觉悟与意识，提高人民的觉悟方面还是有积极因素的。③ 但是在运动中，国民党当局在各市取缔"凡违背国民党党纲，及具有赤化反革命意义之图书杂志"，"社会上一切淫辞小说图书"，设立平民感化

---

① 《南京特别市之过去现在与将来》，载陆丹林编《市政全书》第3编《各省市政概括》，中华全国道路建设协会1931年版，第9页。
② （清）吴乘权等辑：《纲鉴易知录》（上），中华书局2014年版，第125页。
③ 王晓华：《"模范"南昌：新生活运动策源地》序，江西美术出版社2007年版。

院（又称市民感化院），将一些所谓性情顽劣的市民送去进行精神洗脑。据不完全统计，新生活运动发起前后，被国民党查禁的社会科学书籍约有147种、进步文艺刊物74种。[①] 所以，新生活运动的目的显然不是准备抗日，而是在政治、经济、军事，而且在思想文化方面控制国民，令老百姓在生活、行动上都绝对服从国民党党治，达到其镇压中共革命、扑灭国统区进步文化的目的。同时，新生活运动还给予了国民党内部派系进行利益角逐和许多官员捞油水吃回扣的机会。运动刚开始，复兴社和政学系就展开对运动领导权的争夺；南昌公安局局长黄光斗借"新生活运动"之机，开办"南昌市保甲长训练班"，要求凡参加该班的学员，都要购买市局定做的黑色的拿破仑式的帽子和统一的黑色制服。[②] 新生活运动要求老百姓不准吸烟、拍香水，但是贵妇人们却非常喜欢购买各种外国高档化妆品，宋美龄本人就极其喜欢法国香水和英国香烟。可是她在公开场合却总是大讲吸烟的害处，为自己营造一个优雅、卫生的"国母"形象。

政府的目的本就不在禁烟，甚至还想通过收取鸦片税来增加财政收入，支援内战。虽然宣传上说"寓禁于征"，实际上却是征而不禁。蒋介石在南昌行营发表动员"新生活运动"的讲话时，提到他有次看见南昌街头有个小学生抽烟，就愤愤不平地说："他做学生的时候，就要吸纸烟，再长大不会吸鸦片烟吗？"他一面表示很担心学生会吸鸦片烟，实际上却要将鸦片税作为政府财政的一项来源，并为此设了两个禁烟机构：行政院下面的禁烟委员会和蒋介石行营下面的禁烟督察处。禁烟委员会只是做一些表面的宣传工作，真正负责包运烟土、抽收烟税等工作，都是由蒋介石行营的禁烟督察处完成。具有讽刺性的是，禁烟委员会里四

---

① 王晓华：《"模范"南昌：新生活运动策源地》，江西美术出版社2007年版，第7页。

② 王晓华：《"模范"南昌：新生活运动策源地》，江西美术出版社2007年版，第30页。

个科长，却有两个就有很大烟瘾。① 从这些我们也可以看出抗战前国民政府的禁烟运动为何失败。冯玉祥曾担任新生活运动总会指导员，他后来总结道：

> 这十几年来，年年到了新生活纪念日都要开会的，有好多次找我去讲话。其实，新生活是说着骗人的，比如新生活不准打牌，但只有听见说蒋介石来了，才将麻将牌收到抽屉里，表示出一种很守规矩的样子；听见说蒋介石走了，马上就打起麻将来。二十四圈卫生麻将的、推牌九的、押宝的也是这个样子。又如新生活运动不准大吃大喝，普通人吃一桌饭只花8块钱，蒋介石左右的大官吃一桌约60元，总是燕窝席、鱼翅席。不但大官是这样奢侈，大官的女人、奴才也是这样。……蒋介石并不是不知道，他知道得很清楚，只是不要说穿，说穿了，他就不能骗人。……实在说起来，蒋介石一生就决没有实行新生活的。……那些书的名字，什么新生活与军事，新生活与政治，新生活与这个与那个，几十个名堂，事实证明是什么？政治是腐败到极点，军事是无能到极点，经济是贪污到极点，文化是摧残到极点。实行新生活会有这个样子？他自己就说过，不过弄这些东西换换口味罢了。②

由这样一群统治阶级对城市生活进行政治规训，其对象永远是针对底层的老百姓。1933年5月，广西民政厅曾公布法令，凡女子服装袖不过肘，裙不过膝者，均在取缔之列。同年，杨森又在四川提倡"短衣运动"，他管辖下的营山县县长罗象翥曾发布

---

① 根据白由道《国民党统治下的"禁烟"与卫生工作》，《文史资料存稿选编·社会》，中国文史出版社2002年版，第553—555页。
② 王晓华：《"模范"南昌：新生活运动策源地》，江西美术出版社2007年版，第122页。

《禁穿长衫令》，令文中说："着自四月十六日起，由公安局派队，随带剪刀，于城厢内外梭巡，遇有玩视禁令，仍着长服者，立即执行剪衣，勿稍瞻徇，倘敢有抗拒者，立即带县罚究，决不姑宽。"① 此二事所要打击的现象截然相反，却都是打着堂而皇之的理由，一个是"风化"，另一个是"经济"，反正当权者无论如何都有正气凛然的道理。此二事被鲁迅先生当作范例辛辣地讽刺了当时的统治阶级：

> 女人露出了臂膊和小腿，好像竟打动了贤人们的心，我记得曾有许多人絮絮叨叨，主张禁止过，后来也确有明文禁止了。不料到得今年，却又"衣服蔽体已足，何必前拖后曳，消耗布匹……顾念时艰，后患何堪设想"起来，四川的营山县长于是就令公安局派队一一剪掉行人的长衣的下截。长衣原是累赘的东西，但以为不穿长衣，或剪去下截，即于"时艰"有补，却是一种特别的经济学。②

统治者将纠正社会风气的对象指向老百姓，可社会的风气往往不是普通老百姓败坏的，而是权贵阶层带头、老百姓跟风而已。比如当时有一个现象：对于社会上关于上海习气过于奢侈、浪费的指责，有的上海市民居然并未进行简单的反驳，反而表现出某种认同，因为他们认为那不是"真上海人"造成的。有一位上海妇女就最看不惯大手大脚的有钱人，认为都是他们败坏了上海的风气，"他们都是外乡人，住在上海长久，就自称为上海人了"。她告诉别人："正式的本地人，个个是肯巴结做人家的，老实说：上海人虽多，的的刮刮的本地人倒没有多少。"所以，"那些打扮得花枝招展的奶奶小姐，挥金如土的老爷少爷，都是'伪上海

---

① 根据鲁迅《谚语》，《鲁迅全集》第 4 卷，人民文学出版社 1981 年版，第 540 页。

② 鲁迅：《谚语》，《鲁迅全集》第 4 卷，人民文学出版社 1981 年版，第 539 页。

人'，而且都替真正的上海人坍了很大的台"。①

用"政治化"规范城市生活的尝试中，利用"传统文化"来遏制城市生活里的不道德现象，是一个重要手段。然而"传统文化"在城市生活里也会表现出双刃剑作用，因为在城市生活里强调"传统文化"首先是方便了当局可以利用"传统"来延续旧控制体系的模式。新生活运动就是以儒家道德规范为基础的。抗战结束后，面对上海的窘况，有学者提出要"恢复固有道德"，宣称"际兹人欲横流之时，礼义廉耻更为维系人心导入正途之条件……盖明礼义，知廉耻，为立国之道，苟四维得张，则社会复兴自易实现"。②据说有的城市街上还贴着"恢复旧道德、建设新国家"的标语，几乎就是"中学为体、西学为用"的重现。这自然是对新文化运动以来新思想的反动，张申府在《尊孔救得了中国吗？》一文里质问南京政府："以国家祀孔的方式恢复民族自信也未尝不可，但从现在尊孔的动因来看，是倒退的多，而前进的少。这种情形之下的尊孔，对于救济中国的危亡，如何会有多大益处？"③

有些所谓建设"中国人的都市"口号，其真实目的并不完全像这些口号本身所宣扬的那么高尚，背后往往会隐藏着富商贵族们想与租界洋人的奢华生活进行攀比的真实愿望。从清末到民国建立伊始，就已经出现了这种事情。具有代表性的就是汉口20年代初期地皮大王刘歆生在华界从事模范区建设，乃是因为买办、富商们眼红租界里洋人的生活，华商总会遂决心在华界创建模范区，以"与租界媲美"。他们把孙中山将汉口建为"模范之市"的理想直接拿来包装自己的消费欲望，于是，汉口官僚买办、金

---

① 《上海人》，《大上海》第6期，1943年，第6页。
② 陈公达：《市政与心理建设》，《市政评论》第9卷第2、3期，1947年，第2—3页。
③ 张申府：《尊孔救得了中国吗？》，《张申府文集》第1卷，河北人民出版社2005年版，第144页。

融资本家投资兴建成片式里弄住宅风靡一时。建设热掀起建房热，导致许多城市地价飞涨。汉口闹市区在刘歆生建设模范区过程中数年间价格一翻再翻。如1912年建义成总里时，每平方丈地价100两银子，数年后上浮到360两银子。1914年修建五常里时，每平方地价50两，1915年涨至200两，1917年竟涨至1000两，富商、买办、官僚、军阀、政客在建房中大发横财。[①] 在这个事例中可以看到，在"建设中国人的城市"的高大口号下，埋藏了不少商业资本、地皮经济的欲望，商、官、绅、军又在这种资本积累的带动下，联合在了一起，而他们都可以打着高大的旗号，通过扩张城市、发展市政来分享利润。这种城市发展模式从一开始就是以迎合上流社会享乐需求作为动力的。

后来许多城市的规划里同样体现了这一特点。如大上海计划中设想在市中心建立"别墅镇"，虽然对当时吸引民间投资、疏散旧市区人口、扩大城市土地供给和活跃房地产市场起了一些重要作用，但是大多数老百姓根本买不起，该计划后来在实施中一波三折而中止。抗战结束时有人总结上海的市政建设时批评道：

> 上海的建设，应该与全国的经济情状相称，与全国的建设程序相合。假如以为上海是一个大都市，外国人的观瞻所及，应该特别建设得和纽约伦敦或巴黎相似，但上海是中国的上海，在中国还没建设得和美英法相似的时候，上海不必建设得和他们的大都市一样。……中国乡村连比较完好的碎石路还没有，中国农民还住在简陋的瓦房或甚至草屋里；外国人只为自己利益，是不顾中国贫穷的。租界的物质建设，显然和中国的乡村及其他小城市的经济情状脱了节。都市应以乡村为基础，若不使农民足衣足食，都市的繁荣是畸形的

[①] 皮明庥主编：《武汉通史·民国卷（上）》，武汉出版社2006年版，第59页。

表面的；如果只谋繁荣都市，定促使农村的衰落。①

当市政建设打着"革命化"等高大政治口号来追求豪华，实际偏向了为市民中的上等人服务时，现实里会经常出现消费压过生产、形式大于内涵的结果。如有人描述：

> 主持市政者，对于都市之建设，过重于形式。近年来，各大都市皆致力于马路之建筑，机关门面之装潢，厕身其间者，观其外表，实已具近世都市之气概。但一考各都市之内蕴，则工商业衰颓、金融滞塞、乞丐满道、失业人数频增。是可见所谓都市建设，不过形式的建设；对于振兴产业等事，实未尝措意也。尤为可痛之现象，市政当局常假建设之美名，毁坏私人之财产；同时，建设计划之幼稚，经费之不确定，即着手进行。市民非但不蒙建设之利，反先饱尝破坏之害。②

这段文字提到的"形式的建设；对于振兴产业等事，实未尝措意也"，便是道出了城市里形式大于内涵的问题。在现实的建设里，原本为促进产业发达的市政建设反而令城市的生产功能受到妨害。一些城市表面现代化了，其实经济十分糟糕，包括东南沿海的一些貌似繁荣的城市，若漳州城市的经济在不断破产，但"城市外面，你也许看不出有衰退的景象，或者可以说是比以前繁盛。因为内地和闽西避乱来居漳城的人很多，市政又早已改良，十数年来新建的房屋增加不少。然而，经济和民生的内容确是不堪过问的"③。一些学者投身市政，本意是像杨哲明所说的寄望于

---

① 马地泰：《上海市政的改进》，《中国建设》第1卷第4号，1945年，第24页。
② 杜严双：《近年中国都市财政之趋势》，《新中华》第1卷第17期，1933年，第28页。
③ 翱翔：《衰落中的漳州——一个农业经济中心城市的衰落》，《国民周刊》第1卷第3期，1937年，第59页。

"以都市建设促产业发达",在现实里,很多城市的市政建设和产业发达却成为对立二事。

当时的"政治化"市政在现实活动中其实遭遇了一个尴尬的问题:国家、民族带有抽象性,市政建设本身又是一个包含诸多内容和不同利益的领域,不同人都可以将市政里某一个内容和民族大义、爱国救亡联系起来,宣讲得庄严大气。有人可能侧重于从为振兴城市工业创造条件的角度,有人却可能更关注造就不输于外国的城市面貌,还有人更关注的是要打造出不输于外国人的豪华消费设施,而这些都是可以以民族主义、爱国主义、赶超欧美城市等为旗帜的。要"化消费为生产"可以以爱国主义、民族主义为动员旗帜,可追求奢华消费的人,也可以通过高举"爱国主义"旗帜来宣传呼喊。鲁迅曾描述过当时的这种现象:"银行家说贮蓄救国,卖稿子的说文学救国,画画儿的说艺术救国,爱跳舞的说寓救国于娱乐之中,还有,据烟草公司说,则就是吸吸马占山将军牌香烟,也未始非救国之一道云。"[①]

于是,民族主义的高大口号下所掩盖的国民党当局强化党权、权贵富豪们攀比西方消费生活模式的欲望,和这个口号下的另一面——通过激发民族主义情绪去催生城市生产功能、实现国家工业化以及进行广泛的民众动员形成了一种紧张。也就是说,这追求消费的民族主义与发展生产的民族主义之间形成了一对冲突。从"化消费为生产"的口号始终是市政界和官方的话语主流这一事实来看,无疑,在思想理论上,生产层面的民族主义是压过了消费层面的民族主义,因为在理论上几乎无人敢否认振兴民族工业的重要性,但事实上就未必如此了。而且,市政建设和工业生产有所不同,它包含着为市民生活服务和为城市产业发展创造空间两种目的,本身就必然包含着打造城市面貌、营造城市消费与

---

① 鲁迅:《航空救国三愿》,《鲁迅全集》第 5 卷,人民文学出版社 1981 年版,第 18 页。

娱乐文化设施这些内容。市民生活和发展产业并不总是能够保持利益的一致，尤其是市民内部还可分为不同阶级。所以在市政这个领域，消费与生产的紧张程度就显得尤其突出。

以1947年的几个大城市人口职业比例来考察这些城市的产业层次便能发现它们的真实发展水平。上海无业人口占比为最，达到39.61%，职业人口比例最高的是商业，只有19.76%，其次是工业，只有18.69%；北平也是无业人口最多，达到39.45%，职业人口比例最高的也是商业，其次是工业，只有7.9%；首府南京无业人口较少，只有13.36%，但职业人口比例最高的却是人事服务，约22.07%，其次是工商业人口，也都只有百分之十几。这是由于南京主要是依靠政府行政机构吸纳人口，基本沿袭了传统中国都城的特性。青岛也是失业人口最多，达33.98%，职业人口比例最高的居然是农业，其次是商业和工业，都只有十几点；只有汉口无业人数最少，只有11.76%，工业和商业人口比较多，分别为23.23%和22.20%。[①] 这些数据说明，这些城市没有成为生产的场所，城市生产能力的发展并未达到市政界的理想——以市政促产业发达。

城市生产能力薄弱，又表明民国城市的工业资本远不如商业资本力量雄厚，而商业资本未必能够成为将社会带入现代文明的驱动力量，正如中国历史上也多次出现过商品经济十分繁荣、商业资本极其活跃的时代，但并不能表示中国已经在进入一种新的文明模式。马克思说过："在商人资本占优势的地方，过时的状态占着统治地位。这一点甚至适用于同一个国家，在那里，比如说，纯粹的商业城市就和工业城市完全不同，而呈现出类似过去的状态。"[②] 这一论断在民国的城市生活中也得到了验证。1949年，邱

[①] 中华年鉴社：《中华年鉴》(1948年)，第105—107页，转引自侯杨方《中国人口史》第6卷，复旦大学出版社2001年版，第543页。

[②] 马克思：《资本论》，《马克思恩格斯全集》第46卷，人民出版社2003年版，第365页。

致中总结道:"虽说有少数城市,在国际上也够得上一流的大都市,但这些城市,不是民族工业所创造,而是半殖民地买办经济畸形膨胀起来的。这少数大城市,人口过分膨胀,消费大而生产少,不但与我们无益,而且还有损于新经济的发展。"① 直到民国终结,城市的功能性顽疾仍然没有根本改变。

撇开城市生产功能的状况不谈,如果市政建设真能从大多数平民百姓的利益出发,解决民生问题,"政治化"和"世俗化"本来也不是对立的二事。民族主义、爱国主义的意识不是靠宣扬政治口号来培养的,解决了老百姓最切实的日常生活问题以及提高他们管理城市生活的政治地位,他们才可能对于城市有认同感、家园感,从而对整个国家也带有认同感,由此就可焕发出他们的巨大生产热情。在世俗生活层面,民国市政虽也强调注意民生建设,可实际上更多时候首先是上等市民的民生。根据白吉尔的考察,上海在20世纪初有一半或一半以上的商店,坐落在公共租界的中区。这种地理分布状况表明了:城市商业的发展首先是为了满足有钱的外国消费者,或已很快适应西方消费方式的中国资产阶级的需要。② 北洋时代的大城市,也有人描述道:"不是没有电灯、电话、自来水,又不是没有公园、戏院。然而……只是富人阔人才能享受,大多数贫民对于这些新设备的有无实在没有关系。"③

进入国民政府时期后,很多市政人士倒是注意到了这个问题,一开始就提醒统治者要解决下层民生问题。臧启芳疾呼:"有钱若不先用在保护市民生命与财产的安全上,而竟先用在供给市民的娱乐上,就算轻重倒置,不能使公款显其最大的效用。"④ 这里所

---

① 邱致中:《城市政策的研究》,《市政建设》第1卷第3期,1949年,第5页。
② [美]白吉尔:《中国资产阶级的黄金时代(1911—1937)》,张富强、许世芬译,上海人民出版社1994年版,第131页。
③ 臧启芳:《市政和促进市政之方法》,载陆丹林编《市政全书》第1编《论著》,中华全国道路建设协会1931年版,第48页。
④ 臧启芳:《市政和促进市政之方法》,载陆丹林编《市政全书》第1编《论著》,中华全国道路建设协会1931年版,第52页。

指的市民的娱乐，当然是城市里的那些上等市民们的娱乐，即达官贵人们的娱乐。在国民革命即将结束时，有人曾在刊物上著文提醒当局，假如"农业不是为足民食去发展，而为地主帮忙；织造不是为裕民衣去发展，而是为资本家便宜；房屋不是为乐民居去建筑，而为豪绅官僚藏娇享乐；道路运河不是为利民行去修治，为公子闲人遨游浪迹"，这种建设毫无疑问是"反革命的建设"。①这就是提醒国民政府要明确市政建设首先为何种人服务。从后来的实践来看，国民政府和北洋政府一样，对于下层市民的民生关注甚少，即使在实践中的建设先用于市民的生命与财产安全，常常也是上等市民的生命与财产安全。

在很多城市仍然延续着北洋时代的做派，有许多小城市，"办市政的第一步，就在城外数里择山水好的地方去修公园以供军政要人及富商巨贾的游乐之用。这样办市政倒很容易得着虚声，可于最大多数之最大幸福，毫无关系"。②大城市亦然，如刘纪文是模范市长，个人操守比较廉洁，勇于任事，也有不畏权贵之慨，为了修建中山大道，连蒋介石的官邸都敢于拆除。可是他任南京市市长期间，南京城市的用电普及率仍然很低，普通百姓仍认油灯或蜡烛为照明工具、不可否认，这其中存在市政府缺乏办理电灯电话事业权限的客观缘由，但官僚和有钱人家仍然可以使用水电。而在他离任之后的几届市政府，其政绩也主要是"在1927—1937年，建设了一批城市干道和标志性建筑，但多为行政办公、政治纪念性等公共建筑，而市区内的水电供应、城市排水排污等真正关系市民生活的多项工程，却因限于'经费'而未能得到及时的实施"。③抗战后的南京"百废待兴，而南京市政府的首都市政建设关注点，只限于一些有碍市容的景观细节上。如规定

---

① 何凯诒：《革命建设的认识》，《江苏旬刊》第9期，1928年，第4页。
② 张又新：《改良中国城市的要点》，《市政评论》第1卷，1934年，第32页。
③ 李百浩、熊浩：《近代南京城市转型与城市规划的历史研究》，《城市规划》2003年第10期。

'凡望得见的地方不得有草棚、高门楼。金陵大学、清凉山、五台山、中山北路国际联欢社一带，须特别注意整洁，防为外人耻笑。'显然这种'粉饰门面'的规划实施指导思想造成南京城市规划的局限性，一方面，南京拥有恢宏的陵园、运动场、柏油马路，而另一方面，首都居民基础设施配备，如供水、供电、供气等均落后于沿江几个主要城市"。① 作为一个首都城市，长期在满足百姓日用的基础设施方面落后于其他地区，恐怕就不能简单用"经典"或"权限"来解释了。

20世纪30年代袁良主持的北平市政建设，虽然取得了很大成绩，但其主要问题也非常严重：大量的市政建设和清洁卫生都集中在内城和外城前门一带的繁华地带、"富贵地区"，对于外城南部和城墙附近的贫民区（如龙须沟南段及周边地区）则很少有人过问，使得市政建设不能成为服务于整个城市与全体市民的公益事业，而更像某些特权阶层的私人服务。广大普通市民享受不到市政建设的便利，就难以建立城市主人翁的意识。这是民国市政建设难以良好发展的重要原因。② 直到40年代末，北平仍然是污水横流，护城河污秽不堪，有人指出这是由于西郊稻田阻止了玉泉山水不能大量入城冲刷。而西郊稻田多是少数恶势力非法私辟的，"他们一面把持泉水危害全市市民的安全，一面利用土地剥削真贫苦的农民"。③

中西部内陆城市里，封建势力庞大，对于市政的干扰力量更显巨大。重庆城市脏乱差，由来已久，也是和城市里庞大的利益集团的所作所为直接有关。早在刘湘统治四川时期，任命张

---

① 李百浩、熊浩：《近代南京城市转型与城市规划的历史研究》，《城市规划》2003年第10期。
② 朱汉国、王煦：《1928—1937年北平市政建设与市民生活环境的改善》，载李长莉、左玉河《近代中国城市与乡村》，社会科学文献出版社2006年版，第60—61页。
③ 杨曾筑：《北平市沟渠之沿革与现状》，《市政评论》第10卷第9—10期，1948年，第9页。

澜介绍的奚箴任财政课课长。奚箴为了迎合刘湘扩张权力和各将领的分肥愿望，无限对重庆征收苛捐杂税，税捐名目繁多，连运出重庆的粪便也要征税，激起了清洁工人和农民的抵制。他们将粪便船套在关卡门口，弃船离去，导致粪便停集，臭气熏天。① 此问题一直悬而未解。到了抗战时期，重庆表面上宣扬要建设陪都新文化、培养所谓新人格，城市的脏和臭却依然如故。有位外国医师访问重庆后，仍然形容重庆宛如一个大痰盂和大粪坑。②

　　1947年成都发生特大水灾，受灾面积约占全市50%，受灾人口达33%。造成水灾的原因很大程度是权贵阶层对市政的破坏。时任成都市市长李铁夫后来回忆道："本来成都市区有很多蓄水的大池塘，如王家塘、白家塘、上中下莲池及方池街的方池，面积都比较大，夏天能蓄容一定的水量。另外还有很多小池塘，也起到了一定的蓄水作用。可是这些大小池塘都被军阀官僚侵占（例如军阀李注东侵占了方池街的方池，修建公馆，在方池上修了很多亭台楼阁，供私人享受；上中莲池亦被军阀们侵占修建公馆）。又因金河、御河及主要干沟平时没有疏浚，河岸亦多为豪强占据，早已失去排水作用，不能畅流。旧日下水道系统，因年代久远未能翻修，或被泥土淤塞，或因军阀官僚修建公馆，破坏了地下水槽，甚至市政府对市区内昔日修建的地下水道亦无明确图卷可以查证，更不用说如何治理这条下水道了。"③ 据他介绍，当时的省政府认为救灾只是市政府的事情，也不给予成都市实际的支援，更不会积极组织救灾工作。可市政府本身既无财权，也无

---

① 甘绩丕：《刘湘二十一军的财政状况》，《文史资料存稿选编·经济》上册，中国文史出版社2002年版，第32页。
② 夏书章：《市政建设的基本措施》，《市政评论》第10卷第1期，1948年，第25页。
③ 李铁夫：《回忆1947年成都市大水灾》，《文史资料存稿选编·社会》，中国文史出版社2002年版，第719页。

指挥省会警察的权力,只能依靠保甲组织。保甲组织却早已被哥老会豪绅把持,平时只知鱼肉乡里,救灾时不仅不对灾民施以援手,反而趁水打劫,抢捞灾民财物,任溺水者在水中挣扎呼救。市救济会只能依靠所谓"五老""七贤"那些有"德望"的士绅去向省赈济会请求赈济,讨到了一点米只煮了三天稀饭就断粮了。想发动私人捐款,结果有钱人都不肯出钱。最后想了一个办跳舞会、用舞会门票收入作赈款的办法。在华西大学师生支持下,倒是办成了这个舞会。但由于舞会是专为城市里那些阔佬巨绅、公子少爷、太太小姐们办的,各种设施和服务规格很高,结果舞会的开销还大大超过了门票收入,市政府反而还要倒贴100多块钱。这之后,全市对灾民基本是任其自生自灭,对市区积水也是听其自涨自消。又碰上夏日炎热,导致了疟疾流行。[①] 成都水灾一事很鲜明地反映出城市权贵对于城市的破坏性。水灾发生与他们占地建房有直接干系,救灾时他们又不予配合,最后为筹款而开办的跳舞会还是为了取悦他们,被牺牲的始终是城市的底层小民。统治者要用"统制市政"对老百姓进行政治规训,却无力也不敢对城市里真正的毒瘤进行统制和改造。

  还有一些城市的路政建设,不注重对于平民住宅之改善与兴建,如在广州,"驯至地价日增,租率飞涨,平民未蒙交通之利,已先尝税居不易之苦,'为资产阶级而建设'之非难,固由来有自也。此外如渠道系统之紊乱失治,而内街排泄,悉遭马路截塞;店户工厂之杂处不分,则居住安宁,尽为尘嚣肆扰"。[②] 这和当时这些城市的商业性质有很大关系,刘易斯·芒福德说过:"商业城市是谋求利润的场所,而为了利润,就得忍受甚至鼓励城市的衰退、杂乱以及建筑物的狭小不便,以此作为降低企业一般管理费

---

  ① 根据李铁夫《回忆1947年成都市大水灾》,《文史资料存稿选编·社会》,中国文史出版社2002年版,第719—720页。
  ② 徐家锡:《都市设计与新广州市之建设》,《广州市市政公报》第384号,1931年3月31日,《言论》,第8页。

用的手段。"①

文化设施的建设也还是首先为权贵阶层优先考虑。若汉口华商赛马会，由刘歆生等人发起创办，时人宣称"赛马寓有尚武精神，兼益卫生，故集款购买由义门铁路外地亩三万三千余方，建筑跑马场。每年竞赛，恒与洋商并驾齐驱。其宗旨在团结华商团体，挽回利权，爰在汉口特树一帜，而为中国首倡"②。这种宣传和建"与租界媲美"的模范区宣传基本一个意思，虽未必完全是吹嘘，但在当时赛马明显只是一项富豪阔商们才玩得起的运动。这项运动更主要目的是为满足他们的消费需求，同时又让商业资本家们大赚了利润。其他城市也是如此，吴铁城在上海任市长时承认："上海只有跑马厅，没有运动场。跑马厅只是少数特殊阶级业余运动娱乐的场所，对于普通一般人的娱乐与运动，尤其是对于我们中国青年的体育运动场所则付之阙如。"③ 上海跑马厅的俱乐部里，设有卧房、浴室、餐厅、酒吧、弹子、滚球、网球、游泳池、扑克室、舞池等设备，专供会员交际、娱乐、运动、赌博、休息之用。每逢大香槟赛后，都要举行一次盛大舞会和轮盘赌，通宵达旦地豪赌狂欢，称作"蒙脱卡罗"之夜。因此上流社会之人纷纷加入俱乐部成为会员，以凸显自己的身份。④ 1934年上海的电影场次增加了2倍，跳舞场次增加了5倍，场中还增加了隔音设备，就是为了防止外界的炮声打搅了这些达官贵人的娱乐。⑤

---

① [美]刘易斯·芒福德：《城市发展史：起源、演变和前景》，倪文彦、宋俊岭译，中国建筑工业出版社2005年版，第437页。
② 武汉市地方志办公室主编：《民国夏口县志校注》补遗《建置志·赛马会》，武汉出版社2010年版（电子版）。
③ 吴铁城：《上海市政建设之新页》，《市政评论》第2卷第11期，1934年，第22页。
④ 根据程泽济、毛啸岑《旧上海的大赌窟——跑马厅》，《文史资料存稿选编·社会》，中国文史出版社2002年版，第656页。
⑤ 根据郑震《一九三四年之上海》，《新社会半月刊》第6卷第1号，1934年，第21页。

于是电影院、跳舞场成为国难期间贵人们的"世外桃源",电影院和舞场老板赚得盆满钵盈,皆大欢喜。

在有限的市政资源中分配,必然总是将资源倾斜于掌握社会权力的一方,虽然也有人设计出不少增加市政资源的方法,但在不对等的权力关系下,即使增加了资源,也大多难以惠及平民。比如北平 30 年代税收的主要部分来自房捐,而房捐主要用于办理警察事业。可是据当时公安局长报告:"本市各级机关、高级长官、住宅约百余户,对房捐仍多未缴。"而且声称对于这些拒缴房捐的富户,警察不敢采用强迫手段:"凡属贵族阶级之住房,户籍警察入内调查房捐之多寡,殊有难言之隐……此后对于富足阶级,惟有劝导而已。"殷体扬气愤地指责这种现象:"高级长官住宅,都是高楼大厦,有时还要派警察把守大门,他们不但没有多出房捐,反而违法抗捐,这样高级长官,还能替人民谋幸福吗?"① 是以有人感叹:

> 目前中国各都市的财政,都有一个普遍的矛盾:即一方面政府觉得异常困窘,而另一方面市民负担却感觉异常吃重。造成这种矛盾现象的根本原因,即为捐税之苛杂。盖苛捐杂税,多系由贫苦市民负担,而贫苦市民之能力本极有限,政府尽管百计征课,结果亦得不到多少收入。然而市民苦矣!②

在这种状况下,当时市政官员均将本地市政落后的主要原因毫无例外地归咎于财政困难,更有官员不无委屈地抱怨征办新税阻力丛生,"本市平民之不能谅解政府办事之困难,及体念政府财力之竭蹶"。劝诫市民要"能以公共之事业为重,个人之利益为轻"。③ 然而假如一座城市的建设主要是优先为权贵阶级服务时,

---

① 殷体扬:《整顿房捐的感想》,《市政评论》第 1 卷,1934 年,第 148 页。
② 隽冬:《剥削人民的税捐》,《市政评论》第 1 卷,1934 年,第 121 页。
③ 马超俊:《京市两年来工作概况》,《市政评论》第 5 卷第 5 期,1937 年,第 17 页。

并企图用加税的方式增加市政资源,实践中又往往将负担落在了无权无势的平民百姓身上,这是一种什么样的"公共事业"呢?有人感叹,加税,市民负荷不起,不加税,诸多市政建设无法展开。① 所以,今日的市政,"便宜了有钱人,却苦了贫苦的人"。② 这便是道出了民国市政建设所遭遇的一个无法解开的死结。各种权势阶层、集团都从自身利益出发要从这有限的资源里分一杯羹,"地主不纳税,暴利主义者逃避纳税,有产阶级隐蔽纳税,中央来分取货物税、直接税,几倍税收,不是被中央拿去,就是落少数人不记账的衣袋了。市民的税款,并没有十分之一用在市民身上,如此情形,市政如何会办得好?"③ 关心时弊之人也只有呼吁几声:"有钱人要多出钱,市官吏不要怕开罪豪门,不要粉饰门面……不怕得罪少数人,应该要替多数市民谋生活的解决"。④ 然而,民国政府就几乎未敢得罪过"少数人"。市政规划是市政资源的配置,何种阶层能够享有较好的配置,何种阶层享受较差的配置,甚至不享受,实质都是为哪种阶级服务的问题,市政规划者自身的阶级属性决定着市政规划的内容,从来也不存在什么超脱于政治权力之外的绝对中立的规划。即使是对于市民生活的规划,也是视市民内部不同层级的实际社会权力大小为转移的,这不是仅靠专家设计就能解决的问题。

40年代末,有人向当局发出严肃警告:"假如我们再只注意如何在都市的外貌上加以粉饰,在无根的商业基础上制造繁荣,而根本忽视大多数贫民的生计和福利,这种舍本逐末沙滩建屋的做法,将只有更加深社会的危机。"⑤ 有一些关心农村建设、县政建设的人对于"市政"无甚好感,重要原因就在于市政着重于城

---

① 孟威:《谈当前上海市政》,《市政评论》第10卷第2期,1933年,第1页。
② 孟威:《谈当前上海市政》,《市政评论》第10卷第2期,1933年,第1页。
③ 孟威:《谈当前上海市政》,《市政评论》第10卷第2期,1933年,第1页。
④ 孟威:《谈当前上海市政》,《市政评论》第10卷第2期,1933年,第1页。
⑤ 冠伦:《祝市参议会开幕》,《市政评论》第9卷第8期,1947年,第1页。

市形式的建设,忽略了发展生产,也影响了农村民生。如教育家高践四认为:"中国现在讲的建设,都是一种有形的建设,以筑路造房屋为先,譬如南京及各大都市都有很多伟大的建筑,大家好像拿建筑在那里竞争。至于没有米吃,就吃洋米,各地方老百姓饿食却不管,所以我觉得这是一种倒行逆施。因为我们把食衣住行颠倒过来了,所以国家一切事办不好,而致有今日的国难。"① 他认为,县政建设就是农村建设,才是真正的民生,所以不如将重点转移到"县政"上。这种观点今天看来当然并不完全合理,但确实是因为当时城市建设已经走偏导致了这种想法的出现。当时主张"回乡下去""到民间去""乡村复兴"的"逆城市化""反城市化"思潮出现,也很大程度是对这种畸形城市化的逆反。一些主张"到乡下去"、实行乡村建设的人直接发出了呼吁:"同胞们,暂时和这些假繁荣的城市分手吧!"② 这些思潮的出现,正是反映了当地市民对于城市认同感的日渐缺失。

20世纪30年代末曾有一项对80位成都牙刷工人进行的调查问卷,结果是许多人不知中国正和日本打仗,许多人不知道孙中山是谁。调查者惊叹似这等素质,"叫他们如何爱国,叫他们如何表示国家意识?"③ 但是,当城市的民工处在连生存都难以为继、政治上又毫无对城市与国家的管理权时,他们如何能够建立起对城市和国家的认同感?一些传教士在30年代曾直言不讳对宋美龄说,南京国民政府成立以来,其获得的巨利丝毫未用于老百姓和社会改革。蒋介石表面实行思想控制,老百姓其实仍然一盘散沙,只关心自己的柴米油盐,把那些关于统一和进步的空谈当耳旁风。④

---

① 《高先生践四在本会演讲"县政建设问题"》,《湖北地方政务研究半月刊》第13期,1934年,第2页。
② 庶谦:《城市轰炸和乡村建设》,《全民抗战周刊》第71期,1939年,第1015页。
③ 李文海主编:《民国时期社会调查丛编:城市(劳工)生活卷》下册,福建教育出版社2005年版,第1066页。
④ 王晓华:《"模范"南昌:新生活策源地》,江西美术出版社2007年版,第16页。

民国的"国家主义""民族主义"事实上沦为只有利于城市的旧统治阶级,成为他们扩张自己利益、巩固自己对城市控制权力的一面旗帜,却对城市大多数市民的利益无涉甚至起了妨害作用。市民们对政治更加漠不关心,对城市更加没有归宿感。城市的家园感没有,国家意识也极其淡薄,正如鲁迅先生所说,上层官吏们都一个个以权谋私、敛财自肥,却指责小民们"一盘散沙",质问"国民将何以自处","忽然记得了'国民',别的什么都不说,只又要他们来填亏空"。① 这就是民国的"政治"。在民国城市统治阶级那里,以民族主义、国家主义为核心的"政治"在现实里已经异化为一种以权谋私的"伪政治",令城市真正的"政治性"越来越淡薄,丧失了能够促进城市性质转型的功能。

于是民国的城市生活中呈现出了这样一种现象:在市政运动过程中,不管是"政治化"的国民政治动员,还是"世俗化"的市民生活建构,都是乏善可陈——"政治化"没有能为城市生产能力的跃进提供太大的动力,也没有塑造出市民的新型主体人格和对城市、国家的家园认同感,只是强化了少数人的"权力化";"世俗化"也未带来普通人民的生活进步、文化提升,而是便利了少数人的"享乐化"。可无论朝哪个方向走,最终只是有利于市民里的"少数人"——达官贵人和富豪士绅。大讲政治口号,反对过度消费的统治阶级自己就过着十分"世俗化"的消费生活,最善于享乐的消费群体往往就是高喊爱国主义、标榜礼义廉耻的统治阶级自己。相较之下,普通老百姓则永远是政治训导的对象,动辄得咎。想在日常娱乐里偷点轻松,风花雪月被视为"有伤风化"受到限制;想关心国家大事讨论点严肃话题,茶馆酒楼又高贴着"莫谈国事"的大字。无论"政治化"还是"世俗化",都是层层禁区,那就只有"道路以目"了,"道路以目"的

---

① 鲁迅:《沙》,《鲁迅全集》第4卷,人民文学出版社1981年版,第546页。

老百姓是不会真正热爱自己的城市和国家的。

余 论

在近代中国,"群众不是在工业化、城市化过程中自然结集起来的,而是由知识人群体组织的政党动员、组织而结集起来的"。[①] 这一事实就表现出中国这样的后发型现代化国家在实现城市化道路上与同时期的原生型现代化国家相比的一个重要特点:政治手段在城市化道路上会起到重要作用。由农村文化自发习惯形成的市镇、码头文化,要具备自觉的都市文化意识,其中需要"政治"的介入。政府和知识精英们通过政治手段和意识形态的动员,将传统居民动员成"市民""群众"。市政运动也是知识人和统治者动员群众,塑造"群众"的一种形式。统治者一边通过市政建设构建起一种符合统治阶级需要的政治空间,一边通过市政运动训导市民的日常规范,以及市民对市政的参与活动,这样市民就被统治阶级塑造成"政治化"的市民。

由于空间本身所具有的政治性,它就总是和权力联系在一起。规划意味着对城市资源进行配置,而配置的过程自然离不开权力。不仅在民国政府颁布的那些市政规划里,就是在市政学者们的市政构思里,都处处可以发现权力主导着市政资源的分配这一现象。所以,那种绝对独立于权力之外的市政理想是不现实的,要求市政脱离权力的人本身也是为了实现自己的另一种权力诉求而发。对于城市生活和城市文化的构建,具有鲜明的"政治性",不是什么不合理的现象。问题不在于城市生活是否应该和"权力"脱钩,而在于,市政是在表现何种政治主体的权力?列斐伏尔认为,设计者正置身于主导性空间之中,对空间加以排列和归类,以便

---

① 刘小枫:《现代性社会理论绪论——现代性与现代中国》,生活·读书·新知三联书店1998年版,第395页。

为特定的阶级效劳。空间并不是中立、客观的与意识形态和政治保持距离的科学对象，相反，它永远是充斥着政治的和意识形态的产物。城市规划是各种制度和意识形态的某种混合。[①] 不论是"政治化"还是"世俗化"，都应先明晰其是何种主体的"政治"或"世俗"，"民主""专制"这些概念也同样当先明晰主体才有意义。在主体缺乏的情况下，"政治""世俗"的范围是极其模糊的，在实践层面就可能出现"伪政治化"和"伪世俗化"交相辉映的局面。而民国城市的关键问题是，城市基本没有出现政治主体的更新，市政无论是朝向"政治化"还是"世俗化"方向发展，都是为了维护旧政治主体的利益。在民国时期，城市面对的首要问题，不是实行"政治化"还是"世俗化"、"自治"还是"统制"的问题，而是需要构建新的城市政治主体。没有这一前提，生产进步和文化繁荣的目标都难以实现。

---

① 根据［法］亨利·列斐伏尔《空间政治学的反思》，载包亚明主编《现代性与空间的生产》，上海教育出版社2003年版。

第五章
"中西"和"新旧"：市政民族化与现代化的矛盾

民族主义并不是只通过政治上建立民族国家的诉求进行表达，也常常会通过对于本地区传统文化的维护与阐扬来得以表达。所以，近代民族主义主要存在政治民族主义与文化民族主义两种表达形式，这两种形式都能在市政建设的理念中表达出来。文化民族主义旨在重振民族文化，包含着强烈的传统文化复兴的要求，并产生出反对照搬西方模式、反对过度"西洋化"和"都市化"、打造具有中国自身文化特色的市政思想。要复兴中国文化，需要借助于传统文化；要反对资本主义都市文化和殖民文化入侵，也需要借助传统文化。于是，当国人一边以西方都市文明为自己奋起直追之标杆、以传统乡土文明为迫切之改造对象时，一边又展开了对西方都市文明之抵抗与反思、对本土传统文化资源之借鉴与再造。

第一节 "吾国之固有传统"

一个国家的文化是由各地区的文化组成的，现代工商业文明更主要是通过都市的文化折射出来。如果城市要成为构建现代国家的中心舞台，打造什么样的城市文化，就会直接关系着国人民族意识的构建。对于城市文化传统的维护与利用，正是文化民族主义在市政规划中的表现。

在16、17世纪时，伴随着传教士的在华活动，一些城市已经出现了西式的教堂建筑，如北京的宣武门内教堂、杭州天竺堂等，澳门、安庆、扬州等城市还出现了一些民间西式建筑。但总体说来，这些西式建筑对于中国整体城市文化影响不大。鸦片战争以后，随着大批商埠和租界的出现，大批西式建筑在这些城市拔地而起，一时蔚为大观。进入20世纪以后，更多的西方建筑师来到中国，20年代之前，许多城市先是建造了一批欧洲古典主义、文艺复兴形式的建筑，如哈尔滨东省特区图书馆、天津法国租界公议局、上海总汇等，后又建造了一批折衷主义，拼凑西方各种古代风格于一身的建筑，如上海外滩英商汇丰银行、北京留美预备学校清华学堂大礼堂等。到了20、30年代，现代西方的一些"摩登建筑"也开始在许多城市出现，如上海外滩海关、萨逊大厦等。[1]这些西式建筑对于中国城市的文化和景观产生了重大影响。

近代热心于市政事业的人当然都主张积极学习西方城市文明，但在近代这段特殊的历史时期，中国原有城市空间结构受到了极大的冲击，这令国人在城市直观上常常产生一种不协调感受。如梁思成这样的知名市政专家，都对城市里的洋式建筑甚感不悦："只有在我们被侵略，被当作半殖民地的时代，我们的城市中才会有各式各样的硬搬进来的'洋式'建筑，如上海或天津那样。"[2]朱启钤感叹："自欧风东渐，国人趋尚西式，弃旧制若土苴，乃欧美人来游中土者，睹宫阙之轮奂，惊栋宇之飞翻，群起研究以求所谓东方式者。"[3]他于1919年南北议和时在江南图书馆发现《营造法式》并将其重印出版；1929年在北平成立"中国营造学社"，开始对中国传统建筑进行研究。所以规划者汲汲于在规划、

---

[1] 根据陈立旭《都市文化与都市精神》，东南大学出版社2002年版，第344页。
[2] 梁思成：《祖国的建筑》，《梁思成全集》第4卷，中国建筑工业出版社2001年版，第200页。
[3] 朱启钤：《石印〈营造法式〉序》，载北京市政协文史资料研究委员会、中共河北省秦皇岛市委统战部编《蠖公纪事——朱启钤先生生平纪实》，中国文史出版社1991年版，第19页。

建筑里表现传统城市规划的理念，同时利用传统城市景观来塑造市民的民族主义情感。

因此，为了将城市文化与民族复兴的大业结合一体，城市规划者不仅要建设"中国人的城市"，还试图建设"中国化的城市"。因此，其必然十分重视挖掘城市的历史文化资源，弘扬独特城市文化。用周锡瑞的话说，这是"空间依然在和时间较量"。城市政府既要保存历史遗迹，又要进行适当改建以适合现代旅游的需要；既要修建现代建筑，又常须以中国的形式表现之。[①] 不过民国时期的市政民族化更具有政治的性质，和教育人民勿忘国耻、反对殖民主义、建立民族国家的政治任务是直接联系在一起的。如冯友兰认为培养青年爱国之心的最好方法就是让他们知晓国家最可爱之处，但当时的国人"可以到过纽约伦敦，而没有到过南京北平。他可以到过罗马雅典，而没有到过西安洛阳。他可以游遍欧美的各山，而没有上过泰华。在这种情形之下，我们怎么能教他不说外国什么东西都比中国好？"[②] 城市的建筑、景点往往承载着一座城市的历史文化，蕴藏着这座城市的记忆，因此"民族化"市政在官方和市政界的规划里主要体现在城市空间景观的塑造和地方特色文化的打造上，当权者企图利用对于空间景观的重构来激发市民的本土文化情怀。

近年来已有研究者发现，从早期洋务运动的军事工业区建设到以张謇的南通规划和建设再到以"实业计划"和中山陵等为代表的近代规划巅峰期的理论和实践，都能发现像"负阴抱阳""轴线秩序""因地制宜"等明显的传统城市规划手法和思想的继承和运用。[③] 并认为在众多传统城市规划思想中，除礼制秩序思

[①] 根据周锡瑞《中国城市的现代性与民族性》，载贺照田主编《后发展国家的现代性问题》，吉林人民出版社2002年版，第522页。

[②] 《怎样教青年们爱国》，《国风（重庆）》第19期，1943年，第11页。

[③] 胡江伟：《中国近代城市规划中的传统思想研究》，硕士学位论文，武汉理工大学，2010年，第65页。

第五章 "中西"和"新旧"：市政民族化与现代化的矛盾　221

想、因地制宜思想、内敛思想等在近代城市规划中依然发挥着作用外，像形式主义思想、农本思想、功能分区思想、理想主义思想等大多数传统思想在近代伴随着社会的转型而转型，演化成为中国近代城市规划中的"新传统"思想之一，影响了中国近代城市建设和发展的进程。①"新传统"思想正体现出民国市政界对于"城市传统文化"的构建，这种构建在当时许多规划和建筑中得以体现。

1921年建设的厦门大学，就继承了风水观念、主从相应的传统手法，在建筑形式的处理中折衷运用飞檐屋顶和传统装饰色彩等均暗含对延续民族文化的侧重。"此规划以折衷手段延续民族意向保守传统文化，建立激动的民族认同，民族精神的涌动与'存学'国粹派的'用国粹激动种型，增进爱国的热肠'不谋而合，折衷式规划根植于民族传统文化，将其作为民族和国家认同的核心依据，激发民族成员的自豪感和群体归属感，属于保守传统文化中的文化延续类型。"②1928年哈尔滨的行政长官张焕相立志要将哈市变成一个纯中国都市。他在当地创办的许多中小学校舍都是中国宫殿式的，并在当地修建了一座孔庙，其外观之壮丽超过了俄国教堂，③表达着规划者复兴传统文化以拯救国家民族的思想。

1929年，《首都计划》中首次提出了"中国固有之形式"的概念，并宣告要"发扬光大本国之固有文化"。国民政府在《首都计划》中破例将城市的建筑风格列为重要的规划内容加以研究，并决定在首都建设的现代化过程中选用"传统化"的建筑样式，以尽可能地拓展民族主义空间，突出国家主权与民族文化。④按

---

① 胡江伟：《中国近代城市规划中的传统思想研究》，硕士学位论文，武汉理工大学，2010年，第19页。
② 李百浩、吴皓：《中国近代城市规划史上的民族主义思潮》，《城市规划学刊》2010年第4期。
③ 蒋廷黻：《蒋廷黻回忆录》，岳麓书社2003年版，第118—119页。
④ 董佳：《首都营造与民国政治：南京〈首都计划〉研究》，《学术界》2012年第5期。

照这个计划，南京的沿街重要建筑均设计为传统大屋顶样式。研究者指出，在《首都计划》中，国民政府和盘托出了一整套关于建设民族主义化的党国首都的规划论述，并刻意用"传统化"的建筑造型进一步传输其民族意识形态，来凝聚民族认同。在整个过程中，民族主义显然是被当作一种政治资源来加以利用的。① 并且，从一定意义上而言，国民政府于首都设计所做出的现代化努力，其实并不仅存在于技术层面，实际乃是封建时代加强统治和区分异己这一古老政治传统的现代延续而已。② 这个观点不无道理，"传统化市政"在这里和"政治化市政""统制市政"形成了合作的关系。直到抗战结束后的1947年，南京市都市计划委员会制订的《首都政治区建设计划大纲草案》里仍然规定：首都政治区应反映我国之固有文化以及"新中国"之民主精神。这反映出，当时的官方规划者在尝试将一些利用传统文化进行规划的设计理念进行提炼总结，以形成明确的概念、口号。

"中国固有形式"的提出又影响到了当时许多城市的建筑样式和风格。1929年广州市政府在征集市政府大楼的方案时就要求要保存固有艺术，体现东方文化精神，由林克明、唐锡畴设计的市政府大楼采用了中国传统的宫殿式。在青岛，由刘铨法设计1933—1935年间陆续竣工的红卍会建筑群（包括山门、正殿、礼亭）就是一个很好的例子。山门与正殿之间的礼亭象征儒家的杏坛，左右厢房代表释、道，位于丹墀之上的正殿仿曲阜孔庙。这种运用儒、释、道的象征手法的建筑材料运用了钢筋混凝土，斗拱用水泥制成。毕业于同济大学土木工程系的刘铨法还因其对预制混凝土构件的革新，1934年获得了预制混凝土构件的

---

① 董佳：《首都营造与民国政治：南京〈首都计划〉研究》，《学术界》2012年第5期。
② 董佳：《首都营造与民国政治：南京〈首都计划〉研究》，《学术界》2012年第5期。

专利权。① 1934年由陆谦受、吴景奇设计的中国银行是西方新古典主义与中国传统元素的结合。中国银行地上三层，地下一层，崂山花岗岩大方石贴面，底层窗间墙刻横向凹槽，屋顶檐口下饰有中国传统的"回"字纹。主立面的竖长窗三个一组，横纵各三组，这种有节奏的排列方式被认为是受到新古典主义的影响；另一个沿街立面顺应街道转角，把墙体断为三截，层层缩进，酷似我国南方的封火山墙。担任中国银行建筑课课长的陆谦受还参与设计了位于上海、香港和新加坡的中银大楼，这些建筑具有与中国银行青岛分行相同的特点：高效现代的平面布局，注重立面门窗洞的比例关系，细部的中国传统装饰纹样。② 陆谦受、吴景奇在《我们的主张》一文中说"一件成功的作品，第一不能离开实用的需要，第二不能离开时代的背景，第三不能离开美术的原理，第四不能离开文化的精神"。③ 前两条肯定了现代建筑的原则，而后两条则又同时肯定了对传统建筑的复兴。④ 陆谦受、吴景奇的主张代表了当时海外归来的一批建筑师的价值观，一方面他们曾留学海外，受到学院派和现代主义的影响；另一方面又不愿舍弃本国传统，这样就导致了折衷主义样式的产生。⑤

哈佛大学讲座教授彼得·罗（Peter G. Rowe）以"体用"为参考，将近代中国建筑走向现代的途径分为四种：无视地方传统的现代设计（西体西用，以公和洋行为代表）、运用现代技术表达民族精神的中国古典复兴（中体西用，以墨菲、吕彦直为代

---

① 童乔慧等：《近代青岛城市与建筑的现代转型初探（1929年—1937年）》，《华中建筑》2009年第10期。
② 童乔慧等：《近代青岛城市与建筑的现代转型初探（1929年—1937年）》，《华中建筑》2009年第10期。
③ 陆谦受、吴景奇：《我们的主张》，《中国建筑》第26期，1936年，第56页。
④ 伍江：《上海百年建筑史（1840—1949）》，同济大学出版社1997年版，第187页。
⑤ 童乔慧等：《近代青岛城市与建筑的现代转型初探（1929年—1937年）》，《华中建筑》2009年第10期。

表)、西方建筑语言与中国传统元素的结合运用（回避"体用"之争，以杨廷宝为代表）、建立在建筑考古学基础上的中式现代建筑（对中国建筑之"体"的特别关注，以梁思成为代表）。① 除去罕见实例的第四条途径，前三者在1929—1937年的青岛均有体现。这段时期的建筑形式主要表现为中国传统文化的复兴、外来现代风格的输入和东西文化符号的兼容。②

在"发扬光大本国之固有文化"的指导思想下，还有很多城市里出现了不少融合中西城市文化的建筑物，如由中国第一代建筑师杨廷宝负责规划的东北大学、李四光负责美国人凯尔斯设计的武汉大学新校舍，武汉大学工学院主楼，林克明设计中山大学校园规划建设，以及江苏美术馆、第二历史档案馆、北京协和医院、广州中山纪念堂等。即使是"洋化"最厉害的大上海，《上海市中心区域计划》里也要求市政府建筑要"提倡国粹""采用中国式"。为了彰显新市区与租界的差异，当时的规划甚至给所有大型建筑都加上了中国宫殿式的"大屋顶"。李百浩等人认为，1929年《大上海市中心区域计划》以传统思想继承、民族新形式配合现代科学技术，使城市空间的"中国特性"立于中西文化交汇的中心，是民族文化自立在抗战前的有力一搏。③

特别是以梁思成、林徽因、吕彦直、墨菲等人为代表的一批市政规划学者，在规划的实践中力图实现现代与传统的融合，在现代建设中弘扬"吾国固有之文化传统"。根据赵辰的研究，梁思成决心从事中国建筑的研究事业，其中的民族主义信念是起了相当主导的作用。"在三十年代，中国近代建筑进入了一个高发展

---

① [美]彼得·罗、[美]关晟：《承传与交融——探讨中国近代建筑的本质与形式》，中国建筑工业出版社2004年版，第45—69页。
② 童乔慧等：《近代青岛城市与建筑的现代转型初探（1929年—1937年）》，《华中建筑》2009年第10期。
③ 李百浩、吴皓：《中国近代城市规划史上的民族主义思潮》，《城市规划学刊》2010年第4期。

的时期。建筑风格的讨论再次出现高潮,其特点是受国际上现代主义的'国际式'(International Style)之影响,人们对已经在中国盛行多年的'中国固有形式'产生了怀疑,也对中国传统建筑的出路表现出了彷徨。在当时的论战中,梁思成和林徽因所提出的理论是:中国传统木构建筑在材料、结构、造型各方面的合理与统一,最贴切地体现了时下流行的钢结构为主体的'国际式'建筑的基本原则。这显然体现了梁思成和林徽因对西方与中国建筑的认识要高于同时期的其他建筑学者,但是,这其中也强烈地体现了他们比他人强烈许多的民族复兴之自信心。"[1]

所以,这段时期各地区的城市规划的一大共同点是具有相当浓厚的文化民族主义色彩,一边要学习西方城市文明的进步理念和管理技术,一边又要设计出"中国化"的城市,规划者确有将城市规划当作一个复兴中国文化渠道的意图。这反映出,在政界和知识界心目中,"都市"在民族复兴、文化复兴这些任务中所占的地位日益显著。一方面,从盛称"周礼"到企图在城市规划里发扬"固有之传统"的背后心态,表现出近代中国市政运动成为中国城市士绅阶层借以实现中国传统文化复兴和挽救本阶层存亡这一目的。另一方面,这批城市士绅阶层又表现出与资产阶级的融合。李百浩教授认为,文化民族主义不同于文化保守主义,他们是致力于既激进反传统又强调"民族特性""中国气派"的、中西会通基础上的民族新文化。[2] 市政的文化民族主义也同样和"文化保守主义"不可同日而语,他们进行城市规划的指导思想,主要还是现代市政学和城市规划学。他们不反对现代化和城市化,并且都是"构建现代中国"的积极参与者,这和晚清以倭仁为代

---

[1] 赵辰:《民族主义与古典主义——梁思成建筑理论体系的矛盾性与悲剧性之分析》,载张复合主编《中国近代建筑研究与保护》第2册《2000年中国近代建筑史国际研讨会论文集》,清华大学出版社2001年版,第79页。

[2] 李百浩、吴皓:《中国近代城市规划史上的民族主义思潮》,《城市规划学刊》2010年第4期。

表的那种还在"天下"文化系统里转圈的保守派有根本区别。他们不过是要通过赞颂中国文化之"体"来增强自己的民族自信，而且构建适合他们需要的"传统"是为了更好地接纳他们心目中的"现代"。

但是，文化层面的民族主义和政治层面的民族主义是存在着一种紧张的，因为文化上的"弘扬民族传统"与政治上的"构建民族国家"有时会产生很不一致的内容，"保存祖宗之法"与"保存祖宗之土"常常发生剧烈的冲突，近代国人不就经常在这两个问题上左右为难吗？捍卫传统文化的活动，未必就真能在政治上有利于民族国家建立大业的活动。在城市建设中，要打造"中国化的城市"和捍卫"中国人的城市"也未必总是一致的。

1932年日本帝国主义已经侵占中国东北，华北也正在危殆中，国民党政府抛弃东北之后，又准备从华北撤退，已开始准备把可以卖钱的古文物从北平搬到南京。当时许多人，包括孙科、胡适都反对文物南迁，便有反对为了所谓文化而丢弃土地和人民做法的意思在内，"倘若政府不能保护民众与领土，古物纵然迁沪，又有何用？"[①] 北平市民也强烈反对文物南迁，认为此举等同于政府放弃城市与人民。北平文教界江瀚、刘复、徐炳昶、马衡等三十余人想阻止古文物南移，则以当时北平在政治和军事上都没有重要性为理由，提出请国民党政府从北平撤除军备，把它划为一个不设防的文化区域的主张。他们在意见书中说，北平有很多珍贵文物，它们"都是国家命脉，国民精神寄托之所在……是断断不可以牺牲的"。又说："因为北平有种种文化设备，所以全国各种学问的专门学者，大多荟萃在北平……一旦把北平所有种种文化设备都挪开，这些学者们当然不免要随着星散。"要求"政府明定北平为文化城，将一切军事设备，挪往保定"。[②] 这种

---

① 《孙科反对古物南迁》，《世界日报》1933年2月5日。
② 《拟向政府建议请明定北平为文化城撤除军备意见书》，《世界日报》1932年10月6日。

建议意谓为了保存文物，宁可将城市让给日本人占领，显然只会适应日本侵略者的需要，体现出某些人士为顾全"文化民族主义"而宁可牺牲"政治民族主义"的想法，堪称二者发生矛盾的鲜明事例。

第二节　市政规划里的新旧之争：以老建筑为例

近代国人要打造追比欧美的现代大都市，又还要打造出"中国化的大都市"，这导致文化民族主义在近代经常会遭遇非常尴尬的处境。尤其是，中国城市在悠久而深远的格局中矗立着无数古老而凝重的建筑，对于这些传统城市的文化遗产，该当如何面对，一直是一个困扰国人的问题。被誉为"中国行政学之父"的著名学者张金鉴曾说道："建设与破坏原是相反而又相成的一事之两面。不有消极的破坏以铲除环境障碍实不足以贯彻地推行积极的建设，市政建设并不能例外，建设前亦需要有一番消极的破坏工作。不过中国是具有悠久历史与文化的国家，无论是社会的制度或物质的建设都已客观地存在着，这些东西的自身都具有排他性，对此若不能先予改造或搬移，新的东西很不容易建树起来。所以这种建设前的破坏工作，在中国的市政发展上特别来得困难。"[①] 他所说的困难，既是一个历史文化悠久的国家在面对现代化运动时所背负的沉重无比的传统包袱所产生出的巨大无比的排斥力，又是一个后发型现代国家为了救亡图存乃至追赶原发型现代国家而不得不动用传统文化资源以形成民族凝聚力，结果导致了"文化民族主义"与"政治民族主义"、"传统文化"与"现代文明"的关系空前紧张。这种紧张经常会表现在市政规划里，本书以当时各方人士对于城市老建筑，特别是对北京老城墙的不同态度来

---

① 张金鉴：《市政建设的时机与方向》，《市政评论》第6卷第5期，1941年，第3页。

阐述这个问题。

一 梁思成等人对于老建筑的维护

在民国的市政建设展开之时,就已不可避免地要面对如何处理传统与现代矛盾的问题,在城市设计里要考虑,"哪里旧有的古代建筑物应该保存,哪里交通要冲的过分障碍物必须迁让。"① 比较理想化的想法当然是尽量保存所有古建筑,还能修建新建筑,"凡城市之有历史意味的建筑传统的,要力求保留其传统,而使古色古香的建筑物与新建筑相映成趣。"② 叶恭绰在30年代呼吁:"近年我国著力现代建设,于往古著名建筑未遑多顾,重以民间未知爱护,毁损实多……建筑遗物之保存,不仅为博物之助,实以昭民族之德。抑我国建筑学上之当前问题,为应如何产生一种新作风,既不徒事模仿欧西,更不因循自限,而求所以适应国民习惯与现实生活,并经济现状之途。"③ 在20世纪30年代的那场"中国本位文化建设讨论"中,有些反对"全盘西化"的学者,便是以北平的建筑和宫殿为民族自豪之象征,如著名政治学家、教育家张奚若认为中国的坛庙宫殿式建筑具备了美丽与庄严两大原则,在世界上是极其罕见的,北平的天坛与太和殿就是代表。他宣称只要望见富丽堂皇的太和殿,就觉得"我们中国人比他们外国人还强!"④ 还声称:"我个人在地球上也跑了不少的地方,宫殿类的建筑也看见了许多,也觉得没有一个地方能够比上北平宫殿百分之一、千分之一的美术价值。伦敦的俗气、柏林的笨重、

---

① 王乃徐:《战后城市改良的设计》,《新时代》复刊第1卷第2期,1945年,第4页。
② 殷体扬:《苏联的都市计划》,《市政评论》第10卷第2期,1948年,第13页。
③ 叶恭绰:《中国建筑展览会上行政院文》,载叶恭绰《遐庵汇稿》上编,《民国丛书》第2编第94册,上海书店1990年版,第203页。
④ 张熙若:《全盘西化与中国本位》,《国闻周报》第12卷第23期,1935年,第4页。

巴黎和凡尔赛的堆砌、罗马的平板，哪一处可与北平媲美？"① 这都反映了相当一部分人对于保护传统老建筑的紧迫心态。

不过，保存古建筑在现实里是不可能完全做到的。在人类历史变迁中，早有无可估计的古建筑因各种原因消逝在了雨打风吹中，仿佛不曾存在过，这其中有痛惜，也有必然。如果所有古建筑都完好无缺地保存到现在，人类的各种城市改革运动就无法展开了。既能展开现代建设，又能保护传统遗产，只是一个美好的理想，永远也不能完美实现。最为执着要保护老建筑的梁思成、林徽因夫妇都曾经承认过传统建筑在现代城市建设中被淘汰的必然性。梁思成在二三十年代曾极力主张现代主义的建筑风格，批评中国的传统建筑已经不合时宜。在1930年他与张锐提出的《天津特别市物质建设方案》里认为，现代主义风格的建筑"已无国家地方分别，但因各建筑物功用之不同而异其形式"，即建筑的民族特殊性已经逐渐消泯在现代主义的风格之中。在抗战前南京的"首都建设计划"中，林徽因认为："因为中国现代生活种种与旧日积渐不同，所以旧制建筑的各种分配，随着便渐不适用。尤其是因政治经济制度和社会组织忽然改革，与先前不同。一方面许多建筑物完全失掉原来的功用——如宫殿、庙宇、官衙、城楼等，另一方面又需要因新组织而产生的许多公共建筑——如学校、医院、工厂、驿站、图书馆、博物馆、体育场等，在适用的条件下，现在完全的换了新的问题，旧的答案之不能适应，自是理之当然。"② 她的这段话就说明了那些古建筑物在现代化建设中被拆除的必然性，其实也已经为她日后所反对的新中国政府拆除北京老城墙运动提供了合理性：旧的建筑物已经失去了功用，并且成为社会新组织发展的障碍。

---

① 张熙若：《全盘西化与中国本位》，《国闻周报》第12卷第23期，1935年，第4—5页。

② 郑梁：《论陪都建设计划的两大要点》，《市政评论》第6卷第7期，1941年，第4—5页。

另一位著名市政官员郑梁对于中国古建筑发出过比梁思成夫妇更为悲观的论点："命运早已注定中国建筑已陷入没有前途的凄凉苦境。最大的理由乃是，中国建筑一切固有的特点在科学技术发达的现代，新材料与新构造乃至新生活都在急激改进之中，到如今，可怜得很，这些被认为中国建筑特点的都已经变成致命的弱点了。"①"中国式屋顶虽美观，但若拿钢骨水泥来支撑若干曲线，就不合先民创造之旨，倒不如做平屋面，副带的生出一定平台地位。""我们若拿一九四二年式汽车来看建筑物，不但中国式的建筑不合现代需要，即五年前所造的西洋立体式房子，今天也有点不时髦。近三十年来中国出来一种协和医院式的建筑，以宫殿的瓦顶，罩一座几层钢骨水泥钢窗的墙壁，无异穿西装戴红顶花翎后垂发辫，其不伦不类，殊可发啸。中国建筑今后只能看作国际建筑的一部分，就像中国制造的轮船火车与他国制造的一样，并不必有根本不同之点。"②言下之意，保持城市建筑里的中国传统其实已经是不必要的了。

但另外，梁思成、林徽因等人又执着于寻找传统建筑在现代城市存在的必要性，有研究者认为梁思成的建筑思想里体现着现代主义与传统主义的矛盾。在《天津特别市物质建设方案》里，他对中国建筑提出了希望，"一方面可以保持中国固有之建筑美而同时又可以适当于现代生活环境者"。他们在天津市行政中心楼的方案设计中，仍然采用了中国式屋顶的手法。他在《为什么研究中国建筑》一文中明确提出了要探索现代与传统矛盾的解决之道，"如何接受新科学的材料方法而仍能表现中国建筑特有的作风及意义，老树上发出新枝，则真是问题了"。"老树发新枝"这句话反映出梁思成内心在思考如何在让传统在现代文明的发展中发挥出

---

① 郑梁：《论陪都建设计划的两大要点》，《市政评论》第 6 卷第 7 期，1941 年，第 5 页。

② 郑梁：《论陪都建设计划的两大要点》，《市政评论》第 6 卷第 7 期，1941 年，第 5 页。

自身的价值，他希望从传统中发展出现代文明，通过现代文明使传统得以更生，而不是反传统。1948年他在《北平文物必须整理与保存》一文里认为北平的空间布局符合现代的城市规划，是世界罕见的瑰宝。呼吁"北平市之整个建筑部署无论由都市计划、历史或艺术的观点上看，都是世界上罕见的瑰宝"，"是现存世界上中古大都市之'孤本'"。他呼吁要重视对这个"历史艺术陈列馆"的保护。抗战结束后的北平市工务局的北平市规划里也表现出相同的理念：

> 中国建筑，在世界建筑史中自有其特殊之独立系统。然而经几千年来之悠久时间，其发展程序，受政治经济之变迁，地理气候之限制，制度风尚之转换，工匠技艺之巧拙，及宗教思想之影响等，在结构上与外观上均随时代而有改变，于是每一时代有每一时代之特征。就研究学术之观点而言，凡富有文化价值之文物建筑，尤其是年代悠久者，均须切实保存，以作研究参考之资料。同时在整理工作中，可以逐渐发现各时代建筑风格之演变，优点劣点之比较。更从研究工作中，而能创造出近代化之中国建筑作风，使我国民族艺术，得以继续发扬光大。①

到1950年梁思成提出中国的建筑"只须将木材改用新的材料与技术，应用于我们的传统结构方法，便可取得技术上更大的自由，再加上我们艺术传统的处理建筑物各部分的方法，适应现代工作和生活之需要，适应我们民族传统美感的要求，我们就可以创造我们的新的、时代的、民族的形式。"② 可见，他仍然主张保留传统之"体"——传统结构，而采西洋材料技术之"用"为其

---

① 北平市工务局：《北平市都市计划设计资料》第1集，1947年，第37—38页。
② 梁思成、陈占祥：《关于中央人民政府行政中心区位置的建议》，《梁思成全集》第5卷，中国建筑工业出版社2001年版，第77页。

服务，此为以现代的形式服务于传统的肌体，这一想法似乎可算是建筑学派的"中体西用"。在当代城市文化的建构中，用现代手段来表现传统文化风格的建筑，已经非常普遍了，如象山美院、苏州博物馆、徽州建筑等。

但是梁思成也反对将现代与传统两种不同风格的建筑生硬的组合在一起，对北平协和医院、燕京大学、齐鲁大学、金陵大学、华西大学等建筑进行了批评，认为这些建筑设计将中式与洋式两种风格生硬地组合在了一起。他主张"有机的组织"，在新中国建立后曾说："做规划设计的人要有很强的整体观念，把必须保存的古建筑有机地组织到城市整体里来，使古建筑在现代的城市里成为积极因素，而不能把古建筑看成是包袱，一味地以卸掉包袱为快。有些人一谈到建设社会主义城市，就强调现代化。其实，看一座城市是否现代化，也要看它是否把历史遗产组织到整体里。一座改建的城市，如果把古建筑都拆掉了，那不是什么现代化的城市，而是'暴发户'的城市。"[1] 可见，这种"有机的组织"正是一个如何把握好现代与传统的互相作用、内在张力的问题。1957年7月召开的一届人大四次会议上，梁思成与同仁所作的联合发言中更加明确地提到："问题在于我们城市规划人员是不是能够正确处理城市发展过程中新旧间的矛盾的问题。"[2] 新旧的合理组合、形成有机组织，正是反映着梁思成这一批人要在现代表现形式里"发扬吾国固有之文化传统"的理念。

二 老城墙的存废之争

对待城市传统文化的矛盾比较突出地表现在如何对待传统建筑的态度上，又特别突出地表现在对待老城墙的问题上。关于老城墙是留还是拆的分歧自近代便已出现，那时已有许多有识之士

---

[1] 王军：《城记》，生活·读书·新知三联书店2004年版，第194页。
[2] 王军：《城记》，生活·读书·新知三联书店2004年版，第208页。

呼吁拆除旧城墙。在清末上海地方自治运动中，一位叫姚文枬的绅董认为城墙阻碍交通，对商埠的发展很不利，他家里却有另一位叫姚文栋的老先生反对拆城。① 民国建立后，很多城市都展开了拆城运动。在上海，1911年光复后，沪军都督府下令拆城填濠，并在原城池基础上修筑了环城马路。1913年，朱启钤主持拆除了金国时的古建"千步廊"。在广州，1918年成立市政公所，专事拆城。1921年，拆城筑路第一期工程完成。在宁波，1920年春隳城造路计划制定。1927年宁波市政府成立后开始实行，经历3年时间，宁波市内交通大为改善，拆城所得的城砖及空地价值为市政府增加了数百万的收入。此外，1922年，主政河南的冯玉祥拆掉了开封的满城。1924年，主政四川的杨森拆掉了重庆的老街。1926年武昌开始拆除明清古城墙。1928年，南京市市长何民魂拆掉了玄武湖畔的所有古建，等等。可见，民国建立伊始，拆除城墙和老街已经在各大城市蔚然成风，可说已是一场运动。在此背景下，民国市政界就当局的拆城运动发生过不少争论，而且这些争论还不仅表现在官方与民间，即使在市政界的学者内部，也一直存在较大分歧。

有很大一批市政学者们支持拆城，若董修甲等人，他们认为城墙在现代城市社会里已经成为无用之物，反而引发多种负面影响。有人认为，拆除城墙后有利于公共卫生，"但见豁然开朗，上则空气流通，下则污水宣泄"。② "今日之拆城，即谋公共卫生之起点也。"③ 还有人要"以城基筑电车路，免致与民争地也"。④ "莫如用城泥以塞河，用城石以砌渠，此不独化无用为有用，且能

---

① 根据《上海市政的发展》，载上海通社编辑《上海研究资料续集》，《民国丛书》第4编第81册，上海书店1992年版，第681页。
② 彭慎三：《论拆城与卫生有关系》，《光华卫生报》第5期，1919年，第17页。
③ 彭慎三：《论拆城与卫生有关系》，《光华卫生报》第5期，1919年，第18页。
④ 盛孝先：《填河拆城造电车路之建议》，《市政月刊》第7、8期，1928年，第21页。

于最短期间,将十城拆尽,小河填成。"① 国民政府定都南京后,《南京市政工务计划大纲》里也认为:"城墙原为封建时代之建筑物,留之适足以妨碍交通,妨害附郭农村发展,故宜于举办第一期马路之时,同时将全城城墙陆续拆卸,以为兴办环城电车或兴筑环城大道之地基。"② 孙科对市政颇有研究,则借鉴了维也纳的经验,认为拆城可以增加市政建设的经费,"建筑费全部皆取偿于拆城填池后所卖出之公地,故得以不耗公家一文,而成改建之伟业。苟吾国各省都会,亦能仿行是法,则新都市之实现,似非难事也"。③ 并总结了拆城筑路后有六大利:有益卫生、便利交通、节省时间、繁荣经济、振兴市面、交通费可以补助市政建设费用。④ 在集当时主要市政学者观点之大成的《市政全书》中,就旗帜鲜明地印上了"打倒旧城郭,建设新都市"的口号。

有地方执政者认为城墙在古时是为了军事防御之用,但到了近代热兵器时代,其功用早已丧失,反而影响了城市生活,"枪炮之利,无坚不摧,区区城垣,曾何足以抵抗其万一,徒为交通上之障碍。譬之锁枷,足以束缚吾人行动上之自由"。因此主张将城垣拆除,以城砖铺于故址,修成环城大道。⑤ 随着抗战的临近,有人从国防的角度得出认识,旧城墙不仅无益于抵御热兵器炮火的进攻,反而影响了反侵略战争的进行。一是给了敌人以凭借,二是阻碍了己方战争的展开,"城墙的存在对于我们的防御既毫无裨益,对于将来游击战的展开,敌伪政权破坏,都有很大的障碍"。⑥ 所以,在抗战期间,为了展开游击战,在山西、河南、浙

---

① 盛孝先:《填河拆城造电车路之建议》,《市政月刊》第7、8期,1928年,第21页。
② 《南京市政工务计划大纲》,《市政公报》第258期,1927年,第14—15页。
③ 孙科:《都市规画论》,《建设》第1卷第5号《论说》,1919年,第7页。
④ 孙科:《都市规画论》,《建设》第1卷第5号《论说》,1919年,第22页。
⑤ 姚涤新:《无锡县建设局行政事业计划大纲》,《无锡县政公报》1929年第5期,第10页。
⑥ 灵楚:《扩大拆城运动》,《浙江潮》第40期,1938年,第737页。

江等地也曾出现过拆城运动。

战争对于城市而言，直接影响是对文明的毁灭。可如果换一个角度看，对有些人而言又是机遇。如张金鉴就认为："一切的事情是多半是利弊相依，福祸相连了。因为这次的全面抗战，市政建设的障碍和困难，敌人代我们铲除了不少。我们旧有的许多都市被惨无人道的敌人用飞机炸弹无理摧毁，自然应该痛恨，是我们的冤枉损失。但同时那市政建设进程中的旧障碍和困难，亦就这样地消灭了很多。敌机狂炸后我们要以革命的精神于焦砾上复兴我们的都市，从灰烬中建设我们的市政。旧的不合用的既被摧毁了，事实的需要迫着我要积极的努力于市政建设，所以说在这时推行市政建设环境是'抵抗至少'，地位是'需要最切'，真可说是千载一时的好机会。"[①] 他所说的那些影响市政建设的旧障碍，自然既包括涉及老百姓生活的民用住宅，又包括因为文化原因难以动手的传统建筑。现在一场战争将这一切全部廓清摧陷，倒是免了不少争论和纠纷。

对于北平老城墙，要求拆除的呼声也不小。有市政专家认为北平老城墙阻碍交通："世界各大都市中，交通上天然的障碍物多而人为的障碍物少。但他们遇着最普通天然障碍，如山则不惜巨资以造爬山电车，如河则密布铁桥，河宽则广设轮渡，如地面交通犹苦不足，则更设地道车以资补充；北平市内障碍交通的天然障碍物，有三海与景山，人为的障碍物，有皇城紫禁城与内城之南垣及其城根之铁道。此种障碍物横梗市中，交通往来，动辄绕道数里，市民虽苦不便而习久成自然……在外国大都市，交通费占生活费之位置，从未有高过吾国者。"[②] 北平东西车站，既难在前门联轨通车，而西车站西南早即有交通滞塞之苦，故若移此二站于天桥，则内外城间交通自便，"若再增加内城南垣之城门，或

---

① 张金鉴：《市政建设的时机与方向》，《市政评论》第6卷第5期，1941年，第3页。

② 隽冬：《统计与市政的关系》，《市政评论》第1卷，1934年，第4—5页。

竟折去城垣消灭内外城之界限，变卖城垣砖石，既可增加市库收入，复就其地基酌量建筑小公园，于市民卫生上亦极需要"。①1928年，张武的《整理北京计划书》全面引入了当时西方流行的城市规划理论，提出了"都心说"，即以故宫、三海为"都心"，城市以同心圆式向外发展，同时拆毁城墙，以便于交通发展，建设西式房屋，实际上是主张拆毁故宫。

城市里的一些景观在近代国人的视野里常具有强烈的政治含义，例如马路的混乱让人们联想到中国社会的不平等、卫生的秽浊让人想到政治的龌龊不堪。这一方面是由于城市的标志性景观自身确有浓厚的文化象征意义，近代那个特殊环境让每件事物必然和"政治"产生各种联系；另一方面由于在对这种文化的捍卫与推倒之间的较量中，也确实反映了不同阶层的经济利益和审美追求。前文提到过，外国侵略势力和本国的统治阶级也利用过城市传统文化达到强化自己统治的目的。那么在新政治取代旧政治的过程中，要构建自己的意识形态，必然要创造一种新型文化，冲击旧的文化传统和象征物就是不可避免的。正如刘易斯·芒福德所说，城墙的拆除，不仅仅是拆除一圈墙，还具有更深远的意义和象征。旧城墙是一个城市文化的重要标志，对于当时一批具有新思想的知识分子来说，成为一种保守、落后的封建文化象征，对他们时刻产生着一种强大的精神压抑。李大钊曾说道自己每尝和友人散步于"颓废墙下，很觉可怕，怕他倒了，把行路的人活活压死。请问世间最危险的东西，到底是新的，还是旧的？"② 老舍小说《文博士》里的那位留学回国的文博士，看见济南那破烂的城楼，他就感到是旧中国的象征，觉得恶心，他认为不拆掉城楼的中国是没有希望的。

由于拆除旧城墙具有浓厚的文化再造性质，而且拆除旧城墙

---
① 张又新：《北平市之缺点及其救济》，《市政评论》第1卷，1934年，第6页。
② 李大钊：《最危险的东西》，《每周评论》第29号，1919年7月6日。

又意味着对旧城整体布局和城市功能的一种重构，牵涉面甚大，在运动中，必然就会出现激烈的反对声音，尤其是在诸如北平这样历史文化悠久的古城。白敦庸认为拆城筑路纯粹是出于一种商业考虑，没有考虑具体城市的特殊功能，若北平就不是一座商业城市，拆城筑路并不符合北平的实际，"京师沿墙一带，商务素不发达，车马亦不辐辏，实无环城大马路之必要。今若拆城筑路，是靡费也必不可行"。① 他认为最合适的办法是利用旧城墙来达到方便市民的作用，因为旧城墙本来就是天然的便民设施，关键在于城市执政者必须懂得利用，"将城墙改善而利用之，则峥峥者非屋顶之花园乎？苍苍者非市上之桃源乎？今若拆城筑路，则此天然之景，一遭毁灭，必另觅地亩以建公众游观之所"。② 拆除旧城墙，不仅是对文化传统的破坏，于城市建设上也是增加成本，"有绝妙之天然公园而不用，既已去之，复重费以建之，事倍功半"。他指责发起这种运动的城市执政者"彼方将以通人自诩，我则谓其为未达事理也"。③ 他认为，拆除旧城墙必然会加剧交通堵塞的问题，"若多辟城门，以利车马行旅，则交通上无丝毫之阻力。墙上游人往来如织，不惊不恐，则平安之设备，自然臻于完善之域。……外国有空中电车、隧道电车之设，所以避行旅而减轻其危险也。今我有天然之空中游道，而不知利用之，而必铲平之，然后再思制作种种之平安设备，吁，是何悖于理之甚也！"④ 还有不少主张保留老城墙的都有类似观点：尽管老城墙于交通多有不便，但只要加以利用，也能事半功倍。有论者主张利用老城墙筑造电车路，"且循城墙行驶，所经过皆属冲要街市，洵极便利"。⑤

---

① 白敦庸：《市政述要》，商务印书馆1928年版，第120页。
② 白敦庸：《市政述要》，商务印书馆1928年版，第120页。
③ 白敦庸：《市政述要》，商务印书馆1928年版，第121页。
④ 白敦庸：《市政述要》，商务印书馆1928年版，第121页。
⑤ 《应使北平成为世界公园》，《市政评论》第2卷第10期，1934年，第16页。

其他城市也有反对一概拆除老城墙的观点，如在甘肃宁夏这些西北地区，有人道明了原因，虽然"那由封建时代遗落下来的城郭雉堞，简直都是废物而有碍交通的"，但还是不能完全拆除旧城墙，因为可以抵御西北风沙和寒冷气候、防备盗匪。[①] 所以当地对于城墙主要还是采取修补的做法。南昌也有人持这种态度：

> 旧城市之布置……只宜因陋就简，并非可大刀阔斧者可比，所以旧城市之布置，欲图伟大壮丽，实较新城市为难，因须先将原有建筑，完全折毁，乃可着手新建筑，工作既需双倍，浪费亦且繁多，诚不合于经济原则矣，然旧城市之改造，多系为时代所迫，不得不然，虽有所牺牲，在所不惜。但一般旧城市，实具有相当历史，其建筑多极坚固，不易折毁……欲图翻造，不惟耗费巨大，亦觉可惜，故布置该城，只新从事于敷设添筑之工作，以图改进而已。[②]

自民国始，不仅只是官方为了修路盖房而支持"拆"，大多数普通老百姓为了生活方便而主张"拆"，许多市政学者也都是属于"拆城"派的，这场争论延续到了1949年后的北京城市设计中，要求拆除城墙的呼声很大，在某种程度上说，拆除老城墙运动乃是自清末就已出现的强大"拆城"声音延续的结果。而当时"拆城"的声音成为主流，也确实乃时势使然。当代学者史明正指出北京城市的一大弊病是缺乏工业基础，其供水设备、电车、电机等设备都依赖西方进口，这些进口设备价格高、效率低，数量有限，导致北京城难以完成结构性变革。北京要想实现真正的城市腾飞，就不能再充当现代技术转让的接受对象，要建立自己

[①] 马正贤：《宁夏省会修理街路城关工程之略述》，《中国建设·宁夏省建设专号》第6卷第5期，1932年，第69页。

[②] 刘定远：《城市之布置》，《南昌市政半月刊》第1卷第3期，1934年，《论著》，第4页。

的工业基础。① 而传统的城市布局却偏偏阻碍了现代工业的发展，并阻碍了其采用现代化交通方式，特别是城门、城墙和牌楼等古代建筑对于扩展电车轨道、竖立电线杆都构成了极其严重的障碍，特别是旨在维护北京传统城市布局的观念对于采用现代交通方式都形成了强大的阻碍。② 旧北京的那种城市规划不能适应新型国家构建的需要，这是老城墙必然被拆的历史命运。其背后反映的还是民族主义内部在政治层面上的现代国家建构，与文化层面上的复兴传统文化要求在近代历史上的剧烈紧张。

第三节 "本土化"和"西洋化"

中国传统文化，究竟是否能与现代都市文明共存，一直困扰着许多老城的市民和规划者。肯定城市现代文明、又弘扬传统城市文化的人，试图用"乡土化""本土化"来抵御过度的"都市化"和"西洋化"，包含着对于一种传统文明生活方式的留恋与维护。

以北京为例，许多人对老北京文化都是眷恋不已，一直在极力论证老北京文化与现代都市不相矛盾。有人认为北京的市政建设没必要像上海一样建那些大饭店、酒店，就应该保留那些老饭馆、药房和习俗，"我说，有中国一天，留一点这种老玩意儿也不错，其意义着实比用轮船把国宝运到伦敦去展览大些。这才是活历史、活文献"。③ 并且认为不应该把北京的所有旧的习俗都当封建习气反对，"贵族遗留的势力没有了，可是那点礼数，那点涵茹，却影响了整个社会。我们把抽鸦片烟娶姨太太听京戏提笼架

---

① [美]史明正：《走向近代化的北京城：城市建设与社会变革》，王业农、周卫红译，北京大学出版社1995年版，第293页。

② [美]史明正：《走向近代化的北京城：城市建设与社会变革》，王业农、周卫红译，北京大学出版社1995年版，第277—279页。

③ 慵菴：《北京的人情味》，《四十年来之北京》第1辑，1949年，第44页。

鸟当作封建习气自是不差,然而对于饭馆堂倌对饭座儿那点礼节:'你来啦,楼上看座儿!''你够了?让给我吧?''你走?送座儿!'也认为应该革命的虚文,我觉得很不必。"① 并坚决反对将北京视为"封建堡垒"的看法,甚至认为北京其实比上海更进步,上海比北京更保守落后。他的依据是北京自警察成立后,流氓混混就很少了,而"最先洋化的上海滩却老是白相人、闲人、大亨执掌大权,谁也惹不起。没有听说北京演戏的得拜过房爷,也没有听说在社会上找碗饭吃得认老头子。这样比较下来,究竟北京之所谓封建势力何在?"② 他还举例说五四运动爆发于北京,广东革命多是北方教授南下参加,学术上的京派比海派进步,唐文治、胡朴权、柳诒征的守旧之学在北京受排斥却可以畅行于大江以南,史学界的疑古派,考古界崇尚伯希和、斯坦因、斯文哈丁,等等,皆是在北京,而"这个时候,上海还正在风行徐枕亚的玉梨魂,或者请郑探花、刘状元点主呢!"③ 所以"传统"的北京才是走在全国"反传统"潮流最前面的城市。这位文化人对于"传统文化"与"现代文化"的认识确实有颠覆当时习惯看法之处,不仅在当时可说有语惊四座之慨,在今天也还是发人深思的。他对"保守"的看法也是别具一格:"保守不完全是顽固,无伤大雅的历史传统、习俗,何必不让人民有点自由?有点精神的慰藉?清明节去上坟,八月节度中秋,绝不该与专制君主贪污政权视作同科。北京保留了旧的,可有时候正从这旧的上面长了新芽。"④ 这个观点和梁思成一样,认为老树也可以长新芽,传统未必就不能孕育出现代文化的生机。而且,"保守"不等于"顽固"的这种认识也十分深刻,现代文明确实需要具有对于部分"保守"文化的包容性,具有允许人们保持一部分传统习俗的

---

① 慵菴:《北京的人情味》,《四十年来之北京》第 1 辑,1949 年,第 44 页。
② 慵菴:《北京的人情味》,《四十年来之北京》第 1 辑,1949 年,第 44 页。
③ 慵菴:《北京的人情味》,《四十年来之北京》第 1 辑,1949 年,第 44 页。
④ 慵菴:《北京的人情味》,《四十年来之北京》第 1 辑,1949 年,第 44 页。

自由度。只不过这个包容的"度"一直是棘手之处，因为有一些保守的习俗可能影响到文明的进步和人民的生活。

一些文化人更加偏爱老北京的文化气息，而不喜上海的商业性格。在他们眼里，上海的文化建设和其物质建设的程度很不相称。上述作者在维护老北京之时就指责上海现代化过度，导致市民成天陷在了繁忙的工作事务中，毫无田园趣味，甚至上海的公园都不像个公园，"公则公矣，园则未也！"解释北京的公园之所以特别迷人，并非其比别地的公园大，"乃是因为那些亭台楼榭可以发思古之幽情，朱启钤布置的中山公园所以值得赞赏，正因为他的设计可以和旧的相调和，不属于'洋式门面'那一套"。[1] 北京的城市树木成荫、繁花似锦，充满了自然幽趣。并且，北京的四合院也比上海、广州、香港这些城市的市民生活更好，"万家春树岂不比花园洋房而九千九百九十九家住鸽子笼好？"[2] 他的这种想法，恐怕代表了一大批文人的情调。著名作家张恨水的一段论述颇能反映追求城市生活"乡村化"的情趣：

> 当承平之时，北京人所谓的"好年头儿"。在这个日子，也正是故都人士悠闲舒适的日子。在绿荫满街的当儿，卖芍药花的平头车子，整车的花菇蕾推了过去。卖冷食的担子，在幽静的胡同里，叮当作响，敲着冰盏儿，这很表示这里一切的安定与闲静。渤海来的海味，如黄花鱼对虾，放在冰块上卖，已是别有风趣，又如乳油杨梅、蜜饯樱桃、藤萝饼、玫瑰糕，吃起来还带些诗意。公园里绿叶如盖，三海中水碧如油，随处都是令人享受的地方。[3]

他在抗战时期哀叹："好一座富于东方美的大城市呀！他整个

---

[1] 慵菴：《北京的人情味》，《四十年来之北京》第1辑，1949年，第44页。
[2] 慵庵：《北京的人情味》，《四十年来之北京》第1辑，1949年，第43页。
[3] 张恨水：《五月的北京》，《四十年来之北京》第1辑，1949年，第39页。

儿在战栗!好一座千年文化的结晶品呀!他不断地在枯萎!"① 这是在惊恐战争对于"乡土化"的北京的破坏。

著名作家沈从文一直对"乡土文化"充满感情,也极力为北平的市民文化辩护,认为其并未影响到北平市政的进步。他在一本上海的杂志上看到一篇文章批评北平"是一个住下了百万人口,不问国事,不知天日,只把生活全部耗费到游乐、饮食、逛公园、听京戏、上澡堂、吃女招待等等那么一个特别区",十分生气,便撰文驳斥:"北平学校比国内许多学校办得认真,做学问的求学的大都还诚实努力,警察、邮政,在中国皆算成绩不坏,至于公务人员差役服务的尽职,一般市民的勤苦与和平,那更不用提了。北平地方纵不值得赞美,市面纵不值得乐观,公民可不应该那么受贬责的。"② 还有很多作家,如老舍、萧乾等人都对北平文化抱着故土般的留恋。

维护城市的传统生活习俗,其实是当地老市民对于本地独特文化个性的维护,前面提到的主要是一批文化学者,但很多从市政研究出发的人也都很重视一座城市的独特性格。有个关心南昌市政的人在报纸上声称不喜上海,因为上海充满着既现代化又殖民化的感觉,磨灭了中国的性格,"除了那耸入云霄的多角建筑物,令人觉到建筑学有了进步以外,市民紧张的表情、汽车惊人的速度,都是事物的两端,缺乏中庸的调和;买办阶级的姿态、投机市场的叫嚣如临大敌,正是一个剧热斗争的修罗场,实令人感到憎恶和恐怖。……它带有强烈的国际性格,太富于殖民地的色彩了。"而北平就能给他一种故国之感,因为北平"有一种气概上海所不及的,这就是市气"。市气就是"历史的遗产,我们祖先遗留下的遗产"。在这种市气下,北平"不会有灾难即将来临、引起寂寞乡愁之感。公园是那样宽大朴实,外国人在那里也

---

① 张恨水:《五月的北京》,《四十年来之北京》第1辑,1949年,第39页。
② 沈从文:《大家快来救济水灾》,1935年北平《实报》,发表日期不详,转引自《沈从文全集》第14卷,北岳文艺出版社2002年版,第93页。

变得很渺小，只有东交民巷那一角，建筑和街道的样式，多少失掉民族历史的调和，令人不快；但北平的那股气概，简直没有把这一角放在眼内，最后终于把它吞噬，化为自己的一部分了"。① 他认为南昌也和北平一样，"赣江横贯江西南北，把我们一代英杰文天祥的正气，带到南昌来发扬光大，于是形成了今日南昌市的市气。这个都市，绝无半殖民的色彩，故无买办阶级的神态，它的颜色与感情，是纯中国的"。② 他所说的市气，就是一座城市的传统性格，这种性格扎根于该城市的独特文化之中，能够给予本地人以一种归宿感。无数个带着文化性格的城市就能给予全体市民的文化认同感，继而形成对于国家、民族的认同，形成大家对于殖民主义和西洋文明的抵制。

官方和市政界在理论上也非常懂得利用和打造城市特色文化来激发市民的民族主义和爱国主义情感的必要性。有一位市政学者将挖掘城市传统文化的政治意义表达得很明白："在现代市政建设中，我们势各北不③参照先进国家所采用的方法，但我们不在全部抄袭旁人，我们要在建设新都市之中表现出中国都市独有的个性或作风，我们要在建设新都市中恢复起民族的自尊心和自信心。"④ 随着城市成为爱国主义和民族主义荟萃的主要场所，城市的场域直接影响着市民的爱国主义情感的形成，所以，对于这个场域的打造，规划者十分重视它的"乡土特色"。诚如有人所说：

> 先由乡土及于本国，具有详细比较之知识，由是对于乡土渐发动此一点之同情心，其初由爱乡心，引申而成爱国心。……旅圆明则知国耻之所在，至颐和则知甲午之宿因，

---

① 《市政、市容、市气》，《市声》第2号第1版，1947年。
② 《市政、市容、市气》，《市声》第2号第1版，1947年。
③ 原文如此，疑是印刷有误，当是"势必"。
④ 米展成：《对于陪都建设计划的意见》，《市政评论》第6卷第7—9期，1941年，第20页。

赴北海则联想宋金国祚之不永，睹蓟门则回忆元朝西征之伟大，春秋两季旅行，导引青年；寓教于嬉，又为教育之真谛，是振兴市政，昌明地理，训育青年等等。①

国民党高层也甚为重视地方文化对于市民国民精神的建构作用。抗战时期的重庆市政建设中，国民党要员、曾担任过安徽国立九中校长的陈访先对于陪都建设建议："我们不要忘记城市的建筑和历史地理民族文化等都有特殊的不可分离的因素，尤其是建设一个全国的首都或陪都，更要充分的表现出我们民族的特质，一方使我国民在富有民族色彩的氛围中认识自己的国家和民族，一方还要进一步使我国民认识伦敦、巴黎、柏林、罗马，以及华盛顿、莫斯科等英、法、德、意和美、苏诸国的首都。"② 并说："我们如能在国人心理上建设起一座民族色彩最为浓厚、国家观念最为深刻的陪都，使国人看见时如游子之对慈母，说起时如项斯之誉亲朋，恋之如维特之对绿蒂，卫之如石敢之对敬塘，那才是我们建设理想陪都的成功！"建设理想的陪都的方案就是"要以历史的地理的和民族的文化的特色为基础，以今日世界各国首都物质建设为辅助，藉以建设成一座具备中国都市特长并兼有西方都市优点的典型的中国陪都，使生养休息在这个陪都及其领域下的国人，都能本国家至上民族至上之义来爱国家爱民族，那就是我们最理想的陪都了！"③ 1947年，西安市建设局拟订的《西安市分区及道路系统计划书》和《西安市道路暨分区计划草图》里将中学区设于未央宫遗址，以培养青年缅怀汉唐盛世之文物，增强

---

① 张景苏：《从都市地理上说到燕山八景》，《市政评论》第2卷第7期，1934年，第19—20页。
② 陈访先：《对于陪都建设计划的意见》，《市政评论》第6卷第7—9期，1941年，第17页。
③ 陈访先：《对于陪都建设计划的意见》，《市政评论》第6卷第7—9期，1941年，第17页。

民族思想，① 都表现了这种利用地方文化来培养人民爱国主义精神的意图。因此，在市政领域，挖掘城市传统文化在当年更具有鲜明的政治意图。

"东方文化救世论"兴起后，这种文化责任感又有更多部分被分担给了城市，因为毕竟城市是现代社会里文明的中心，那它就有责任担负传播东方文化的工作。抗战结束后，伴随着对西方文明的反思，著名科学家顾毓琇认为"今后东半球人类之福祉，将以吾中国文化为其主导之源泉，而此文化……乃基于中国古圣先贤优良传统，并切合于现代生活之'和平''大同'的理想。上海保留优良传统的中国精神，在位置上成为民族文化之基地，将于其中起时代重要作用，循新中国建设之途径，展开东方历史的文化新叶"。② 可见，"都市"在不少民族主义者心中，已是先进文化的传播阵地，担负着重塑民族新文化、改造世界的宏伟重任，打造中国的城市文化刻不容缓。著名市政学家朱皆平在抗战结束后曾提出了一个"南岳文化建设区"构想，这个构想表达出一种通过复兴南岳学术和文化来实现民族复兴的理念，他也因此对南岳地区寄予了远超上海、北平等城市的期望。他说：

> "文化建设"之在南岳，终清之世，所以无所表见者，正坐异族统制，摧残我国之文化传统所致。一国之学术，正如个人为学，不日进则日退，我国现在种种问题，何一不是学术落后所产生之影响？欲挽颓风，南岳文化建设区之开发，实其起点，良以此地为我国文化复兴之圣地。在南宋与晚明则以刚健伟大之儒家思想为主流而容纳释老，蔚为东方哲学之巨擘，以撑持我国全国精神于不坠。最近又经三四十年来之革命与抗战，而证明其潜势力之雄厚无匹。则今后更包容

---

① 《西安市志》第2册《城市建设志》，西安出版社1996年版（电子版）。
② 顾毓琇：《上海与文化建设》，《中国建设》第1卷第4号，1945年，第74页。

西方哲学与科学，而益壮阔其波涛，殆无疑义。非特较之以上海为文化中心，结果只袭西洋物质文明之皮毛，而促成为"洋泾浜"化者，有天壤之别。实则上海只可视为"洋泾浜文明"根本谈不上"文化"！即以北平为文化中心者比较之下，亦有奢靡僭伪与朴茂自然之分，况际此举世之安全疏散潮流中，作为一国精神生命所系之文化中心岂可为近代庞大都市腐化势力所拘囿与笼罩乎？①

这个构想里，其实表达出以朱皆平为代表的学者想从中国传统文化里寻找方案超越现代化都市文明，打造一种可以克服现代都市"腐化势力"的、具有中国特色的新文化区。在他们眼里，上海、北平这些先行城市已经被腐化势力侵蚀了，只有将希望寄托在后起的、现代化程度还不深并具有悠久历史文化传统的内陆城市，那正好是一个"乡土世界"。南岳具备此种条件，又经历了抗日战争的洗礼，正是弘扬民族文化传统与塑造民族主义精神的大好阵地。这里面寄托了他们力图以东方文化战胜西方文化、传统文化医治现代文明弊病的宏大理想。在回顾着民国的官方和学者的文字时，不知当事人是否意识到，可至少笔者感觉出，他们其实在进行着一种建构传统的活动。从盛赞"周礼"为中国市政传统，到强调在都市建设中表现中国特性和地方特色，这其实都是在一步步地建构一个中国的城市文化"传统"。这种建构活动正是近代国人构建"中国民族文化"运动中的一个组成部分，并由这种运动而促进、推动。他们所高调要弘扬的"传统"实际已是被他们出于需要构建起来的历史产物，因为国人需要一种"东方的传统"，来对付"西方的现代"。当然，构建"传统"也就在构建"现代"，"西方"和"现代"某种意义上也是被建构的产物。构建"传统"和"现代"正是

---

① 朱皆平：《南岳文化建设区规划纲要》，《工程》（武汉版）第3—4合期，1947年，第153页。

构建"国家"的两大重要环节，也是构建"中国都市"的不可缺少内容。"中国都市"和"中华民族"一样，既需要构建城市的过去，也需要想象城市的未来。不管是着眼于"现代"，还是着眼于"传统"，都是从属于"构建中国"的活动。

但是，人们对城市文化的"现代"与"传统"的认识通常容易停留于表面，而忽视了双方更重要的内涵。当时也有人对于"传统"和"现代"提出了更加深刻的认识，在一定程度上超越了囿于表象的"京海之争"，如吴铁城在反思上海市政之失时说道：

> 晚近以来，国民精神上有一最大之病症，即为民族自信心以及文化创造力之消失，群趋颓唐，迷信欧化，而不知西方物质文明之真谛，在物质之创造与改进，非在物质之享用与消费。以致衣、食、住、行，种种生活上之需要，举非西洋物质，不能厌其欲望，鄙弃国粹，而终未有人肯运用其精力，以自谋改善。故上海近八十余年来之发展，非但未能有裨于吾国民族文化丝毫之进展，而国民之习尚、民族之精神，反日趋堕落，勿怪英国文豪，萧伯纳氏，一抵吾土，即深骇我国文化之已消失也！[1]

他想表达的是，上海文化建设的失误不在于学习了西方都市文明，而在于只学习到了别人文化的表象，忽视了西方世界强大的根本——生产与创造的精神。反过来说，仅仅只是反对"西洋化"和弘扬传统文化，不将文化用于为生产创新能力服务，也是于事无补的。当时有其他人得出了和吴铁城相似的认识，如有人原先以为美国和法国的文化不过就是金元文化罢了，后来经过了一番考察后改变了看法，承认20世纪初美国城市虽然物质繁华，

---

[1] 吴铁城：《上海市中心区建设之起点与意义》，载周世勋编《上海市大观》，文华美术图书公司1933年版，第18页。

却并不是一个沉湎于物质享乐而忽视物质和精神生产的地方，相反其物质文明和精神文化都十分发达；美国人虽崇尚财富，但不能将他们的文化等同于金钱文化，"他们对于工业组织的爱好，是由于创造欲的激发，而不仅仅是对于金钱的贪婪。他们乐于创造更大的事物，勇于发明更新的技巧，并且孜孜不倦地探求驾驭自然的新途径。他们的努力，已使工业与文化联系在一起，使应用科学获得长足的进步"。[1] 殷体扬看到了消费文化也应该有利于生产，提出："一般人误解娱乐是消费的，殊不知娱乐本身即具有一种再生产的作用。"[2] 而在中国城市里，人们则看到了相反的情形，所有部门都是和消费联系在一起，变成了另一种消费，若中国传统城市，即使有生产活动，也是为消费服务的，生产不过是手段。包括文化和教育，都变成另一种形式的消费。吴铁城痛批中国教育之失："不明教育与生产之联系，致受教者愈多，生产者愈少。……夫教育之功用，首在增益人类应付环境，改善生活之智识与技能；然吾国士者，非但四体不勤，且并五谷不分。故终数千年推崇儒者之结果，民族文化无论精神物质，非惟无长足进步，抑且江河日下。"[3] 便是道出了这个问题。有些热爱老北京文化的人也提到北京的标志性文化元素如天坛、前门、牌坊、宫殿等，"等于庙宇，或坟墓，是古远的遗留，不是和民生日用发生瓜葛的"。[4] 该说话者是带着一种自豪感来谈论这个现象的，因为他以为北京不像上海一样沾染了过多世俗气息，保留了城市的文化品位。但在今天看来，这背后带有说话者的一种盲目的文化自大心理，其已不自觉地承认老北京的那些文化象征物都是类似庙宇、坟墓一样带着陈腐、僵尸气息的趋于衰亡的旧事物，在当时影响

---

[1] 《我所知道的美国》，《市政评论》第9卷第6期，1947年，第26页。
[2] 殷体扬：《星期看市政》，《市政评论》第10卷第6期，1948年，第9页。
[3] 吴铁城：《民国廿四年之上海市政》，《市政评论》第3卷第4期，1935年，第10页。
[4] 慵葊：《北京的人情味》，《四十年来之北京》第1辑，1949年，第43页。

了工业生产的发展和日用民生。

民国学者章渊若说过一个颇有历史格局的观点：

> 中国自从黄河流域创造的文化消失以后，便成了长江流域的金粉文明，海禁开后，且变本加厉。工国的长处，没有学得，工国的陋习，却已百肖。勿怪"吾家"行俨，要痛哭流涕，大放其农村立国之词了。①

章渊若在这段文字里已经看出了近代中国的消费文化乃是继承自近代以前的"长江流域的金粉文明"，不是什么崭新的事物。而这种文化在遭遇"工国"后，并未有真正吸收"工国"的"生产性"，反而选择性地吸收了"工国"的"消费性"，这是由"金粉文明"自身的逻辑决定的。因此，在开埠通商后，这种文明的陋习反而倍加强化，导致城市在许多人如章士钊心目中成为藏污纳垢的落后沉沦之地，农村反而才是健康文明的地方。上一章谈到的支持强化城市生活"政治性"的市政学家里有不少人估计都和章渊若有相同的看法，那些被当代人视为是城市生活里"现代性"的因素，在他们看来恐怕并没有多少这种意义，不过是"金粉文明"之延续。当代人认为鸦片战争后的开埠通商，是中国现代化的开端，理由是中国人开始学习西方文明。可是从城市的生产与消费的功能看，国人仍然是在按照消费城市的旧逻辑，主要选择性吸收了西方城市文化里的"陋习"来巩固强化"长江流域的金粉文明"，走上了一条"伪现代化"和"伪都市化"的道路。虽然这不意味着就完全没有学习西方国家的积极之处，不过"金粉文明"的逻辑仍然在城市里占据着支配性的优势，这才令无数近代改革家和革命家亟

---

① 章渊若：《北平、上海》，载《现代社会问题评论集》，《民国丛书》第5编第20册，上海书店1996年版，第11页。

欲以强劲手腕、扫数百年之颓风积习。

一般认为，人类进入现代社会，是欧洲资本主义的功劳。欧洲资本主义在历史上所表现的巨大进步性，主要在于其推动了产业革命，引导人类社会进入工业社会。这种产业资本主义的生产特点不同于古代社会的以单纯消费品生产为主的简单再生产，马克思将其概括为"为生产而生产"，即以生产资料的生产为目的的扩大再生产，他认为欧洲资产阶级的"现代性"就在于此。列宁概括为，在这种生产中，"资本发展的规律是不变资本比可变资本增长得快，也就是说，新形成的资本愈来愈多地转入制造生产资料的社会经济部门。因此，这一部门必然比制造消费品的那个部门增长得快……因此，个人消费品在资本主义生产总额中所占的地位日益缩小"。[1] 也就是说，只有生产超过消费、生产资料的生产超过消费品生产，才能形成资本积累，推动工业资本主义的发展。"为生产而生产"本身就代表了一种工业资本主义的生产模式，工业化大生产正是这种生产模式的产物。所以在工业革命发生以前，欧洲资产阶级其实已经表现为一个"工业的阶级"，而不仅仅只是一群商业资产阶级、金融资产阶级。马克思所说的现代资产阶级和现代无产阶级，都是指和工业化大生产联系在一起的资产阶级和无产阶级，而非前工业时代的阶级。

那么所谓城市的现代性，恐怕主要就当理解为城市成为生产资料生产的中心，才能称作具有"现代性"意义的城市，只有这种城市才有发生工业革命的可能。因此从城市史的角度看，现代社会与传统社会的分水岭可能就在于城市取代农村成为生产基地。因为乡村生产只能是分散的、小规模的，只有城市成为生产中心，才意味着一个地区的生产资料的集中、规模化生产逐渐成为常态。随着生产资料和人员的集中，又会进一步促进城市化的发展。正

---

[1] 列宁：《评经济浪漫主义》，《列宁全集》（第二版增订版）第2卷，人民出版社2013年版，第125—126页。

如恩格斯所说："随着农业不再成为国家的决定性生产部门，随着（农业阶级之外）从事工业的阶级的形成和（乡村之外）城市的产生，封建制度到处趋于衰落。"① 欧洲能够走向现代工业社会，和它的城市发展的独特经历有很大关系。

尽管当代史学界有许多学者认为中国自唐宋起城市生活中发生了"近世革命"，但城市里的商业繁荣主要由奢侈品带动、社会风尚的世俗化也是以上流社会的奢靡享乐来带动的这一特点，并未发生太大改变。当代人从宋元明清城市生活里寻找出来的那些"现代性""市民文化"或"资本主义萌芽"，其中恐怕有许多内容恰恰是阻碍中国进入更高级文明的"伪现代"因素。这种消费风气在近代的城市生活中延续了下来，并在遭遇西方资本主义文明影响后又进一步在城市膨胀。这种形式的"现代性"文化在现实中不仅会导致城市文化停留在一种低层次的发展水平上，更重要的是，其延续了城市重消费轻生产的"前现代"性质。从一些数据可以发现这个事实，民国城市里虽然也出现了不少现代工业，特别是国民党执政后。但即使在工业生产里面，消费资料的生产仍然大大超过了生产资料的生产。据统计，1933年，生产资料工厂业只占26.4%，消费资料工业却占了63.6%。其中华商生产资料工业又只占39.4%，消费资料工业占了60.6%。② 抗战期间是最需要发展工业的时期，可是1942年生产资料工厂比例仍只有36.90，消费资本是63.10，③ 1947年生产资料工厂只有24.52，消费资料达到了75.48。④ 巫宝三和汪敬虞于40年代合写的《抗

---

① 恩格斯：《德国的制宪问题》，《马克思恩格斯全集》第4卷，人民出版社1958年版，第51页。
② 陈真、姚洛编：《中国近代工业史资料》第四辑，生活·读书·新知三联书店1961年版，第91页。
③ 陈真、姚洛编：《中国近代工业史资料》第四辑，生活·读书·新知三联书店1961年版，第93页。
④ 陈真、姚洛编：《中国近代工业史资料》第四辑，生活·读书·新知三联书店1961年版，第94页。

日战争前中国的工业生产和就业》里统计，到30年代，在整个中国工业中，纺织业、服装用品和饮食烟草业三种消费工业的产值，约占总产值的3/4；金属、金属品制造、机械、船舶和交通工具一共只占总产值的6%，"其必然的结果就是中国的生产资料工业在整个工业生产中所起的作用，微不足道"。[①] 由此可见生产资料的生产仍然远远小于消费资料的生产，这种生产方式顶多停留于商业资本主义的层次，却难以转化为工业资本主义。流于形式的市政建设、遏而不止的享乐主义，正是商业资本主义在市政领域的表现。有人指出："我国当前工业生产的消费对象，仅限于都市及都市附近的人民。都市之中且以中层人士为主，所以产品的市场狭小。""我国工业的产品在上层人士的眼中，是不合消费水准的劣货；在农村中的农民看来，却又是过分的奢侈品，当其主要消费对象——城市中层阶级因通货膨胀而消失大部购买力之后，这种工业的基础就发生动摇而难于支持了。"[②] 这一切只是表明，城市生产仍然是以少数上流社会阶层的消费需求为导向的，这导致生产品市场极为狭窄，生产也无法扩大。

城市的经济结构相对于近代以前并无根本变化，其性质也就不会有根本转变。这段时期全国兴起的城市从整体看来，虽然粗具规模，但许多都是徒具其形。有许多城市一方面只见人口增加，可是经济生产方式并无根本变革，工业生产仍在极其幼稚阶段，尤其缺乏大工业，一切城市设备也十分落后原始，比诸外国乡村都有很大距离，很难称作城市。这种城市化即使发展速度再迅猛，实质上也只是一种缺乏内涵的虚假城市化。从这个意义上说，近代城市文化建设的不成功，又是由于"传统性"过于强大而造成的。我们固然不能简单认为上海文化就比北京文化高级，但也不

[①] 汪敬虞：《中国资本主义的发展和不发展》，经济管理出版社2007年版，第322页。
[②] 陈真、姚洛编：《中国近代工业史资料》第四辑，生活·读书·新知三联书店1961年版，第13—14页。

能简单就认为老北京的"皇城"文化比上海的"魔都"文化更优秀。40年代末有人在比较近代上海和北京城市特色时说,表面看来,两座城市的文化性格截然相反,一个趋新,一个守旧;一个现代,一个封建,其实是"鲁卫之政——兄弟也"。因为,双方在不事生产,专以享乐消费为能事的精神实质上是一样的。上海人喜欢新的娱乐,北京人则提笼架鸟;上海人讲究物质生活,北京人则有"老三点主义":吃点、喝点、乐点。"在本质上,无论他是新的也罢,旧的也罢,总而言之,都是游手好闲、不事生产;生活方式虽然不同,而精神上事实上,则实是八两和半斤。"[①] 这些观点实则已经包含着对于人们通常所说的"现代"和"传统"定义的反思:"现代性"的内涵究竟是什么?是否只要有了一些现代的物质景观、娱乐设施和消费方式就等于有了"现代性"?老北京的"八旗文化""皇城根儿文化"和大上海的"魔都文化",谁进步谁落后?中国城市落后的病根是"西洋化"过度,还是"本土化"太强造成的?如果不从城市生产能力与文化的关系去考察,这些问题是难于得出结论的。

第四节 民国文化产业思想——以老北京为例

政治民族主义在当时的最大要求就是将中国由一个文化包袱沉重的农业中国转型为强大的工业国家,城市化在这一大政治变革中被赋予的主要任务就是发展城市工业。工业化运动和城市传统文化的矛盾也是研究现代与传统、政治与文化复杂关系的一个重要切入点。打造城市特色文化的尝试除了在城市空间里的建筑、布局的设计中利用传统文化以外,通过发掘当地的传统资源来生利集资以促进城市发展也是一个重要途径,其必然与城市工业化问题产生关联,本书还是以民国时期老北京的城市文化建设来探

[①] 尧公:《古都新语》,《四十年来之北京》第二辑,1950年,第10页。

讨一下这个问题。北平乃传统古都，工商业不甚发达，生之者寡、食之者众的现象十分严重。30年代，北平产业工人不到7000人，商店亦仅占总户数的1/8，市民中95%都只能消费而不能生产，导致赤贫者达18万人以上。① 当时市政界对于北平"城市病"的认识是比较一致的，都认为北平市的最大问题在于消费习俗太盛，而生产能力低下。有人指出："北平为历代之国都，居住之市民，其生活多直接间接，仰给于政治，而不能直接从事生产，且政治上生活，较诸生产事业为安逸，于是好安善逸，恶劳畏苦，遂成平市市民一种习惯。"② 殷体扬是长期研究北平的学者，他就以北平为例指出，中国城市"目前最大的危险，就是消费人们太多，生产人们太少"。③ 有人主张改变北平的经济结构，将其改为工业区，"香港威海卫等地，数十年前，不过一荒村耳，今俱成为商业辐辏之区，岂有建筑伟大，市民云集之平市，反不能改为工业区者哉？"④ 这种改造方案，就是力图通过改造北平的传统经济结构将其由一个消费型传统城市变为一个奠基于现代工商业基础之上的生产城市。尽管社会上有那么多维护老北京城市习俗的观点，力图改变北京城市特性的想法仍然是由来已久，非自1949年后才产生。

但在对北平城市进行具体规划时，更多人并不主张将其完全设计为一座工业城市，更倾向于将其定位于一座文化旅游城市，出现了一种颇为类似当代文化产业的思想。北洋政府定都北京，于1914年成立京都市政公所，对北京进行了许多修建改造，使北京开始了走向现代市政建设的进程。后来由于国民党将首都迁往

---

① 张又新：《北平市之缺点及其救济》，《市政评论》第1卷，1934年，第6—7页。
② 子先：《北平治安问题》，《市政评论》第2卷第4期，1934年，第7页。
③ 殷体扬：《都市中如何实行新生活运动》，《市政评论》第1卷，1934年，第65页。
④ 黄子先：《繁荣平市之我见》，《市政评论》第1卷，1934年，第11页。

南京，北平的政治中心地位顿失。本来尚存铁路焦点的优势，可凭借发展工商业，然而天津的发展也将此一优势夺去不少。北平市政日趋衰落，全市人民生计也渐趋萧条，要求加强北平市政建设的呼声不断增强。不少人认为北平的发展只能利用它固有的文化古迹来发展旅游，"都故久为中国之文化及教育中心，其艺术品之集藏皇宫之壮伟，将使世界各国旅行人士仍继续至此来游。因失掉政治及商业之利益，此后须恃文化上之吸引矣"。[1] 1928年有市民朱辉向市政府上呈《建设北平意见书》，提出"建设北平为国故之中心""建设北平为交通运输之中心"等建议，还提出"保存、利用旧建筑物，并维护其艺术美术性"，划分城市为"住宅""商业""工业"三大地带，从交通、税收、警政、卫生各方面向市政府提出具体建议，希望重振北平，实现永久繁华。这个建议引起了当时市政府的一定重视。到了1930年，北平各自治区公所联名向国民政府内政部上呈了《繁荣北平计划》，主张将北平建设成为文化区、工业区、住宅区，也主张对北平的历史文化传统善加利用。但是该计划宏观理论性强，实施细则却较少，又缺乏重心，还是被内政部搁置下来，未能实施。

有人提出北平应规划成公园都市，因为"故都古代建筑物天然景色，为全国之冠"。[2] "北平富悠久之历史，在在均有表彰之价值，既为游者所重要，又为地理上所必需，将来表彰明，而兴趣浓；兴趣浓，则旅客清；旅客清，则游者增；游者增，则经济兴；经济兴，则市政荣。"[3] "平市本多古迹，若能切实整顿，可成世界一大公园，不独国外游览者可以尽量吸收，即国内游览者

---

[1] 《华北平原之城市》，《市政评论》第5卷第5期，1937年，第45页。
[2] 张景苏：《从都市地理上说到燕山八景（续）》，《市政评论》第2卷第10期，1934年，第24页。
[3] 张景苏：《从都市地理上说到燕山八景》，《市政评论》第2卷第7期，1934年，第19页。

亦可设法招致。"① 梁思成对于传统文化在现代城市建设中的态度，突出反映在他对老北京的规划设计中。他认为应把北京建设成像华盛顿那样禁止办工厂的行政中心，并像罗马、雅典那样的"古迹城"。"北京很可以建设成一个环境幽美、生活舒适的'行政中心'，像华盛顿那样。"②

保护古迹、发展旅游，根本目的当然不是仅仅出于一种抽象的文化美学理想，还是为了获得利润来增加市政收入。如市政学家壮克就道出了这个目的："外国人对于北平印象极佳，果使市政发达，每多吸收外人游资，及各地学生之学费，亦必不在少数，虽前所谓政治文化教育成立之市，为分利之市，是亦可作生利看也，岌然立于世界为一有名之文化市，繁荣之计，岂待烦言。"③ 包括十分重视发展城市生产事业的殷体杨在游览了东京后，也十分赞叹他们的旅游业，认为其为国家创造了巨大利润，"人家处处肯用心思，随地可以生产，像这样轻而易举的事，我们是值得用点心力才好。"④ 和壮克认为"分利"之事也能"生利"一样，在他看来，旅游业也是一种生产事业，可以自己生产财富。这些观点表明，将文化视为一个可以产生利润的产业的想法，在民国时期已经形成了。

1933年6月，袁良出任北平市政府的市长，他力主将北平建设成为旅游城市，使北平成为东方最大的文化都市，以此引起国际社会关注，"期以拓此旧都，蔚为雄镇，集名流之揽胜，宏国际之观光，一方藉以繁荣市廛，一方以转移中外视听"。⑤ 这时由于《塘沽协定》签字，华北局势暂时平稳下来，为袁良进行一场大规模城市改革提供了相对有利的政治环境。他借鉴欧美各国先进

---

① 《应使北平成为世界公园》，《市政评论》第2卷第10期，1934年，第14页。
② 引自王军《城记》，生活·读书·新知三联书店2004年版，第67页。
③ 壮克：《北平市的特殊性》，《市政评论》第1卷，1934年，第3页。
④ 殷体杨：《赴日考察印象记（续）》，《市政评论》第4卷第4期，1936年，第36页。
⑤ 《平市府拟就游览区建设计划》，《市政评论》第2卷第11期，1934年，第13页。

的城市规划理念，先后颁布了《北平市游览区建设计划》《北平市沟渠建设计划》《北平市河道整理计划》等方案，启动了一场大规模的北平城市现代化建设。1934年制定了《游览区建设计划》《河道建设计划》《沟渠建设计划》等一批更加切实详尽的可实施性计划。其中《游览区建设计划》是袁良任内市政府的工作重点，该计划要求修缮古迹名胜，将北平建设成游览区，招徕外国游客，吸收外汇，宣扬中国文化；同时建设交通、住宿、娱乐等各方面配套设施。有市政专家也对北平的市政建设提出建设："深有鉴于特质之所在，曰文化，曰教育中心，曰游览，为北平本身已具之条件，政府之措施，应即以此为蕲向，应如何保持其固有价值，使勿失坠。""有市政之责者，第一在能利用其天然之美，与固有之物，发扬光大。"① 袁良政府任内在学习西方现代化的先进市政规划理念时，也并不赞同彻底推翻传统文化的做法。他们非常注重维护北平传统古城的文化传统，要把北平建成一个优美、康乐的文化古城。特别是在北平的规划和北平的文物整理计划中，明显是企图将北平建成旅游城市来吸引资本，大力发展文化产业，包括拨款309万元建设平市文化游览区、缮修孔庙天坛等内容。②

抗战胜利后，1946年召开的北平公共工程委员会座谈会上，有人提出："吾人如将北平城郊各处文物建筑与名胜古迹，一一加以整理，永保原来美观，诱致外人游览，一方面既可宣扬我国文化，另一方面复可吸收外汇，对于国家经济平衡汇兑上，有相当补益，因此文物整理事业之重要，实具有更深长之意义。"③ 内政部司长哈雄文强调北平不能发展重工业，只能发展民用工业，而工业区以外的工业建筑都应取缔。他认为北平不能成为工业城市，这是其特殊条件决定的，"因天津为水陆码头，近在咫尺，工商业

---

① 壮克：《北平市的特殊性》，《市政评论》第1卷，1934年，第3页。
② 根据《故都文物整理之一页》，《市政评论》第3卷第8期，1935年。
③ 北平市工务局：《北平市都市计划设计资料》第1集，1947年，第38页。

之条件已占先着，故北平只能作政治文化教育中心，即有工业，亦无非供给消费所用之小规模工业"。① 会议上有人明确声称："北平市之特色，无疑的为一文化城，北平无重大之工商业，需要发展教育文化，并利用文物建筑，招徕游览，繁荣市面。故整理文物建筑，实为北平市政建设之中心工作。"② 北平市政府提出的《北平市都市计划》里面，决定加强改造旧城区，同时继续将北平定位为旅游和文化中心的城市，在不改变北京旧城格局的基础上展开市政建设。计划主张将城内继续作为一个观光城市发展，拟开发新市区，将政府机关、市民住宅、商店、工厂都转移其内，比如有建议"新街市拟于西郊树立宏大计划，俾可容纳枢要机关，及与此相适应之住宅商店。更于城外东南面地区，及通县之西部，以工厂为主而计划之"。在旧城内则"以故宫为中心，包括北海及中南海及景山东北西三面，由各皇城根包围中间区域"。③ 同时，"建设新市区，发展近郊村镇为卫星市，开发产业，建筑住宅，使北平为自给自足之都市"。④ 将政府机关、职员住宅及商店等，都移往新市区，在东郊设工业区，工业以日用必需品、精巧制品、美术品等中小工业为主；颐和园、西山、温泉一带计划为市民厚生用地。这个方案在"建设新市区"的设想上明显是继承了日据时代的规划方案，对于新市区里的工业定位，仅仅定位于发展满足生活必需品需要的轻工业。

不仅在对北京的规划如此，其余城市也有如是的规划。朱皆平在抗战结束后所提的"南岳文化建设区"就和北京的规划思路相近，他设想：

---

① 根据北平市工务局《北平市都市计划设计资料》第1集，1947年，第83页。
② 北平市工务局：《北平市都市计划设计资料》第1集，1947年，第37页。
③ 根据北平市工务局《北平市都市计划设计资料》第1集，1947年，第60、63页。
④ 北平市工务局：《北平市都市计划设计资料》第1集，1947年，第53页。

南岳应有瑞士之前途展望，即以旅行及其附带事业为主，而以文化教育机关之消费市场为辅是也。但此"衡湘名胜地带"现在以衡阳与湘潭两城市为其前后门，中间包括有未来之主要工业区株洲，则手工业及轻工业乃至精细艺术工业（如教育用品及科学仪器等）将来均有发展之可能。而此"名胜地带"作为比工商业区域之广大公园与野外娱乐场所，则将以工业化程度之日进而益感需要。故无论就旅行，就教育，就近代工业化所需之娱乐设备而言，均需房屋建筑与交通开发，此二者乃近代国家所公认为消纳失业之不二法门，而终至合于战后世界"充分就业"之主要潮流。故此区域规划目标，虽在文化建设，而如能按照计划发展，其附带经济作用，至为伟大。①

这个规划很明确道出了文化事业背后的经济目的。打造旅游区、发扬城市固有文化特色，是为了经济的发展，也包括解决就业等问题。并且，朱皆平的"南岳文化建设区"规划里，也基本没有给工业区留位置，虽然有一个"工商业建筑区"，里面其实主要是规划为旅游服务的建筑，如茶馆、酒馆之内，有一些专门制造运动游戏器具的小工厂。倒是在"模范新村"里，可以容纳部分大城市疏散过来的轻工业，如印刷、文具工业。

从总体说来，民国的"文化产业"思想都是主张消极发展工业生产，更积极于利用城市的传统文化资源来发展旅游业，增加商业利润，借此将本地塑造为文化、政治与商业一体的行政中心和旅游城市，这里面体现了一种文化资本的逻辑。文化资本就是以利用文化资源来创造利润的一种商业资本形式，其直接目标在于打造出一种文化品牌，然后通过此文化品牌赚取

---

① 朱皆平：《南岳文化建设区规划纲要》，《工程》（武汉版）第3—4合期，1947年，第152—153页。

更多的商业利润,文化产业就是为打造文化品牌而服务的手段。在当代强调城市文化特色、打造城市品牌、发展文化产业等理念是随着市场经济大潮下各地旅游业竞相发展这一大背景出现的。在近代的中国城市,"国家构建"这一大业赋予城市的任务是摆脱西方城市的经济体系独立发展,要实现这一目的,恐怕最要紧的还是以工业来带动商业、文化的发展,变消费的城市为生产的城市,文化产业化、打造品牌文化还不足以完成这一任务。而且,当代发展文化产业的旅游城市,其背后都有工业生产技术作为支撑。修缮文物、建设旅游区、营建各种配套的服务设施,包括各种文化创意,更不用说利用各种现代化的声光化电手段去表现传统文化、再现历史场景,都是在现代工业技术基础上才能实现的。民国时期去外国考察的许多市政学家们只看到了外国旅游业表面多么兴旺,却未提到他们的旅游业也是依托于强大的城市生产功能的。也就是说,发达国家和当代中国的文化产业实际上是工业生产的一种表现形式。在近代的中国,不仅是北平,所有城市如果放弃所亟须的发展城市生产功能这最基础的任务,而直接从利用城市文化特色这种比较优势走捷径去发展旅游、商业,搞文化经济,可以在短期内获得不少收入,市政暂时获得较大的改善,但大多数城市可能将永远停留在原本的农业城镇或生产不发达的消费城市的水平之上,它们的"不事生产"的城市病无法得到治愈。

从民国时期对于北京等文化古城的规划里,我们发现规划者们存在一个思想上的矛盾:尽管市政学家们对于以北京为代表的传统文化积淀较为厚重之城市的发展,从理论上认识到了其症结在于生产能力太差、工业水平幼稚、旧消费习气束缚太深,但一到正式规划层面,大多数市政专家和规划者仍然还是将这些地方定位在政治城市和旅游城市上,对于发展生产事业,态度是比较保守的。个中原因,恐怕不能从思想本身去寻找了,意识形态上的原因往往并不在意识形态本身,而在现实的利益里。继续将老北京作为旅游观光之城，或生活舒适的行政中心，在新区发展一点以满足市民需要的日用品为主的轻工业，这种设计很适合中上层市民需要。在城市里复兴传统文化，又特别迎合了一批居住城市里的士绅官宦的审美情调和经济利益，这批人构成了城市里的上层市民。近代国人对"都市"的理解一开始就是在这批城市中上层市民的视角下展开的，并在这种理解下展开了对"市政"的探索，以之作为复兴中国的一条渠道。中国资产阶级与城市士绅阶层又具有深厚的历史联系：他们主要出自传统的士绅阶层，包括工业资产阶级，也大多是从士绅阶级转化而来。资产阶级的利益与士绅阶层牵连一起，其价值观念和审美趋向也始终被士绅文化所影响。直接利用传统文化资源来创造利润的文化产业思想，正表达着资产阶级与士绅阶级的一种合作，是产业资本向文化资本、商业资本的一种妥协。只要还是由资产阶级来引领的城市化和工业化，恐怕就难以摆脱这种矛盾。

余　论

"传统"与"现代"的含义并不是判然分明的，正如许多人所阐述的，通常许多被认为的"传统"未必是保守或封建的，而许多"现代"的事物却可能是落后、腐朽的，"传统"和"现代"有时也并无明确标准。如何处理"传统与现代""民族与世界"的关系问题一直是现代化运动和理论研究中的重要问题，在当代的城市化运动中，城市文化的塑造同样经常面对这些问题的困扰。

当我们谈到"保护传统"的时候，不能不注意到，"传统"本身就是一个被构建起来的历史产物。一种新文化景观出现时，常常是被许多人士视为对城市传统的割裂，但若干年后，这种文化又镌刻在了城市之中，变成一部分人的城市记忆，居然成为维系一部分人城市认同的"传统"，这是经常发生的现象，比较具有典型意义的就是租界文化。当租界刚刚出现在中国时，在时人眼里，这是一种与本土城市文化极不搭调的异质景观和殖民文化象征。然而，时过境迁，到了今天，租界居然融进历史成为一种传统，成为许多城市亟待保护的"城市记忆"。租界老建筑、街区都成为上海、武汉、广州、天津等城市文化遗产的重要组成部分，许多人所呼吁的城市改造中亟须保护的传统里，"租界历史街区"就是一个重要部分。因此，当今天的人在创造新城市文化的时候，其实也在建构着一种新的城市传统，若干年后，这一切又将成为许多人的"城市记忆"，当然这个构建过程必然会破坏很多老传统。而且这个构建"传统"活动本身是有阶级性的，许多声称"保护传统"的人没有意识到，他们所珍惜的"传统"在另一部分人那里可能是颇不以为然的。在当前，"城市记忆"在不同人心里，其内容就有很大差别。在"保护传统"的呼声中，规划者不可能将所有传统全部保护，必然是有选择的保护。如是我们首先当提问："为谁构建传统？塑造什么样的城市记忆？维护和塑造谁的城市记忆？"

而且，城市被改变的不仅只是物质景观层面的传统，还有精神文化层面的传统。当代史学大师霍布斯鲍姆曾论述过"符号的做法"与"有效的做法"："符号的做法"指恢复或拆毁一些建筑物或遗迹，属于物质景观层面的传统；"有效的做法"指恢复或破坏旧道德或旧宗教，属于精神文化层面的传统。霍布斯鲍姆指出，"有效的做法"与"符号的做法"两者关系很复杂，通常两者会同时出现。他提到丘吉尔当年坚持按原样恢复国会大楼，就是因为保存原有的建筑结构将有利于议会政治的特殊生态。[①] 他的论述实际上传递了这样一个道理：恢复或破坏那些物质景观层面的"传统"，往往也在恢复或破坏相应的精神文化层面的"传统"。当物质层面的传统——老街巷、建筑等被破坏

---

① ［英］艾瑞克·霍布斯鲍姆：《论历史》，黄煜文译，中信出版社2015年版，第24页。

时，非物质层面的传统——人们的交往方式、生活方式、习俗习惯等可能也都正在逐渐成为远去的记忆。反之，当某种物质层面的传统受到保护或复兴时，可能与之配套的非物质层面的传统习惯也在悄然复活。"传统"与"现代"不仅只是一些文化符号，更是生活习惯、精神信仰。一个城市传统的消亡与振兴，并不仅仅是具象景观的消亡与振兴，实际是一种生活方式的改变。对待传统的态度，也就不仅只是一个文化学与美学意义上的事情，其实质是不同阶级对于某种生活方式的维护与排斥。在"传统"与"现代"的话语下不同群体不断变换伸张自己的诉求，这些语汇下面其实是不同主体的利益。

第六章
"乡村城市化"：城市改造乡村与国家再造

在习惯的看法里，"城市"代表文明，"乡村"象征自然。殊不知，"城市"是人造的文明，"乡村"实在也是人造的自然。"城市"发展到一定水平，就会按照自己的要求去改造乡村。在人类不同的文明发展阶段上，就会产生出不同的乡村。这也是简·雅各布认为城市先于乡村产生、乡村是城市制造之产物的理由。在工业文明时代，与之配套的乡村是一种已经被工业化改造过的乡村，和前工业文明时期的宗法农村有所不同。民国时期已经出现了城市一边在展开工业化建设，一边在试图按照自己的要求去改造农村的方案。

第一节 城市整合农村的方案

在近代发达国家里，城市支配着乡村，城市是国家政治经济文教的中心，工业文明和都市文明是现代文明的支柱。但在中国，作为一个资本主义经济不发达的半殖民地半封建国家，农业经济仍然占据着主导地位，城市对于全国地区和资源的辐射与聚合作用仍然极其薄弱。近代中国虽有以上海为代表的通商口岸的崛起和相关市场经济的明显推进，但其并没有真正撼动封建土地所有制在中国农村的统治地位，众多中国农民与口岸经济并无多大关联。1917年，蒋梦麟从美国回到家乡浙江，发现"离商业中心较远的地方……乡下人还是和他们的祖先一样种茶植桑，外国货固然也偶然发现，但是数量微不足道"。① 同为浙江人的曹聚仁写道："从我的家乡到杭州计三百六十华里之遥，一位浙东农村的庄稼人要进省城一回，那真是天大的事……那些到过上海的商人，一回来就得写'天方夜谭'了。"② 上海"即使在1941年，仍旧可以在三四小时内从外滩中段跑到一点也没有改变的农村地区。乡村相距不到十英里；水稻田和村庄，可以从市区的任何一座高楼大厦上瞧得清清楚楚。这是世界上最为轮廓鲜明、最富于戏剧性的边界之一。传统的中国绵亘不断，差不多伸展到外国租界的边缘为止。在乡村，人们看不到上海影响的任何迹象"。③ 这些都是都市化辐射力对于农业文明的经济基础之影响极其薄弱的表现。

自从抗战爆发后，中国随着三股政治力量的角逐形成沦陷区、国统区和解放区三大板块。沦陷区几乎占有中国所有的主要大城市，国统区和解放区则分别占有西南、西北较为落后的内陆城市和广大乡村世界。这两大板块为了抵御日寇，有意切断乡村世界对于大城市的物资供应，造成乡村孤立城市的局面，更进一步削弱了乡村与城市之间的血液循环。毛泽东说过："我们在长期战争中曾经打断了城乡的旧的经济联系。"④ 这正是日寇虽能占领几乎所有大城市却不能灭亡中国、中国终能凭借乡村阵地反败为胜的奥秘所在。然此一现象却又足以反证此前的中国城市是依靠乡村而存在、自己的独立发展能力以及对乡村的反作用却极其有限的事实。黄宗智先生认为："在清末民初的中国，全国性的社会整合与现代国家政权建设却未能进展到同样的水平。向现代城市工业社会的全面转型没有实现，有的只是一种农业经济和自然村落社

---

① 蒋梦麟：《西潮与新潮——蒋梦麟回忆录》，东方出版社2006年版，第129页。
② 曹聚仁：《浙东》，载《我与我的世界》，人民文学出版社1983年版，第39页。
③ [美] 罗兹·墨菲：《上海——现代中国的钥匙》，上海社会科学院历史研究所编译，上海人民出版社1987年版，第14页。
④ 邓立群主编：《毛泽东读社会主义政治经济学批注和谈话》，中华人民共和国国史学会1998年版，第131页。

会的内卷化延续。社会整合的进展主要限于局部的县、乡与村，而不是在全国性层面上。中央政权在衰败、军阀武夫在崛起，近代西方式专制与民族国家却未见兴起。"[1] 但直到1949年国民党政权在大陆覆亡，中央政权对于全国的控制能力仍然是极其有限的，真正的民族国家和近代西方式专制都未形成。这种局面的造成，从城市史的角度看，正和"向现代城市工业社会的全面转型没有实现"的状况相一致，城市的经济、政治、文教中心功能始终十分薄弱，其对于全国的辐射、整合能力必然十分有限。结果，整合只主要发生在以县、乡为基本单位的一个个地方区域内，最后的结果是全国形成更多的一个个割据自立的小地方共同体，以全国为单位的"大共同体"却始终停留于形式。

市政不能忽视农村，主张城乡共同进步，是中外市政建设里的重要内容。但在民族主义视野下，这并不仅仅是城市化的要求，也是构建新国家的要求。国家就是一个城乡统一体，布罗代尔介绍过，古希腊城市就是一个城市加上它周围辽阔的农村。[2] 杰弗里·帕克提到，古罗马城市也是都市与乡村的融合，这种融合产生了一个乡村化的城市，和一个依靠城市财富生存的乡村。具有这种城市模式的古罗马方才首先提出了领土的概念，而且帕克特别强调，这种城市模式是促使罗马从都市向帝国转变中最基本的东西。[3] 日本池田宏说："都市与健全之农村相对待而支配一国之国运，形成一大社会之组织，俾多数国民得以安居成一大经济组

---

[1] 黄宗智：《中国的"公共领域"与"市民社会"？——国家与社会间的第三领域》，程农译，邓正来校，载邓正来、[英] J. C. 亚历山大主编《国家与市民社会：一种社会理论的研究路径》，中央编译出版社1999年版，436页。

[2] [法] 布罗代尔：《十五至十八世纪的物质文明、经济和资本主义》第1卷，顾良、施康强译，生活·读书·新知三联书店2002年版，第614页。

[3] [英] 杰弗里·帕克：《城邦：从古希腊到当代》，石衡潭译，山东画报出版社2007年版，第44页。

织为一国国力之中坚，又为政治之中心、文化之魁首"。① 城乡的关系影响着统一民族国家的形成与发展。

民国时期的市政界大体上遵循着以市政统合城乡的思路，认为城市与乡村的整合，关系着统一国家的富强稳定与社会的良性发展。有人说：

> 一个国家是许多城市和乡村的总和。城市和乡村发达，国家必强盛；城市和乡村不发达，国家便衰弱，这是一定的道理。如上古时代的希腊和罗马，因为城市乡村发达的关系，所以当时的希腊和罗马是极强盛的。到了中世纪，城市和乡村一天一天的衰落下来，结果他们的国家便亡了。②

在市政界看来，城乡的共同发展，有赖于城市借用自己的辐射力，形成一个城乡共同体，尤其是在工业化运动展开以后，农业最终会成为工业的一个部门，农村成为城市的附属，农政也相应成为市政的一个部门，"农政本是市政的一环"。③ 1921年的《市自治制》里就有"市乡组合"的条例。殷体扬认为，现代市政，"对于农业的生产、农村的建设任务，都拿到市政府的肩上去"。"市政是可包括农村事业的，市政府当然要兼管农村的建设的。" "无论是农村，或是城市，都要市政上的机能去推进才行。"④ 这些观点和他倡导的小城镇方案是一致的。他还认为城市

---

① 转引自《训政时期之市政建设》，《万县市市政月刊》第2期，1929年，第75页。
② 薛伯康：《对于中国市政的观感》，《市政评论》第5卷第6期，1937年，第5页。
③ 崔寿柏：《大上海计划中浦东农业区的瞻望》，《市政评论》第9卷第1期，1947年，第20页。
④ 殷体扬：《县市分治问题与县市政计划》，《市政评论》第4卷第10期，1936年，第3页。

的改造,最重要的是应相对农村救济为目标,① 并明言:

> 我们成立城市的最大目的,自然不能和其他各国一样,专以招致游览旅客、发展工商即为了事,更须增加发展农村的任务……应该增厚改进农业的机能,用全力去办农业或办农村的工业,甚至去促进农产、运销农产、制造农产,慢慢将农业科学化、农产工业化,城市与农村相互为助,相互发展。所以城市必要多办农业技术学校、农产物制造工厂、农产运销机关,处处与农村相呼应。结果使农村剩余的农民,变作城市的工人,农产物变作城市中与农村中需用的制造品。②

市政界人士懂得,要想扩大城市对乡村的辐射能力,必须先依靠市政建设打造一批模范都市,"城市要首先实行建设,而后才可领导农村。如果只有散漫的农村,而没有领导农村的单位,犹如一大人群,失去领袖一样的失当"。③ 抗战期间的"陪都"建设,就有试图以"新重庆"来领导农村进行抗战之目的。抗战结束后,在"建国运动"的声浪中,有人更明确道出了此中之意义,"今日的建国工作,我认为必以建立几个重要的建国中心据点,也就是大都市,领导国民经济与国民文化为先务,同时也就必须期待由此中心散发出伟大力量,以深入各乡村,扶植人民生活。我又认为要使都市能充分担负领导乡村的责任,必须使从事市政建设工作者打破那盲目地追逐某种力量任其携引作畸形发展的旧习,重新换上以全民生活为主的眼光,把都市引导上有一定

---

① 殷体扬:《由城市到农村》,《市政评论》第3卷第15期,1935年,第9页。
② 殷体扬:《我国市行政问题与县市政计划》,《行政问题》第1卷第3期,1936年,第567页。
③ 殷体扬:《建立市政基础的重要》,《市政评论》第4卷第7期,1936年,第9页。

目的、有一定计划的道路,以便于领导广大区域的千万乡村的经济和文化。因此,市政工作者之使一市经济文化遵循合理的轨辙而发展,即是领导广大区域的千万乡村的经济文化共同遵循合理的轨辙而发展。"[①] 抗战结束后任昆明市市长的曾恕怀提出,建设昆明的最理想方案是"兼有法国城市的美观,德国城市的经济,英国城市的社会组织",然后以新昆明来领导全省的新都市,再以新城市来领导整个农村,以达到"建设新云南和完成建设新中国的目的"。[②] 这都是体现出建设"新都市"来辐射乡村、改造乡村以之构建新国家的理念。而建设"新都市"就是发展市政建设,就是政府要在城市和乡村中共同承担建设、改造的责任。

理想的城市,其工商业应该配合该地区的农业,以使此地成为一个经济单元,有人指出中国的城市并没有担负起这种任务,"城市没有与农业配合的工业,更没有使一地区变成经济单元,从大城市到中小城市,都是商人投机渔利的场所,这是极不正常的发展"。[③] 这里揭示出一个道理:城市资本主义仅仅停留在商业资本主义形态是不足以彰显其"现代性"的,必须将商业资本转化为工业资本,将城市变成工业的城市,如是城市才能生发充足的辐射力影响到整个农村,进而改造全国。有人提出:"欲发展中国工业化必先建设都市,以为工商业之据点,以便以点制线,以线导面,所谓面即广大的农村。""因此散布在各省行政区域中的都市,可加强建设与进步,以便担起指导任务与示范的功能。"[④] 民国时期也开始在向农村提供科学灌溉、耕植的技术,推广电耕机等先进工具,这些反映了城市产业进步之后在逐渐加强对农村的

[①] 王友直:《建国运动中之都市建设》,《市政评论》第10卷第1期,1948年,第9页。
[②] 曾恕怀:《昆明市政》发刊词,《昆明市政》第1卷第1期,1947年,第2页。
[③] 晏嗣平:《论宪法及省县自治通则中"市"之规定》,《市政评论》第10卷第4期,1948年,第16页。
[④] 赵润:《论今日的中国都市》,《市政建设》第2期,1948年,第16页。

当时也有先进行农村和郊区改造来促进城市发展的尝试，较有代表性的是沈鸿烈在青岛的建设。一战后日本撤退时，青岛的市区已初具现代化，可是在广袤的乡村，"除了新建的基督教堂与传统的神祇并肩存在以及花生壳被城市新工业收买之外，当地人民的生活与近在咫尺的大城市毫不相干"。[①] 1931 年，沈鸿烈担任青岛市市长，他认为"青岛虽名为都市，实则乡区面积什倍于市区，故乡区之物质建设文化建设，与市区同属紧要"。[②] 在他的倡导下，青岛大力发展乡村建设，修建道路和通讯、推广乡村教育、普及农村合作社、建立借贷信用体系、建设公益设施、发展农村工业。为了加强市区和乡区的联系，还设立了 5 个乡村建设办事处，由市政府及直属的工务局、社会局、教育局、公安局、农林事务所各派一人组成，职责除执行各局所交办的乡村建设事务外，还负责调查农村实况、向上级报告建议、指导地方建设等任务。[③] 1931 年到 1937 年间推行的乡村自治运动对于青岛乡村建设起到了极大的推动作用。青岛 20 世纪 30 年代的乡村建设和乡村自治运动，使得城市化建设从市区扩展到郊区，这是城市现代化发展的必然道路，也是青岛现代化城市发展的关键因素。[④]

在这种"以乡促城"的探索中，出现了"卫星城镇"的理念。吴嵩庆提出："任何大都市之形成，必须有赖于无量数小镇村的扶持，这许多小镇村，犹如环绕于大都市的卫星，这些卫星分布愈广愈远，都市的本身，亦必愈臻繁荣。……所以要繁荣我们

[①] 黄仁宇：《资本主义与二十一世纪》，生活·读书·新知三联书店 2006 年版，第 526 页。

[②] 沈鸿烈：《青岛政治上的动态与静态》，《青岛画报》，1935 年，第 20 页。

[③] 周兆利：《20 世纪 30 年代的青岛乡村建设》，青岛档案信息网 http://www.qdda.gov.cn/。

[④] 根据童乔慧等《近代青岛城市与建筑的现代转型初探——1929 年—1937 年》，《华中建筑》2009 年第 10 期。

的城市，必须同时建设城市的四郊。"[1] 抗战结束后的大上海计划里，有人主张把浦东建设成为一个农业区，以为"上海是全国最大的都市，需有最进步的农村来配合"。[2] 北平都市计划里也有"建设新市区，发展近郊村镇为卫星市，开发产业，建筑住宅，使北平为自给自足之都市。"[3] 40年代末西安市市长王友直也提出在郊区建设示范农村以影响都市的主张：

> 都市工商繁盛区域之周围，必须绕以较大的郊区，加强其建设，除充分表现山水园林等自然景色及实验农场的相当规模外，若干工厂、学校、军营及其他国防设施等宜于分散的，可以使之星罗棋布。同时若干林荫大道、公园、广场、池沼等，则可尽量使之错综点缀于中心及繁盛地带。郊区的外缘，更当运用都市力量，建立现代化的示范农村。由示范农村而郊区，由郊区而繁盛区，由繁盛区而市中心，合为一大都市，贯以统一的政令，统一的交通网，统一的保甲组织与统一的合作机构。于是，对内既表现乡村式的都市，使全市生活方式、人口分布、经济变革、文化动态，得有调和的余地，对外又表现都市式的乡村，为广大区域内千万乡村之所矜式。[4]

这些都是企图通过农村建设来促进城市进步的规划。不过，从这些方案里不难看出，即使是先发展农村，也是按照城市发展的要求制定规划，是在乡村或郊区进行着类似市政的建设，其目

---

[1] 吴嵩庆：《疏散问题》，《市政评论》第6卷第2期，1941年，第5页。
[2] 崔寿柏：《大上海计划中浦东农业区的瞻望》，《市政评论》第9卷第1期，1947年，第20页。
[3] 北平市工务局：《北平市都市计划设计资料》（第1集），1947年，第53页。
[4] 王友直：《建国运动中之都市建设》，《市政评论》第10卷第1期，1948年，第9页。

的也是为城市化要求服务的。它们和"县辖市"方案一样，事实上仍然体现着城市化的潮流在带动乡村的建设。

从中央政权的角度看来，中国的市政建设在20世纪前半叶既然是一种中央政权力图对社会进行整合的尝试，作为政府一方，自然就一面希望打造出一批模范大都市，借这批模范都市影响于乡村，另一面还希望借市政建设实现对城市内部的控制，进而将历朝历代政府最为鞭长莫及、放任自流的乡村世界也纳入国家控制的轨道中，将中国再造为一个新的政治经济文化统一体，至少能打造出一个黄宗智所说的"近代西方式专制"。在这一点上，政府与市政界形成了一致。尽管近年来关于传统中国对于乡村的实际控制能力出现了很多争论，许多学者开始怀疑"皇权不下县"的传统说法，认为事实上国家对乡村世界的控制和汲取能力一直很强。但政府一直对于乡村缺少改造和整合，学术界对此并无太多分歧，本书第一章也说过传统中国其实一直是城市建设强于乡村建设。只不过对此现象，有学者解释为国家能力持续衰弱，有学者解释为政府权力很大却不肯承担扶助乡村的责任。勿论政府对乡村的实际控制能力达到何种程度，在向民族国家的建构过程中，政府现在需要加强对于乡村的重构了，而这个重构的发力点就是城市。城市化在全国的涵盖，是一个打破原有的以宗法伦理维系的文化共同体，再造以经济政治纽带联系的新有机社会结构的过程。城市辐射乡村的活动，就在逐渐打破乡村社会小农经济结构、破坏乡村以血缘纽带维系的社会关系。都市吸引乡村男女离家打工，可以动摇传统家庭的组织，更进而动摇大家族制的根基，使小家庭逐渐增加，这样就有利于削弱乡村宗族势力的影响，中央政府便可趁时将力量渗透进一些穷乡僻壤，加强对基层的控制力。比如有当年的老人回忆上海杨树浦附近的农村因为受到城市影响而发生的变化："当我幼年时，村人个个皆种田，女人们皆缠足。当时村中没有几姓，现在却添了无数新姓。当时我们各人皆有一所房屋和一块田，现在却又许多人租田种。从前我们大家互相帮忙,遇到外侮,合力防御。我们当初在每年年初,选举年长者做乡董,后来却选有钱的做乡董了。自从国民党执政以后,税务局每年为我们派一个村长来。"[1] 这就表现出城市改造农村和中央政府加强对地方控制力的某种一致性。杨树浦之前都是选年长者做乡董,后来变为选有钱者做乡董,这无疑是资本对农村渗透所带来的人心取向的变化。政府向当地派出村长,这体现着政府和当地商业力量的微妙关系——政府不希望地方商业势力的过度成长增加地方的离心力量,因此要加强自己对于当地的控制程度。这也进一步说明,中国近代城市化的推进并非是一个扩大地方自治的过程,而是政府顺势扩大政治力量范围的"国家构建"的过程。

第二节 现实里的民国城乡关系再思考

民国市政界城乡方案的意图是让城市改造乡村、囊括乡村,并且宣称要实现城乡平衡发展。但事实上,整个近代时期中国城乡发展是极不平衡的,从晚清到民国,城市对乡村进行的掠夺和榨取恐怕要远远多于城市给予乡村的扶助。农村急剧衰败,社会出现了十分尖锐的"城乡对立",在民国学者的文字中常出现"膨胀的都市和偏枯的乡村"这种描述文字。

从理论上说,出现城乡对立未必一定意味着社会的倒退,人类进入文明社会的一个重要标志就是城乡分工的出现。几千年的人类文明史,城乡对立在某些地区、某些特殊时期的出现,经常会具有向更高级社会阶段过渡的意义。在资本主义和工业革命产生以后,具有现代性质的城乡对立主要有两种情况,一种是为了保证城市现代产业的进步,乡村沦为城市的附庸,由于过度给予

---

[1] 何学尼译:《工业化对于农村生活之影响(五)——上海杨树浦附近四村五十农家之调查》,《社会半月刊》第1卷第5期,1934年,第57页。

而贫困,类似于马克思所说的"城市征服乡村";一种则是出现"城乡二元结构",这是1954年由美国经济学家威廉·阿瑟·刘易斯提出的。刘易斯认为,发展中国家经济的特点是二元的,现代工业部门为一元,传统农业部门为一元。传统农业部门的剩余劳动力应该向现代工业部门转移,也可以最终被现代工业部门所吸收。显然,刘易斯所说的这种"城乡二元结构"是指城市、乡村各自代表了工业和农业两种不同的生产方式,并且只有从前现代农业社会走向现代工业社会的过渡过程中才可能出现这样的二元格局。那么,无论是马克思所说的"城市征服乡村",还是刘易斯所说的"城乡二元结构",都代表着在向现代工业文明转型的过程中、人类社会被划分为"都市"和"乡村"两大世界体系的不平等结构,但同时又属于一种现代生产方式下的城乡关系结构。从历史的眼光来看,它虽然极不平等也极不合理,却是一种"现代化的罪恶",这种不平等必须通过对现代化本身的理论批判与现实扬弃才能得以消除。

民国市政界的主张市政独立、城市自治、发展市政和主张城市对乡村进行整合的那些理论,具有着体现上述两种"城乡对立"关系的现代性。对于近代中国社会现实里所发生的城乡对立和乡村危机,当代有不少学者观点里都包含着认为其具有新的时代内涵的意思,如周谷城先生认为"农村破坏,都市发展,两者背道而驰,这是现代中国社会变化的方式"[1]。王先明教授认为这种危机属于"城乡背离化"发展中的危机,是"现代化发展"进程中的乡村社会衰退。伴随着城市社会结构的历史性重构,近代乡村社会在现代化发展进程中急剧衰退。[2] 美籍学者卞历南则认为"1949年后制度安排的某些因素确实在1949年之前就已经

---

[1] 周谷城:《中国社会之变化》,《民国丛书》第1编《历史地理类》,上海书店1989年版,第314页。

[2] 王先明:《现代化进程与近代中国的乡村危机述略》,《福建论坛(人文社会科学版)》2013年第9期。

开始形成。"① 意谓自1949年前已经形成了一个"城乡二元结构",1949年后的城乡结构正是其延续。

可是,如果我们翻阅民国文献,会发现那些讨论乡村问题的文章里常会出现认为近代乡村危机只是一种旧社会体系的现象、并不能谓为社会进步的文字,如有人说:"都市人口的增加,不能谓为中国都市发达的现象,仅能谓农村衰落的反应,不能谓为社会经济的进步,仅能谓为农村国家的病症。"② 在这种文字里,作者所表达的意思就是认为近代中国城乡矛盾只是一种传统现象——"农村国家的病症",并不具有现代意义。千家驹说:"农村偏枯与都市膨胀只不过是整个社会经济破产病态局部的表现。"③ 这句话也有这层意思在内。也就是说,许多民国学者可能并不认为当时中国的城乡危机具有什么进步意义或新时代内涵。当代研究者的评价和民国学者自己的感受,究竟谁更贴合事实一些呢?

笔者以为,要评价民国的城乡关系是否具有新的时代意义,需要考察一下从晚清到民国发生的城乡危机是否具有前述的"城市征服乡村"或"城乡二元结构"性质,这就需要先考察近代城乡危机发生的主要原因。

近代以来,首先是由于外国资本主义以其过剩商品摧毁了农村的手工业,同时又低价收购中国的农产品,导致了农村经济的破产。这其中有资本主义的因素,也确实是以前时代所没有的现象,但这只是有利于外国资本主义的发展,对于中国自身的资本主义和工业发展没有太大促进作用。外国的资本也主要并未用于中国城市的工业建设,而是一部分流回了本国,一部分用于了租

---

① [美]卞历南:《制度变迁的逻辑:中国现代国营企业制度之形成》,浙江大学出版社2011年版,第9页。
② 董汝舟:《都市与农村》,《建国月刊》第9卷第2期,1933年,第2页。
③ 千家驹:《救济农村偏枯与都市膨胀问题》,载千家驹等《农村与都市》,大象出版社2009年版,第3页。

界的市政和消费。

从内部的因素看，促使农村破产的一大主要因素还是自传统时代就延续不断的苛捐杂税，甚至有些苛捐杂税虽是以"现代化改革"的面目出现，其实仍然是传统捐税的性质。如清末新政，清政府在所谓"改革"过程中将大批"新政"费用强行摊派给下层人民。据《湖北通志》卷五十《经政》八榷税部分记载：1901年后，新增捐税有米谷捐、储备捐、洋油捐、火车捐、盐斤加价等。湖北拟就的1912年预算里，从前占政府财政收入75%—80%的田赋收入，当时只占1/4，其余的3/4来自盐税、杂捐和表列为"临时收入"的与新政措施有关的"捐献"。① 这些捐税里只有洋油捐、火车捐和发展现代工业有关，其余是传统捐税。新政虽然在形式上是带有城市现代化意义的改革，但是其加诸农村的负担主要不是为了发展城市工业，而是主要用于办学堂、警察和一些满足城市士绅生活方便的市政设施上面。并且，当时以新政名义征收的许多苛捐杂税，都是由地方官和一些地方绅士自行增加的。官吏与士绅借机对民众巧取豪夺，引发大量抗粮、抗捐、抗税等自发性群众反抗。如莱阳民变就是由于地方官府和劣绅互相勾结，以地方自治为名强取豪夺而激发乡民反抗。萍浏醴起义里，学生和农民起义结成了联盟，萍乡知县报告称："所抢劫焚杀者，皆向办警察、保甲绅士人家为多。"② 可见，农村可说是在为城市士绅们的消费生活而支付超额代价，城市消费阶级的压榨导致了农村的暴动，而非城市产业经济的进步造成了农村的负担。

进入民国时期，这种状况并没有多少改变。国内的地主、官僚、商人、高利贷者通过苛捐杂税强取豪夺，更有军阀强占土地。有一位外国人说："中国农民缴纳的田赋，较一八六六年普鲁士田

---

① ［美］周锡瑞：《改良与革命——辛亥革命在两湖》，中华书局1982年版，第138页。
② ［美］周锡瑞：《改良与革命——辛亥革命在两湖》，中华书局1982年版，第73页。

赋多十五倍。"① 据统计，江苏农民附加税尽皆超过正税，经济越落后，附加税越重，苏北尤甚，徐州、海州12县平均7倍以上，其中灌云县超过20倍以上。② 造成大量苏北农民逃往苏南讨生。时人总结道："农村经济破产一般的原因，实为田赋附加税之有加无已。"③ 如江苏江浦县田赋达30种之多，其中26种皆为附加税。多地的附加税常常超过正税数倍，如河南超过1倍到8倍，湖南超过10倍到30倍，四川温郫一县，甚至预征了农民30年的田赋。④ 因此有人指出："田赋之奇重尚不足为奇，且多预征多年者，如四川现已预征至民国六十年以上，而河南已征至民国二十五年以上，此种恶例，实世界所未有，而为我国农村破产之根因也。"⑤

当然，如果这些苛捐杂税主要用于城市产业资本的积累，那么这种城乡对立还是可以视为具有为工业化运动而进行了过度汲取的性质。但是从许多事实来看，农民所服的差役完全是一种旧式宗法依附社会下的义务，"农闲时，佃户须各尽所能，为田主服役，能扛轿者扛轿，能拉车者拉车，能做饭者做饭。田主视佃农为雇农，佃农为保其佃种权，亦不得不俯首帖耳也"。⑥ 青海共和县，"蒙番佃户若向地主租田耕种时，应先送茶、斜布、哈达或牛羊等礼物……每年地主之一切杂差如千百户王公等之出差费，本部与他部的交涉赔款，及省里派来的各项差摇，均须收

---

① 根据何迺黄《中国农村经济破产之分析》，《农村经济》第1卷第10期，1934年，第38页。
② 根据池子华《农民工与近代社会变迁》，安徽人民出版社2006年版，第71页。
③ 中央大学经济资料室编：《田赋附加税调查》，商务印书馆1935年版，第5页，引自池子华《农民工与近代社会变迁》，安徽人民出版社2006年版，第71页。
④ 董汝舟：《中国农民离村问题之检讨》，《新中华》第1卷第9期，1933年，第70—71页。
⑤ 何迺黄：《中国农村经济破产之分析》，《农村经济》第1卷第10期，1934年8月，第38—39页。
⑥ 章有义编：《中国近代农业史资料》第三辑，生活·读书·新知三联书店1957年版，第249页。

租户担任"。① 而且，从一些数据看来，民国的政府开支大大增加，而用于生产建设的却很少。1936年民国省政府的建设费只占15.65%，1940年降到了7.74%，债务费则逐年增多。② 县政府的比率更低，1936年建设费只有8.7%，1940年降到了6.93%。整个行政费用则由49%增至56%，其中比率最大的是党政自治费。③ 乡镇虽有造产计划，但苦无财源，根本不能实施。这其中可能有抗战的影响因素，但这些开支主要也并未用于抗战，而是政府行政。根据时人介绍：

> 支出方面，大体以行政费为最大，教育费次之，公安费居第三位，次为其他支出。所谓其他，实际为行政支出的变相。故县市支出中，政务费所占比例常较事业费为大。至于建设支出如乡镇造产支出，直至民国三十二年度后才有少数列入预算。显然这是消费性质的支出大于生产性质的支出。④

国家极其重视征税，大部分支出却用于了行政和"行政支出的变相"，而不是生产事业，并且，政府的行政有相当一部分就是市政建设，而当时的市政建设又主要集中于城市消费设施的建设上，也就等于农村被榨取的费用被用于城市的消费生活，对于城市和农村生产的发展却用之甚少。这种城乡对立其实仍是传统社会下"消费的城市榨取生产的乡村"这一关系的延伸，并不具有实质上的现代意义。

---

① 冯和法编：《中国农村经济资料续编》，台北：华世出版社1978年版，第366页。
② 宫廷璋：《1945年以前的民国地方财政》，载全国政协文史和学习委员会编《文史资料存稿选编：经济》上册，中国文史出版社2002年版，第6页。
③ 宫廷璋：《1945年以前的民国地方财政》，载全国政协文史和学习委员会编《文史资料存稿选编：经济》上册，中国文史出版社2002年版，第7页。
④ 宫廷璋：《1945年以前的民国地方财政》，载全国政协文史和学习委员会编《文史资料存稿选编：经济》上册，中国文史出版社2002年版，第14页。

除了苛捐杂税以外，传统时代导致农村破产的原因还有土地兼并、高利贷和天灾战乱，这些因素也同样在民国延续下来继续成为导致农村破产的主要因素。中国商业资本很早就发展了起来，可是一直未用于投资发展工业，而是投放于农村用于兼并土地和发展高利贷，可以说其本来就是土地兼并和高利贷盘剥的产物，而这两种活动正是造成传统社会农村经济衰落、农民流离失所的重要原因。民国有研究农村问题的学者甚至认为商业资本是"几千年前的老古董"，是"中国农村经济衰落的根本原因"。[1] 浙江省农村信用合作社约在20世纪30年代调查过各地社员经济状况，发现没有一家不负债的。广大贫苦农民为了缴纳各种苛捐杂税，不得不出卖自己或抵押其生产工具以及土地，用以维持入不敷出的生活现状。政局稍稳时，广大农民为了恢复生产，转而借贷赎回抵押的农具和土地，导致农民和高利贷纠缠在一起。"在捐款繁重之苦况中，农民无法应付，只有逃亡之一途。而已逃者所应负担之款项，又加之于未逃者之肩上，于是益使未逃农民加上逃亡。"[2] 据1935年调查全家背井离乡者，其中到城市者占总数的59.1%。其中青壮年离村入城者占总数的65.5%。[3] 由于农村经济的日益衰败，广大农民和手工业者日益贫困化破产，被从传统生产部门中抛离了出来，沦为农村的过剩人口，被迫向城市流亡以寻找出路，且主要是以出卖劳动力为主要生活手段的青壮年男性。同时，土地兼并也是农民离村率不断提升的原因，离村农民中，70%以上是无地或少地者。[4]

除此之外，古已有之的天灾和匪患战乱也还在继续摧残着农

---

[1] 根据余流柱《中国农村问题底基础的考察及其救济的方策》，《农村经济》第1卷第12期，1934年。

[2] 陈赓雅：《西北视察记》，甘肃人民出版社2002年版，第188页。

[3] 《农情报告》第4卷第10期，第177—178页，引自张庆军《民国时期都市人口结构分析》，《民国档案》1992年第1期，第129页。

[4] 池子华：《流民问题与社会控制》，广西人民出版社2001年版，第20—21页。

村，制造着日益增加的城市人口。这些共同构成了近代中国城乡危机出现的主要背景。自民国以来，则年年均有天灾，灾民人数常在数千万以上。据赈务委员会调查历年各种天灾导致的灾民人数，1928年为40466598人，1929年为38776975人，1930年为46500348人，1931年为1212465人，1933年为65170000余人，1934年仅浙皖鄂赣晋五省灾民人数已达3000万之多。1935年水灾遍及17省，旱灾达21省，仅水灾灾民数已达1900余万人。① 1927—1929年陕甘大旱，陕西之武功，除大旱外，还有霜雪、瘟疫、蝗虫、兵祸等，咸阳全县13万人，因旱灾而饿死者达12000余人，逃亡者11000余人。至1929年，全省死于灾祸者达250余万人，灾民在500万人以上；甘肃三年大旱，被灾60余县，饥民至有食人者，据1931年中央日报所载，甘肃百姓死于年荒者达140余万，死于瘟疫者达60余万，死于兵匪者30余万，死于地震者6万，共计240余万人。山西1929年被水旱灾肆虐者70余县，灾民600余万，逃亡及被卖人口不下60万人。绥远1929年17县大旱，灾民140余万人，出卖人口10万人之多。此外，江浙、安徽、四川、山东、热河都在被灾之列，据1929年国民政府赈务处的调查，被灾1903个县，共计56622500人。② 1931年全国空前大水灾，20余省遭灾，灾民8000万人以上。③ 军阀战争更是令农村雪上加霜，农民不仅要受战祸直接波及，还要被预征钱粮及各种摊派，大量农田荒芜。1930年冯阎大战，仅郑州一地就征用了10000多辆牛车，征派的钱粮达74.5万元。④

---

① 吴至信：《中国农民离村问题》，《民族杂志》第5卷第7号，1937年，第1173—1174页。

② 根据许涤新《动荡崩溃底中国农村》，载陈翰笙、薛暮桥、冯和法合编《解放前的中国农村》第一辑，中国展望出版社1985年版，第448—449页。

③ 许涤新：《动荡崩溃底中国农村》，载陈翰笙、薛暮桥、冯和法合编《解放前的中国农村》第一辑，中国展望出版社1985年版，第449页。

④ 何酒黄：《中国农村经济破产之分析》，《农村经济》第1卷第10期，1934年，第38页。

天灾人祸导致大批农民离开家乡前往县城和都市谋生，无论是民国的研究者还是当代的研究者，都认为民国时期农民迁往城市的主要动力并非来自城市的吸引力，而是农村内部的推力，这个推力不是因为农业发展造就了过剩人口，而是因为农村经济破产而生的压迫。据山东会馆《难民簿》统计，1927年和1928年两年里共有25091名山东难民逃往到长春、延吉、通化、敦化、珲春等城市。据满铁会社调查课统计，1928年有139546名难民分布在19个城市里。[①] 1931年江淮地区灾区平均离村率达40%，[②] 1935年调查，离村后前往城市的占59.1%。[③] 这些情况无疑造成了一种城市人口猛增，农村人烟荒芜的城乡对立景象，而这些景象的出现几乎没有一种是由于城市工业化发展的原因。当然，有少数特殊地区如苏南作为全国工业中心，其农村变动和当地的工业化发展有不小的关系。不过从全国农村变动的情况来看，吴至信在对江苏、河北、河南、广东等省的农村进行调查后，明确认为："中国的离村现象，除极少数靠近工业城市之区域与工业化有关，而十九由于天灾兵祸之驱迫而成，是被动的而不是自动的，是病态的而不是常态的。"[④]

正是在这样一种城市工业发展不足、农村农业残破不堪的"畸形城市化"的情形下，当时出现了大量前往城市的人员因为无法谋生而又迁回农村的现象。因为当时的城市所能提供的就业机会远不及实际需求，如时人所揭示的："中国在旧工业（指乡村手工业）中失了位置的人，虽然跑到都市中去，但是都市中的

[①] 根据陈翰笙《难民的东北逃亡》，载陈翰笙、薛暮桥、冯和法合编《解放前的中国农村》第二辑，中国展望出版社1987年版，第75页。

[②] 《中华民国二十年水灾区域之经济调查》，1932年，第32页，引转自章有义编《中国近代农业史资料》第三辑，生活·读书·新知三联书店1957年版，第889页。

[③] 章有义编：《中国近代农业史资料》第三辑，生活·读书·新知三联书店1957年版，第893页。

[④] 吴至信：《中国农民离村问题》，《东方杂志》第34卷第15号，1937年，第15页。

新兴工业还在幼稚时期，不能收纳乡村中投往都市的人口，因此造成中国今日乡村与都市的普遍失业现象。"① 上海《商业月报》1937年第7期的调查载："绝大多数丝厂工人都来自农村，还有农村亲属可以依靠，值此丝业萧条之际，许多人回到其家乡，那些无依无靠者只好另寻出路。"30年代，广东丝织业衰落，"据说有20万以上女工从工厂回到农村去"；浙江"城市工人大批的回乡"；江苏无锡"前赴都市工作者，今大都重返田间"。② 有的城市则是由当地政府采取"准十日离境""押送出境""资遣回籍"或"强制驱逐出境"一类强迫手段，将流亡到当地的农民强行遣返。③ 城市本来就还没有成长为具备自己独立生产能力的实体，原居住市民的生活需求都还难以满足，哪里顾得上这些源源涌入的乡民呢？许涤新就感叹："豫东、皖北一带，灾民大多陆续离村，飘流到平津、江浙各城，然而这些城市的现代工业，在国际帝国主义、封建军阀压迫之下，在战争的直接摧毁之中，是一天天的冷落颓废下去的，旧的工人已是在饥饿失业的境况中了，哪里有什么位置给这批灾民？"④

综上所述，从晚清到民国，农村衰败的主要原因仍和传统时代一样，是当权者的苛捐杂税、高利贷剥削、土地兼并和天灾匪患战争，这样一种状态的城乡对立是否具有现代性质是十分值得思考的。无论是根据马克思主义的"城市征服乡村"理论，还是根据刘易斯的"城乡二元结构"理论，都不是说所有的城乡差距或城乡矛盾都具有向现代社会转型的性质，我们绝不能认为凡是出现了城市繁华、乡村衰败的景象就可等同于现代的城乡差距。

---

① 吴景超：《第四种国家的出路》，商务印书馆2010年版，第85页。
② 章有义编：《中国近代农业史资料》第三辑，生活·读书·新知三联出版社1957年版，第480—481页。
③ 陈翰笙：《难民的东北逃亡》，载陈翰笙、薛暮桥、冯和法合编《解放前的中国农村》第二辑，中国展望出版社1987年版，第65页。
④ 许涤新：《动荡崩溃底中国农村》，载陈翰笙、薛暮桥、冯和法合编《解放前的中国农村》第一辑，中国展望出版社1985年版，第450—451页。

一方面，现代意义上的城乡对立并非简单指城乡之间贫富和地位不平等，而是指城市从农本经济体系中脱离出来，从而形成了乡村与城市两种不同的经济体。而这就需要城市工商业发展到相当水平，能够成为城市经济的独立基础，并且反过来将农村变成了工商业经济体系的附庸。民国有市政专家就指出过这其中的不同："省、县、乡、镇等地域，大多是以农业生产为主体的，但是'都市'，却是以工业生产为主体的……工业革命是产生新都市的原因，也给都市财政的成立，产生了物质条件。"[①] 只有这种意义上的城市发展才可能令社会暂时形成一种"城乡二元结构"。另一方面，前资本主义社会的城乡合一状态，仅仅指城市未能摆脱对于农业经济的依赖，并非指城乡之间的生活完全没有差距和对立。相反，历朝历代，大凡到了衰败之世，都会出现由于城市的统治阶级奢靡挥霍以及中央政府因机构复杂需要增加行政开支，于是对农村横征暴敛、敲骨吸髓而导致农村急剧残破的情形。中国历史上一次次农民起义爆发的背景大多是在这种基于苛捐杂负、天灾兵匪而出现的"城乡对立"格局，这既不是马克思所描述的具有重大历史转型性质的"城市征服乡村"运动，也不是刘易斯所说的后发型国家在向现代化过渡中所出现的"城乡二元结构"。这种并非由于城市生产发展而引起，只是主要为办理满足上流社会奢侈消费的市政需要而加强对农村榨取所引起的城乡对立，仍属于亚细亚社会性质下"消费的城市压榨生产的乡村"结构，从晚清到民国的城乡对立在主要性质方面只是走上了以前传统王朝到了衰世末世时期的老路而已。

近代中国正是在这种形式下的"城市征服乡村"过程中，农村不断残破，城市形式上在发展，可是农村被榨取的资源主要部分，既未用于农民生活的改善和农村基础设施的建设，也未用于城市产业的现代化，而是被用于政府部门的行政和城市官绅富豪

[①] 田永谦：《都市财政问题》，《市政评论》第 10 卷第 7 期，1948 年，第 9 页。

的消费生活了。城市向农村吸吮了大量资源，却未有太多用于发展工业经济和生产能力，也就并未因为有了那些形式上的现代消费模式和市政设施就成为可以摆脱农业经济体供血的生产型城市，自然也并无能力在与农村对立的同时建立起一种有机联系，从而将农业经济作为推动城市产业发展的有力支撑。于是，即使城市有了一些形式的发展，也基本无力惠及农村。章有义曾就1922—1931年中国海关报告中所反映的各通商口岸地区新式农业工具的使用情况得出结论：新式农具的使用"不过是在汪洋大海的传统农业中迸发出的几点火花，远未形成火炬"。[①] 可见，民国城市不足以反哺乡村，工业不足以反哺农业，民国市政专家的那些统合城乡的市政规划缺乏真正实现的能力，城乡关系仍然停留在传统社会的模式。

余 论

马克思在《共产党宣言》里指出，资产阶级开拓了世界市场，使乡村从属于城市，使未开化和半开化的国家从属于文明国家，这有助于我们更深刻理解"城市改造乡村"的历史内涵。从经济上说，资本驱动下的城市意图控制乡村世界的目的是要农村为城市经济提供必需的劳动力、农产品和原材料，这是一种资本控制、改造传统乡村的意图。可以说，自欧洲中世纪以来，城市改造乡村的主张和实践，就是一部城市征服乡村的历史，也是资本形成、发展的历史，民国时期的市政建设计划里的一些关于城乡关系的方案，就包含着创造一种既分离又联系的城乡关系的尝试：提出各种"都市化"、市政建设和"城市独立"的方案、理念，是为了让城市摆脱乡村文明成为文明中心；提出各种整合乡村、城乡协同的方案，则是为了达成使"乡村从属于城市"的任务。从政

[①] 章有义：《明清及近代农业史论集》，中国农业出版社1997年版，第39页。

治上说，它企图将被束缚于血缘、地缘纽带上的乡民重新打乱，改造成基于共同经济利益的市民，从而产生支撑"现代国家"的意识形态——"民族主义"。在分散性的、男耕女织的小农经济下，是很难产生这种"民族主义"的，也很难产生现代的国家主权观念。这是欧洲中世纪城市走向现代历史的经验，只有当城市统治了乡村，才使得欧洲民族主义思想深入欧洲人骨髓，现代国家和国家主权观念得以产生，才有了日后的资本主义席卷全球。正如汪晖教授指出，亚洲民族主义的这个新典范首先是与资本主义条件下的新的劳动分工及其带动的对旧有社会关系的改造密切联系在一起的。资本主义积累必须重构原有的农村关系和人口构成，进而创造出一种工业化的前提。所有这一切意味着民族—国家建设必将形成一种新的等级关系：城市与乡村、城市人口与农村人口、重新划分的阶级结构以及在民主和平等的合法性诉求下形成的不平等的政治权力系统。[1] 民国市政界的那些对于城乡关系的规划正是体现着资产阶级希望将乡村世界纳入工业资本的控制之内、再造新型城乡关系、重构新型民族国家的愿望。

---

[1] 汪晖：《现代中国思想的兴起》上卷，生活·读书·新知三联书店2004年版，第98页。

第七章
"逆城市化"浪潮：民族危机催动的文明重构

汪晖揭示过中国近现代思想的一个重要特点：中国近现代思想是在超越性和批判性中展开对西方文明的学习的。他认为，"反现代性的现代性理论"是晚清以降中国思想的主要特征之一。"反现代"的取向不仅导因于人们所说的传统因素，更重要的是，帝国主义扩张和资本主义现代社会危机的历史展现，构成了中国寻求现代性的历史语境。推动中国现代化运动的知识分子和国家机器中的有识之士，都不能不思考中国的现代化运动如何才能避免西方资本主义现代化的种种弊端。康有为的大同空想、章太炎的平等观念、孙中山的民生主义，以及中国各种各样的社会主义者对资本主义的批判，是和他们在政治、经济、军事和文化等各个领域构筑的各种现代性方案（包括现代性的国家政治制度、经济形态和文化价值）相伴随的。甚至可以说，对现代性的质疑和批判本身构成了中国现代性思想的最基本特征。因此，中国现代思想及其最为重要的思想家是以悖论式的方式展开他们寻求中国现代性的思想努力和社会实践的。[1] 笔者以为，出现这种现象的原因是当资本主义文明对于中国而言是一种"现代"文明的同时，它在世界上却已经暴露出了自己的种种腐朽而遭到许多人的质疑和批判，中国正遭遇着这个既要学习资本主义文明又要批判资本主义文明的时代，中国的市政思想也体现了这种悖论式探索的特

---

[1] 汪晖：《去政治化的政治：短20世纪的终结与90年代》，生活·读书·新知三联书店2008年版，第65页。

点。当市政界在努力学习西方都市文明、汲汲于中国城市化道路的实践之时，又将反思都市文明弊端、寻求"逆城市化"道路等解决方案一并摆上了桌面。"乡村城市化"的另一面是"城市乡村化"；城市文明一面力图对乡村进行征服，一面从乡村世界中寻求援助，城市的扩展和"逆城市化"的发展交相呼应，并行不悖。

第一节 "城市乡村化"

尽管许多人为中国能够跻身"都市国家"行列而殚精竭虑，在这时的世界，"都市"却渐渐不再是一个完全美好的事物。20世纪的世界随着城市化的发展，"城市病"愈加明显，西方对于"城市病"进行了相当研究，形成了比较系统的理论，这些学说作为一种重要的市政理论也传入中国。在这些医治"城市病"的方案中，有一个重要思路：以乡村文明医治过度城市化之弊。于是，在这种语境里，"乡村化"未必再是一件坏事，这和前述的城市代表进步、乡村代表落后的话语形成了一种矛盾。

如外国学者盛尼提认为："吾人若能造成美丽之新都市，新农村则实务方面与博爱方面，将以此为中心，而与世人以广大无限之感化。"[1] 殷体扬介绍盛尼提的田园都市方案"在于利用农村清新的趣味，以改良现在的都市，或建设新都市，以杜绝大都市内难免的弊风"，"在于尊重健全的田园生活，施以各种文明事业以图农村之培养和改良"。[2] 田园都市理论的创始人霍华德提出："地必近郊外之区域，富于山野树林之胜景，四周之光景与风土求其适于劳动者之健康与卫生……使劳动者之子女，从年幼之时，

---

[1] 殷体扬：《田园都市的理想与实施》，《市政评论》第2卷第2期，1934年，第13页。

[2] 殷体扬：《田园都市的理想与实施》，《市政评论》第2卷第2期，1934年，第12页。

得有机会与自然之美相接近，以养成田园生活之趣味。"① 外国建筑家 Le Corbusier 甚至说："城市为一种工具，但至今日，此种工具，鲜能尽其功用，且已成为无用之物，适足以毁吾人之身体，耗吾人之精神。"②

中国城市这时也开始出现畸形膨胀，各种令人棘手的阴暗现象层出不穷。中国在世界上饱受外交屡弱之苦，国内农村破败不堪，辛辛苦苦打造的几座大都市表面繁华，内里亦是不忍卒睹，可谓内外交困。国内市政界有一部分人开始从初时的盲目崇拜欧美大都市、极力追求城市之大的想法中冷静下来，又眼见西方对于医治"城市病"的尝试，遂也开始了对都市文明的反思，展开以乡村文明来医治"城市病"的探讨。杨哲明认为要建立健康的城市文明，唯一的好方法，就在"都市生活与山林生活的调和。此种调和的办法，就是所谓'理想中的都市'了。……提倡田园都市之目的，就是将田舍与都市相结合。一方面竭力谋交通事业之发展，一方面又以最低廉的价目，供市民的使用。如此，则不难散布住宅于茂林修竹之间，扫除一切旧都市龌龊生活，一变而为清洁幽美之地"。③

有人则对都市商业文明破坏乡村天然生态的状况十分担忧，"在目前那种混乱叫嚣的情形之下，我们的城市便杂乱无章地一层层向外扩展，竟把乡村当作商业活动的区域了。原本预备城市居民休息游散的乡村，因此被毁坏了。恶俗的广告牌、丑陋的汽车站、低级的饭店和简陋的旅舍，便替代了以前的乡村。天然的一片美景，变成了零零碎碎的'风景区'"。④ 他呼吁："乡村的天然美景，一面应加保存，一面亦应顾及游客们的需要，务使他们往

---

① 殷体扬：《田园都市的理想与实施》，《市政评论》第 2 卷第 2 期，1934 年，第 13 页。
② 郑梁：《都市计划新论》，《新市政》第 2 期，1943 年，第 14 页。
③ 杨哲明：《都市的经纬》，《市政期刊》创刊号，1930 年，第 5 页。
④ 顾启源：《理想的城市和乡村》，《西风》第 82 期，1946 年，第 444—445 页。

乡下去休憩之时,——无论其休憩一天或一月——得能享受道路、旅馆、汽车站等设备;同时亦应使乡人获得城市居民所享的若干便利。在乡下居住的人士,应当有良好的道路,以便通往附近的商店与电影院。他们应当有电力与饮水。他们的私人或公共生活,需要俱乐部、公园和集会的场所等等。上述一切与保存天然美景的原则并无冲突,因为所谓保存也者,乃是一面保持乡村的美丽,一面保持其活跃性。"①

一些城市在抗战期间也设计过田园化的城市规划,如兰州市当局于1943年提出"新兰州市政计划",征求各专家意见,著名市政专家张维翰就演讲了"兰州市计划与田园化"的报告。特别是抗战的经历促使一大批市政学家对于战前盲目模仿欧美都市文明的理念产生了反思,他们越来越强调要实行符合中国本土实际特点的市制,有的人言论里就十分明晰表达了田园式与中国传统城市特点的适应:

> 我国都市建筑,历来保留原有特点为原则,于天然形式上,施以人为修改,所以采取田园市区制,可收事半功倍之效。即以首都南京而论,可说是半城山色,在城西北隅,遍地池渠,树木林立,倘若稍加整顿,即可建立一个最理想的田园市区,其他如北平天津等地也都具有此类优秀条件。即如各地偏僻小县,亦往往环绕在农村中。总之田园市区制最适于农村社会,而我国是最大的农业国,自以采用此制为宜。②

不难发现,无论国内外,提出这些"田园化""去都市化"思想的人主要都是市政专家、规划专家,而不是一些保守、怀旧

---

① 顾启源:《理想的城市和乡村》,《西风》第82期,1946年,第445页。
② 邓友鸾:《田园市区制之演进(续第四期)》,《市政评论》第9卷第7期,1947年,第25页。

的传统乡绅和贵族。他们提出这些观点并非出于倒退、复古的宗法思想，而是一种基于对"城市病"的觉察而产生的以乡村文化之长、纠城市文化之偏，同时又令城市文明惠及乡村的市政主张，即"城市乡村化"。这种理念在本来就有悠久农业文明历史的"乡土中国"里，甚得许多规划者青睐。因为此种市制似乎十分适合中国国情，采用此制最可利用中国本土得天独厚的乡村环境，在都市里保持自然风光，是对农业文明下中国城市的"回归自然""天人合一"等传统理念的继承，也是规划者力图用本土文化来解决"城市病"的一种手段。

但是，在民国时期，保持乡村文化本色并将其引入都市建设的想法，还不仅仅是为了医治"城市病"，因为当时中国的城市化和工业化还处于起步阶段，在西方发达工业文明条件下催生出的"城市病"，在中国其实尚未特别突出。相反当时中国的城市还常常苦于乡村文明的历史积淀过于厚重，导致城市成为一座座"都市里的乡村"。那么，当时中国市政思想里的"乡村化"方案，其实还常常要考虑到是否能够有利于城市生产事业的发展，而且十分偏于政治原因和文化符号的意义，即一种打造"中国化城市"的民族主义象征意义，这种强烈的民族主义情怀要求市政人士对于外国市政设施不要完全膜拜。

这些人士，对西方资本主义带有深深的警惕之心，对于西方市政理念同样逐渐带有了反思，极力要借助传统文化的资源打造中国特色的城市文化。而中国是个历史悠久的农业大国，要弘扬传统文化，就扯不断和农业文明的联系。1927年南京市市长何民魂提出了"建设农村化、艺术化、科学化的首都"的城市规划。1928年2月22日，何民魂又在一次市政演讲中对"三化"解释道：

> 我们为什么要它农村化呢？原来中国是以农立国的，农民占全民百分之八十五，农产品也极其丰富，首都是表现一

国特殊精神所在！所以我们一定要主张将首都农村化起来；而且南京有山有水，城北一带，农田很多，只要稍微建设，即有可观，我们为着要把东方文明与艺术的真精神——整个表现出来！同时主张"艺术化""科学化"。若是专歆羡欧美的物质文明，抄袭人家成文，有甚意义，反觉把自己真美失掉了，所以要建设"农村化""艺术化""科学化"的新南京！①

反对全盘西化、弘扬"乡村化"建设并不只是一些官员出于政治宣传目的提出的，不少知名市政学者也是积极从国家构建的立场来宣扬这种主张的。如殷体杨作为一个极具国家主义情怀的市政学者，一直反对照搬欧美市政模式，从而在其思想中包含了大量对资本主义进行反思的观点，其中就免不了提倡弘扬乡村文明的观点，在抗战期间他讲过一段话：

> 自从世界交通工具发达以来，西洋文化传入我国之后，一般前辈先生，看了欧美各国都市的雄伟，市政建设的便利，人民享受的舒适，市容的壮丽，觉得我国所以积弱，就是缺乏这种城市。所以建设都市的声浪，曾盛极一时，恨不得马上把纽约的摩天楼都搬到我们城市里来。这种观念和热情，并没有可反对的地方，只是忽略了国情，和世界文明的趋势。人家早已在那里高唱疏散都市，而我们方才开始提倡集中都市，以致造成今日我国畸形发展的城市怪状。人民既享不得欧美都市的实际幸福，反而要受那不卫生、不道德、不和谐的都市种种罪恶。这个结果的造成，理由是很简单的。因为欧美都市的发展，是建筑在产业革命后的优裕经济基础上面，

---

① 《造成艺术化的新南京》，见南京市政府秘书处编《南京特别市市政公报》第13期，1928年，封底。

而我国城市的建造,乃是建筑在侵略的资本主义经济基础上面,如上海、天津、汉口等城市的发展,不是出发于造福人民的目标,而是用以供给资本主义做剥削的工具。所以我们为摆脱资本主义者的毒计,进一步为增进人民的健康,为适应国防及经济建设,必须纠正过去错误观念,应重新建立中华民族本位的都市,换言之,应建立提高国民生产、国民健康、国民文化、国民幸福为目标的都市。因此,我们不需要蜂窝式的都市,而要求一个合于新清理想的都市。农村化的都市,就是本诸以上理想而设计的![1]

这段"农村化的都市"主张,比何民魂说得更详尽明确。在这里,殷体扬已经反思了中国城市对于西方城市理念和城市化建设经验的盲目照搬,并提到了中国城市建设和发达资本主义国家城市建设条件的不同,力图用理想中"清新"的农村化理念来医治都市文明之弊。殷体扬的思想在持此类主张的学者中很有代表性,他本是极力主张实现工业化和现代化、具有强烈的建立现代国家理想的学者,却同时主张"农村化的都市"。仔细分析他的这段话,其中提到了"反对照搬西方""疏散都市""反对外国资本主义""适应国防和经济建设""建立中华民族本位的都市""新清理想的都市""农村化的都市"等好几层意思,这些意思在他的文字里是统一在"建立中华民族本位的都市"这个最终目的之下的。在他的思想里,"农村化"和城市化、工业化是完全不矛盾的,甚至是为了实现城市化和工业化的一种有效促进手段。在他看来,只有民族本位的都市,才能抵制外国资本主义经济侵略,才能适应国防的需要,才能为市民创造清新舒适的环境,而民族本位一定是和"农村化"分不开的。因为"农村化"的建设可以遏制城市的盲目膨胀,制约过度的市民消费,从而将资本集

---

[1] 殷体杨:《都市农村化问题》,《市政评论》第2期第6卷,1941年,第3页。

中于发展城市工业和市民日常生活需要。

从这些观点中不难发现，"农村化"的都市建设理念在中国不仅只是一种对于回归自然、让城市人享受自然之美的人文追求，还包含着抵御西方文化入侵、复兴中华文明、建立民族国家的民族主义情怀在内，它就是民国精英阶层构建中国城市文化传统的一部分。在一个有着悠久农业文明传统的中国的话语叙述中，弘扬"传统"、抵制"西化"很容易和弘扬"农村化""乡土化"、遏制过度"都市化"产生关联。反"都市化"，当时并不仅是因为城市发展带来了人们生活不便，还由于它是属于"西化"的产物，是西方资本主义经济侵略和文化侵略的象征；但弘扬"农村化"也并非简单拒绝现代化和城市化而回归乡土文明，而是要捍卫"传统"，以本土特色文化为资源，建构一个中国特色的城市文化。"医治城市病"与"弘扬传统文化"这两者在他们心中应该说是统一的，在他们看来，要医治"城市病"，也要从弘扬中华文明中来寻找方案。这里就呈现出一个有趣的逻辑：发展市政，是为了让中国摆脱"乡村"身份，成为"都市"的成员，而为了成为"都市"里的一员，却又必须借助"乡村"资源。

需要明晰的是，在维护传统城市文化的思想里存在着不同倾向，既包含有以"反都市化"形式来遏制城市过度消费，从而将资本引向产业发展的理念，也包含着单纯的对故土故国风情的热爱，还包含着排斥现代文明、拒绝社会进步的守旧思想。这些心理都可以民族主义话语得到表现，但是以追求悠闲舒适生活为目的的市民情调、抒发思古之幽情的纯文化情调，其与以国难为号召、构建现代国家为目的的市政理念是不可能没有冲突的。而且"乡土化"建设和在"捍卫传统文化、抵制西方文化入侵"的话语里常常混杂了相当一部分主张重返宗法农业文明的旧士绅阶级的利益。

第二节　国防与工业视野下的"小城市"计划

掺上了先进与落后、文明与野蛮之意义的城乡之别，导致"都市中国"成为市政界追求的目标。然而在20世纪初中国人极力鼓吹造出比肩欧美的大城市之时，欧美国家资本主义国家却已经饱受城市过大之苦，有的人开始对"大都市"理念开始了反思。城市人口太多，未必能将人口有效整合成一种有机体，可能只是沦为一种庞大混杂物。这种大城市里的居民常常对城市缺乏认同感，仅仅只是作为一个寄居之地。当时伦敦有人不知伦敦为何物，法国有人称大城市为"新游牧时代"的大帐篷。斯宾格勒在一战后也对"大都市"的文明有过反思，他认为一个民族是经历乡野、城市到大都市几个文明阶段的。"乡野"阶段是最原始的阶段，"大都市"阶段则是有文明而无文化，预示着民族的毁灭，只有"城市"阶段才是历史文化俱有的。可见他肯定城市文明的合理性，却反感"大都市"文明。

在这种倾向下，欧美国家出现了不少限制城市膨胀、反对发展大城市的"逆城市化"方案。比如，霍华德的园林城市方案、城市分散主义、卫星城市运动、建立城市系统，以及赖特于1932年提出的广亩城市设想，宣扬取消大城市、城市分散发展的思想，等等，并且出现了市民由于饱尝城市膨胀带来的生活不便之苦而向郊区和农村转移的趋向，由此出现了"城市疏散""郊区化"的市政理念。中国城市里，城市膨胀的情形似乎更加严重。在城市人口迁往城市的规模超越了城市实际产业能力的情况下，以及许多地方官员抱着获取国家经费投入和进行权力寻租的目的来扩大城市规模、争取"设市"资格的状况下，城市膨胀常常未有给时人带来生活的便利，反而造成了人口拥挤、房屋紧张、地价飞涨、贫民窟等社会问题，形成各种尖锐的社会矛盾。在"以城建国"的口号提出之后，就已经有人意识到发展城市未必等于城市越大就越好，主张要解决人口过分集中到都市的问题。有人认为各种社会问题都是大城市惹的祸，主张限制城市的规模。出于对"虚假繁荣"的城市不满，有人提出要到乡下去的主张，社会上也出现了一种阻止人口进城、动员人们"到乡村去"的"逆城市化"思潮。如易家钺在《中国都市问题》一文里提出复兴农业、安置兵匪、移民殖边、改善都市状况、扩充郊区、提高乡村生活六种建议，都是为了阻止人口向城市的集中，将其导入乡村和郊区。在"到乡村去""到郊区去"的声浪中，也并非人人赞成。有人认为，人口向城市集中的趋势不可避免，对此趋势只能加以控制，不可阻止，控制的方法就是发展小都市和县辖市。面对民国时期的纷乱局面，朱皆平呼吁社会思考这样的问题：大城市根本的缺点在哪里？为什么只会引起战争和革命？他说：

> 不要以为我们盛称大城市，以为城市愈大愈好。好像可以推论到中国要强，非要将首都发达如伦敦、巴黎不可。事实不是那样简单的，数量不足为凭，品质是决定的因子。我们弄一个二三百万人口的上海，已经无法收拾，再要加上几个这样庞大的城市，那我们真是要演着老鼠钻牛角的故事，只有死路一条。其实外国也正早就同样得感到有大城市的痛苦，他们正在想第三条出路呢。①

他所说的第三条出路就是"新城市运动"。这个运动和"新村运动"不同，其并不主张到乡村生活，仍然主张发展城市，但是主张把城市人口控制在10万左右，殷体扬的"县辖市"主张也与此相同。此外，将城市人口疏散于郊区，将当地发展为附城也是一种"小城市"方案。杨哲明介绍了外国学者蒲赖斯的观点，"与其让一个大都市过度地发展，不如使人口集中在几个较小的都

---

① 朱皆平：《新城市运动》，《时事月报》第8卷第3期，1933年，第213页。

市。发展附城,是一个很好的对于人口集中的救济"。① 抗战结束后赵祖康主持编撰的《大上海都市计划总图草案报告书》里有鉴于外滩的畸形繁荣,主张抑制浦东发展,并主张人口疏散,建设卫星城镇,都是此种理念的体现。而抗战结束后的"设市"声浪中,一个主要内容就是要求下调设市人口标准,以增加中国城市数量。这和"小城市计划""城市疏散"理念恰成互相联动之势。

应当注意的是,中国此时主张发展小城市、反对大城市的这股思潮,也并非完全和欧美国家一样仅仅出于一种市民生活方便的需要,更主要是以国家政治利益为出发点的。有人是直接从国防安全角度考虑的:"中国目前的许多大城市,外貌上无论它怎样繁荣,但它却不是由中国本身经济发展而发达起来的。就因为这个缘故,它也就没有中国自己足够的军事力量来保障它。不像目前许多所谓现代国家一样,它的经济政治军事都是联系地发展起来的。因此,它们有了现代的都市,同时就有现代的武力来保障它。"② 还有人以是否有利于现代中国的构建、民族意识的形成为出发点。当时城市里聚集了大批无事可做、贫病交加的游民、贫民,他们对城市难以产生认同感和家园感,被人称为"城市里的乡民",也就更难产生现代国家意识。朱皆平认为,人们创造城市,本是为了形成一种集体生命体,但"大都市"的艳丽浮华、声色犬马却反而破坏了这种集体生命,"在这里的人们脱离了乡土感情……而对于集体生命毫无所觉,因之不负任何责任"。"大都市"引发了国家之间的斗争、阶级之间的斗争,他也同意法国学者将"大都市"文明看作一种"新游牧主义"的症候。"大都市居民不仅对其所居住房屋的地方,没有留恋,而至厌恨,而至不愿意有家室有定居的责任。"他以二战期间巴黎迅速投降德国为例,证明"大都市"反而削弱了居民对于国家、民族的感情,不

---

① 杨哲明:《都市论 ABC》,世界书局1928年版,第37页。
② 庶谦:《城市轰炸和乡村建设》,《全民抗战周刊》第71期,1939年,第1015页。

能为当时中国所效仿。只有发展中小城市，才有利于国家的进步。"现在任何国家，无论是由政府资本，抑或私人资本，不去培养有集体生命的中小型城市（即人口在十万左右至一万左右者），而去加强这一类的文明工具—庞大都市，其结局等于帝王时代的大兴土木——都是要起反作用的。"① 他用一个有趣的比较论述了他对现代市政的理解：指出中国历来将"大兴土木"作为帝王的一大罪状，可"大兴土木"却"多半是有关于宫室园囿一类的城市建设"，这说明古代中国还是有其市政建设的，但这市政建设总是导致国破家亡。他认为：

> 都是由于建设观点错误，因而方向弄错，发生了反作用。原来过去帝王，正如近代之独裁者，从来未把人民生命看在眼里。城市建设，在他们看来，不是为着人民安居乐业追求进步，开辟场所，而是为着装潢其王国门面，炫耀威武，以为有效的征服或统治工具。城墙与宫禁代表着森严不可侵犯的权威。市场街衢代表着"取之无穷、用之不竭"的财富。如此，权威与财富集中于极少数地点，构成所谓"首都"与"陪都"或重镇者，放在帝王及其代理人严格控制之下，以收强干弱枝之效。②

可见，在他的观点里，建造大都市几乎可与古代帝王的大兴土木活动等同。其实古代市政是为帝王和贵族服务的，现代市政则强调为公众生活服务，二者不可同日而语。不过，朱皆平的观点倒也客观反映出当时的许多"大都市"建设沦为为少数权贵富豪服务性质的工程建设的事实。他还认为，即使为国防计，也是建设中小城市更合适，"由整个国家规划而建立一种普遍的中小型

---

① 朱皆平：《城市建设的新观点》，《工程》1948年年会特刊，第23页。
② 朱皆平：《城市建设的新观点》，《工程》1948年年会特刊，第23页。

城市网，足以为内在的国防坚强设备。尤其是在广大地面的国家，此种城市之布置，本身即为'抗侵略性'者。而人民因此类中小型城市具有集体生命意识之故，而增加其爱护乡土之感情，足以为侵略国家之死敌"。① 他以瑞典抗击德国、芬兰抗击苏联为例，证明中小型城市更容易形成人民的集体意识和民族情感。

还有人认为，发展小城市，可以抵制大都市对小城市和乡村的榨取，并抵制外国资本主义对中国内地的榨取：

> 中国近年来的农村破产，其重因虽在兵匪灾荒，然一部分也为都市发达的影响，加速率地将农村经济组织破坏，内地现金都集中到都市来，使农村更无苏醒的余地。这好像把一个大病将死的人再狠狠地给一拳使其气绝。在现在这种情况之下，一国的血液都给一二大都市吸进去，这是非我们所希望的，我们所需要的是全国普遍地建设小都市，而使全国人民都能享受精神上物质上的幸福，使都市生活与农村生活打成一片。如果现代大都市是资本主义高潮的产物，那么，一旦资本主义没落，大都市亦将随之而崩溃，那个时候，一定是新兴的小都市替之而起，尤其是田园都市。②

"田园都市"和"花园城市"虽说是宣扬一种城市乡村化的理念，但其实都是代表一种为城市人服务的城市理想，不是一种振兴乡村的理念。陈训烜介绍"花园市""内含公用场所、合作社、施诊所、医药处、图书馆、集会场及戏园。同时必有运动场、学校、邮局等之设备。因可称之为小城市，或小村镇，或大城市中之有组织区部，但不能名之为农村。盖农村系完为农民而设，而花园市乃为城市居民而设，或谓为城市之过剩人口而设立亦可"。③

---

① 朱皆平：《城市建设的新观点》，《工程》1948 年年会特刊，第 24 页。
② 周瑞和：《都市发展之趋势》，《市政期刊》第 2 期，1934 年，第 91 页。
③ 陈训烜：《都市计划学》，商务印书馆 1940 年版，第 241—242 页。

为发展工业计，在一些学者看来，小城市也更加有利。特别是在抗战结束后的"设市"声浪中，以邱致中为代表的一批学者就是认为设立一批以几千人为标准的小城市，更能够促进工业的发展。这和"小城市计划"的理念若合符节，有人言道：

> 中国之所以不能现代化，完全由于不能工业化，不能工业化的原因，即是由于发生据点作用、领导农村农业工业化小型都市太少的缘故。……都市是国家政治的中心，都市是国家工业的据点，都市是国家交通的枢纽，都市是国家农业的支柱，都市是国家文化的渊薮，都市是现代科学和现代文明的摇篮。今后的中国如欲走上富强康乐的大道，走上现代化工业化的途径，非全力从事大量建设中小型都市以促进农业工业化。[1]

和这种建设小城市来发展工业的思想相呼应的，就是发展县辖市的方案。殷体扬在战前就认为，县城、乡镇里也应该发展市政，以改造乡村社会。然而当时"市政的任务，惟县长以上的官吏有之，县以下的重要市镇，市组织法内，犹未明定其职责，即县长对于市政任务，也多凭其个人偏好，未能遵照一定的法制，一定的方略办理……如长此下去，则我国市政永无发展之一日，即使将来农村繁荣之后，难道仍旧永远过那农村社会生活吗？"[2]他呼吁在县以下的各市镇设立千百个大小城市，以为立国中心的力量。[3] 在战后"城乡分治"之争中，他将这些想法明确表达为发展县辖市的主张，有人响应着他的呼吁：

---

[1] 《从中国工业化的途径看县辖市的设置》，《市政建设》第1卷第1期，1948年，第19页。

[2] 殷体扬：《我国市行政问题与县市政计划》，《行政问题》第1卷第3期，1936年，第565—566页。

[3] 殷体扬：《我国市行政问题与县市政计划》，《行政问题》第1卷第3期，1936年，第566页。

我国向来只注意直辖市与省辖市的发展，忽略了县辖市的发展，在宪法上不但忽视了直辖市与省辖市的法人地位，而且根本遗弃了对县辖市应加的注意与县辖市存在的价值，这种趋势，是极其危险的。由于只对沿海的几个都市的建设，加以经营，而形成沿海工业商业经济的过度集中发展，造成了内地工业经济文化的偏枯，试问这有什么好处？用力建设几个大都市，只便宜了买办、豪门的走私、囤积、非法营利。而且一批新兴的资产阶级、买办阶级，渐渐在政治上抬头，与政府的经济政策处处为难，迫使政府将孙先生的民生主义割爱，而与古老落后的资本主义妥协。内地的偏枯现象，文化方面，民智日低。经济方面，长受沿海大都市的剥削，生活痛苦不堪。工商业方面，则毫无改进与建设。一切一切，都被停留在原始的农业社会里！建市，而弄到这步田地，宁不痛心！如果有县辖市的设立，我可以说，在很短的期间，便可能改正这些不合理的现象。……因为县辖市是，全国广大农村的领导者，全国众多人民的教养者，全国工业化的核心，新中国的基石！[1]

主张者认为建设县辖市，也是国防需要，特别是在边疆重镇和沿海港口，与内陆的山川险塞要隘地区，一边需要提高当地人民的民族警觉意识，训练其国防自卫能力，一边也要加强都市的营建，使当地人民能够进入现代化生活方式中，市政建设就更加与国防目的息息相关，而县辖市最能适合这一需要。"市政建设之一切施设须与军事需要及国防条件配合。有防御始足以言生存，有生存始足以言文明。此项重大使命，绝非现有少数城市所克承担。势非就各地人口及地形普遍增设大量县辖市，使与直辖市及省辖市互相呼应，彼此支援，构成一全国性之国防军事联络网，

---

[1] 冯铁仁：《宪法市制的检讨》，《市政评论》第10卷第4期，1948年，第41页。

不足以适应现代立国生存之需要。故增设县辖市乃增设军事之堡垒。"① 国家旧的中央、省、县三级行政组织已不足以适应城市化潮流的需要，"势非增设县辖市发挥市政职能不足以配合现阶段政治潮流之趋势，完成建国复兴之大业"。②

大多数市政学者，若殷体扬、邱致中等人，虽逐渐反对过度发展大都市，倾向小都市、疏散理念，却依然明确支持发展城市建设、由城市领导乡村，他们本身就是"设市"运动的代表人物。这一点说明发展小都市、建设小城镇的主流，还是为了让城市文明更好影响到农村，同时又能保持乡村文明的一些优势。在第二章也论述过，主张下调设立城市的人口标准下限，是为了建立更多城市，以将更多人口从农业社会引向工商业社会。与"反城市化"浪潮不同，它只是以一种化整为零的形式去传播城市文明，将更多的郊区和乡村囊括进都市文明的影响之下，这和当时以章士钊为代表的"乡村本位派"有很大不同。所以无论是通过扩张城市去改造乡村，还是疏散城市、小都市建设的"逆城市化"运动，都同样反映了城市文明对于乡村世界的影响。"城市乡村化"的另一面，仍然还是在进行着"乡村城市化"。

第三节 "城市疏散"

一 城市向乡村的转移

"小城市"的方案，是从一种将城市化整为零的"疏散"理念发展而来，"疏散"理念旨在将城市资源向郊区和乡村转移。西方城市很早就出现了城市人口向郊区和乡村转移的现象，但中国近代的"疏散城市"理念之出现，却有着基于城市在全国地区

---

① 张福华：《国际市制与我国宪法市制比较观》，《市政评论》第10卷第4期，1948年，第29页。

② 张福华：《国际市制与我国宪法市制比较观》，《市政评论》第10卷第4期，1948年，第29页。

的发展水平极不平衡的特殊背景。从城市地理分布来看,中国城市发展明显呈东西不平衡,特别是10万人以上的城市,主要都集中在了东南沿海一带。空间的分布必然会导致城市内的部门、资源和技术人员都向某些地区倾斜,中国仅有的少数重工业、工厂、企业、银行多集中于上海等东南沿海城市,抗战前实业部登记了3935家工厂,沿海地区工厂数已经达到全数的76%,上海、江苏、浙江三地的工厂数又达56%,为工厂集中地带,上海一地又达总数的1/3以上。① 自然,各种技术人才也多集中于这些地区。近代中国城市化存在的沿海内地城市化与工业化水平差距过大、城市与乡村发展差距不断扩大的不平衡问题,反映着中国城市整体结构极不合理的特点。这种格局不仅不利于城市化与工业化的健康发展,而且沿海与内陆、城市与乡村的联系十分脆弱,随时可能因为一点内乱或外患而断裂。随着抗日战争的逼近,这给国防安全带来了极大的威胁。如姜春华所说:"中国现在少数仅有的重工业、工厂、大商家及大银行,多半是集中于上海及其沿海大埠,就'国防'上言,这是一种危险的局面。在国难期间,一切的建设,内地较沿海为重要;都市之建设,尤应注意于内地。近来外国客卿及国内专家均先后主张中国须置工商业中心于内腹之地。"② 因此,无论从国防还是从社会发展的需要来看,都应对城市化和工业化进行一场文明布局的重构。后来在抗战期间的建都之争中,主张战后建都西安的张君俊说:"今后的建设,是以国防为第一义,又以掩护国防建设为无上的条件。中国建设,以南北为秩序,应先北方,然后南方;以流域为出发点,应先上游而后下游。"③ 而南北、下游上游,也恰与当时中国的城镇化水

---

① 根据翁文灏《中国工商经济的回顾与前瞻》,《资源委员会公报》第5卷第2期,转引自《科学与工业化——翁文灏文存》,中华书局2009年版,第537页。

② 姜春华:《都市建设与建设武汉》,《市政评论》第3卷第8期,1935年,第10—11页。

③ 张君俊:《战后首都之研究》,国都研究会1944年版,第5页。

平分布基本共同呈一个"胡焕庸线"之走向。

20世纪二三十年代，社会上已经出现了"回到乡村去"的呼声，梁漱溟、晏阳初等人发起了"乡村建设运动"，实质上是动员城市人员转往乡村进行建设，一边解决乡村工业化问题，一边缓解资源和人口都过分集中于城市的问题，但最后收效甚微。其原因在于乡村太过落后，社会各等人才只有在城市才有自己生存、发展之空间。除农业、林业、矿业、渔业等第一产业外，第二、三产业几全集中于城市，即使对于第一产业而言，由于乡村工业的落后，矿业、林业、渔业也都没有得到发展，农业仍停留在传统手工业阶段，接受了现代科学知识的知识分子也无太多用武之地，就连来自农村的人才最后也多不愿再回到农村，而是以城市为自己活动舞台。甚至抗战爆发后，许多人明知城市是日本人轰炸的目标，而且有不少城市已经遭到了轰炸，他们仍然不愿下乡，宁可抱着侥幸的心理在城市里苟且偷安。就如有人在从事了乡村建设运动后感叹："一个为社会服务的人，至少一方面要有一种社会价值的鉴别力，一方面要有一种宗教性质的热忱。……素来没有宗教训练的中国人，使他不能在血液中散发出一种不为自己打算而为人服务的热忱，或是中国前途最大的一个障碍。"[1] 于是，农村越穷，资源就越倾向城市，结果农村就更穷，城市就更加畸形膨胀，各种社会问题层出不穷，盘根错节无法解决，农村却是土地荒芜，人员流失。这等恶性循环远远不再是靠一批思想家、教育家呼吁几声、发明几个思想理论或诉诸社会的道德良知能够解开的，吴景超就认识到了："只有用政治的力量。"[2] 后来主张迁都西北的人也是带有通过政治手段来实现城乡、南北平衡发展的意图，"如不运用迁都西北的政治手腕，听其自然发展，则西北

---

[1] 费达生：《我们在农村建设中的经验》，《独立评论》第73号，1933年，第13页。

[2] 吴景超：《农政局——一条智识分子下乡之路》，《独立评论》第64号，1933年，第8页。

之建设，恐怕要三几百年才能实现"。①

抗战的爆发成为"政治"介入、强行将城市资源不平衡的分布重新安排以及将资源转向乡村的契机。20世纪30年代末，随着中日战争的临近，有识者主张将资源分散到农村："盖今日大工业多集中都市，土地人工均属昂贵，使都市财力膨胀，畸形发展，而农村又成为极度贫血，一遇国际战争，更为敌人破坏之目标，在今日空军威力下，全国精华可于数小时内随城市殉其大半。倘将集中都市之工业分散于农村，大工业分散为小工业，则无论就工业本身及经济与国防观之，均属有百利而无一害。"② 郑梁说道："为防空安全计实尤应规定一切工业建筑均疏散于都郊乡村地带。"③ 分散主义的小都市计划盛行，也是和时人关于城乡关系的思考联系在一起的。

抗战爆发后，沿海沿江城市相继陷落，这些地区的许多工厂、企业、机关、设备和人员都在沦陷前内迁。特别是武汉沦陷后，内地建设的范围只能转移到西南和西北地区。国民政府确定"政府第一期的工业政策，其中心工作就是协助厂矿内迁"。④ 1938年民国政府宣布迁都重庆，经济部出台了一个《西南西北建设计划》，把工业重点放在了西南，确立了以西南为中心的大后方经济战略。这场内迁改变了中国工业布局，据国民政府统计，1937年川、滇、黔、陕、甘、湘、桂7省工厂之和仅占全国总数6.03%，资本总数仅占全国的4.04%。⑤ 而抗战爆发后至1943年，后方各省工厂企业已经达到4524家，与战前相比，工厂数增加了18倍，

---

① 张君俊：《战后首都之研究》，国都研究会1944年版，第6页。
② 《手工艺品预展及本市手工业之将来——都市与农村之经济交流》，《都市与农村》第23期，1937年4月5日，第4页。
③ 郑梁：《论陪都建设计划的二大要点》，《市政评论》第6卷第7期，1941年，第4页。
④ 《抗战时期工厂内迁史料选辑》（一），《民国档案》1987年第2期，第36页。
⑤ 陈真、姚洛编：《中国近代工业史资料》第四辑，生活·读书·新知三联书店1961年版，第95、97页。

工人数增加了82倍，资本增加了164倍。① 而且，国民政府也采取了一些措施扶持后方工业发展，工业发展成为后方城市发展的重要推动力。重庆、万县、南充、泸州、邵阳等地都在战争期间获得较大的发展，这反映出中国现代工业布局的改变，也必然带来城市区域的扩大。有人在战争期间总结道："城市的疏散是基于化整为零，不但是为谋保存国家的元气，同时亦是策人民自身生命财产的安全……迅速地疏散城市，是两国战争中军备较差的国家当局应取的唯一的途径。"② 殷体扬介绍伦敦在二战中只用了3天时间就将全市72万儿童和监护人疏散到了四郊，主要是因为四郊乡村建设完备，所以要十分重视在乡村进行市政化建设，以保证战时疏散的顺利进行。他认为，"将四郊农村作有规划的发展。同时即将市区内多余的市民分散到四郊去，在四乡建设有市政规划的城市"。同时，新区的规划要随着生产的计划，"在一片优美的地域上，创办一处或多处的大工厂，或大集体农村场，有成千成万的工作人员，往往可以成立一个崭新的地区。这种新地区更须采用农村化的都市计划；有山的地方，最好把工厂建筑在山坡下，必要时可以把全部机器推进山洞里照常工作"。③ 这种理念，若干年后在新中国的三线建设中部分地得到了实践和发展。

全面抗战展开后，为了坚持长期抗战，国民政府又提出"到后方去"的口号，开展"回乡"运动，动员战区的失业工人和难民到内地去生产、耕种。并且有人提出："一面把城市的群众组织起来，一面训练一些干部，随时开展乡村的救亡工作把广大的农民组织起来，这样配合着做，内地的救亡运动才能在广大的群众

---

① 黄秉维：《五十年来之中国工矿业》，载中国通商银行编印《五十年来之中国经济》，1948年，第181页。
② 李俊思：《城市疏散与乡村建设》，《新新新闻每旬增刊》第31期，1939年，第6页。
③ 殷体扬：《都市农村化问题》，《市政评论》第6卷第5期，1941年，第3页。

上面建立基础。"① 包括文物、大学、图书馆等在内的向西南大后方的内迁运动实际上就成为一场大规模的城市人口和机构的"上山下乡"运动，有不少人对这场由抗战带动的"上山下乡"运动感叹道："在疏散的进行中，我们可以看到，一切无居留城市必要的人力、财力、和物力，都自动或被动的下乡了。这一切的力在平时总是依恋着城市，不容易下乡去的。"② "抗战五年，沿海城市多沦陷，加以敌人之紧迫，使我们浪流西南海三角洲地带的子孙，不能不步步留意西北故乡与家园，这里有无数正候我们回去开拓的园地，这里有不少还具有深厚封建色的城市要给我们去改造。"③ 这场"上山下乡"运动又和当时呼吁的"以西南为抗战根据地，以西北为建国根据地"互为呼应，互相促进。

并且，有人认为，乡村将是坚持抗战的阵地，建设乡村就是为抗战的最后胜利而奠基。"在今日，我们的主要工作却还是在建设乡村，而不是在繁荣敌人不曾炸毁过的小城市，或恢复已经炸毁的大城市。同时，在我们的空军力量，还不曾成长到足够的时候，我们的防空，也只有向乡村疏散，才是一个最可靠的方法。"④ 而且，转移下乡，既是为了当时的抗战，也是要趁此契机开展建设乡村、促使"乡村城市化"的工作。"我们现在要建设乡村，却并不是要像某些人所想象的那一样，只是改进我们的农业或农村生活，而是要使我们的乡村城市化。"⑤ "我们过去疏散人口，目的在'避免无谓牺牲'，这意义完全是消极的。我们以后应该把城市人口疏散这一件事，作为积极的意义去看。这种积极的意义，就是有计划地去建设乡村。"⑥ 这种城市化的乡

---

① 王达夫：《怎样开展内地城市救亡工作》，《民族呼声》创刊号，1937年，第6页。
② 李俊思：《城市疏散与乡村建设》，《新新新闻每旬增刊》第31期，1939年，第7页。
③ 《新市政卷首》，《新市政》第1期，1943年，第2页。
④ 庶谦：《城市轰炸和乡村建设》，《全民抗战周刊》第71期，1939年，第1015页。
⑤ 庶谦：《城市轰炸和乡村建设》，《全民抗战周刊》第71期，1939年，第1015页。
⑥ 庶谦：《城市轰炸和乡村建设》，《全民抗战周刊》第71期，1939年，第1015页。

村，可能条件艰苦，但它"是为了中国人自己的伟大前途建设起来的，并不是单单为了消耗外来的商品才建设起来的"。① 不少人将这场战争看作真正解决城乡矛盾的大好时机，于战火中看到无限转机：

> 城市中常发生资金过剩的现象，在物力方面亦如此，有许多机械的使用在城市中是很少用处的，但在乡村中却可以显出伟大的功效来，不但便利农民，同时物的本身亦可尽管利用，减少浪费，可是很多农民都想获得而无从，这一切矛盾的现象，在过去是如此。全面抗战发生后，顿有了变动，但这种变动，不过是这几种力从沿海都市迁移到了内地城市，而内地城市和乡村间的隔膜仍在，似乎有着深深的鸿沟，遥遥不能连接起来。但是城市的疏散，把这一种情形改变了，人才的下乡，无异是增加了农村的脑筋。……至于物力的下乡，机械的移入农村，如碾米轧棉花纺纱等一切可利用机械的地方，可使农民尽量的利用机械，以收事半功倍之效。所以城市的疏散，其本意虽在策人民生命财产的安全，减少无谓牺牲，但影响所及，与建设乡村有着极密切的关系。如果我们武断地说："疏散城市，就是建设乡村"，亦非过甚之语。②

有人认识到城市与乡村融合，城乡对立的消除，必须由计划经济的手段加以解决。"都市与乡村的融合，原来是由社会主义来解决的问题。"③ 在为国民党服务的很多学者心目中，社会主义几乎就是计划经济的同义词。这也是许多市政学者对苏联的城市建

---

① 庶谦：《城市轰炸和乡村建设》，《全民抗战周刊》第71期，1939年，第1015页。
② 李俊思：《城市疏散与乡村建设》，《新新新闻每旬增刊》第31期，1939年，第7页。
③ 郑梁：《论都市人口之集散》，《市政评论》第6卷第6期，1941年，第13页。

设发生兴趣的重要原因。在他们心目中，苏联是计划经济模式的代表，计划可以实现城乡的沟通与平衡，城市的过度集中之弊也可以用计划调节。特别是经过抗日战争的洗礼后，从国防安全的角度考虑，要求用计划统制的手段调节城市、调节城乡关系的想法更加明确了。有人盛赞苏联：

> 其计划不仅以区域之广为其特征，也乃着重于分散人口，救济都市人口工商业集中之弊病，使都市城镇乡村，息息相通，打成一片，利用疏散之方式，而得集中之便利。吾人根据四年来抗战之教训，应深知战后市政建设，必须以国防军事上之利害为基本条件，此项区域广大通盘筹措之地方计划，无论平时战时，均属有利无害，实为未来发达都市之唯一途径。①

在抗战结束后的"自治市"的讨论中，其中就包含着用计划经济手段实现城乡合作的建议："查我国全国三十余省，数十万农村，有如一盘散沙。今后建设，势难于每村开一工厂，尤不能每村办一大学，必也以重点主义，建设经济，以点控线，以线制面，使全国大小都市，在中央整个计划经济下，分工合作，扩大生产，方能达到建国必成之理想。"②

在这场"城市疏散运动"中，也存在着很多名不副实的现象。有人劝诱市民可"一享乡村的福幸，也是极难得的机会"。对于富裕之家，则劝他们"以疏散为夏季避暑旅行也好，省下一些汽油"。并说"此举不但有利于国家社会，就是对于个人修养上也大有补益"。③ 显然，这些只是为了鼓动富人主动下乡而有意将

---

① 周钟岳：《战时都市建设计划》，《市政评论》第6卷第7期，1941年，第2页。
② 《市自治通则草案》，《市政评论》第9卷第12期，1947年，第24页。
③ 孟：《疏散市民》，《市政评论》第6卷第4期，1941年，第2页。

"下乡"描述成一件浪漫之事，实属宣传之语。但在抗战前，有些有闲阶级还当真"下乡"了，不过是住惯了高楼大厦洋房花园，腻味了大都市的灯红酒绿，暂时到乡村去换个空气、调剂一下口味而已，并不是去帮助农村建设，若有人所辛辣嘲讽的："他们从流线型的汽车里，走向这大自然去，用观光者的眼光，欣赏我们由破旧的农村所织成的大自然。"① 到了抗战期间，城市与工业虽然向西南地区迁徙，当时的领导者也打着要建设西南和西北的旗号，可是由于大量官宦绅商也随之"下乡"，并且掌握着这股浪潮的主导权，导致那些地区很多时候还是在为着满足富豪阶层的消费需要而发展。一方面国民政府虽然号称为进行大后方建设，要将重庆建设为崭新气象之陪都，另一方面西部城市的基本设施建设都存在很大问题，城市里仍然脏乱差严重，据说时人一直将重庆描绘为一个"垃圾堆""文明的终止点"。与之形成鲜明对照的是，整座城市一直弥漫着一股奢靡享乐之风，而且这股风气就是那些有权和有产阶级带动的。有人描述："我国打了四年仗，有钱的人，要吃什么就有什么，重庆有五六百家饭馆，每天收买山珍海味以待大贾高官。"② 同是抗战大后方的战时贵阳的娱乐场所也是照样天天人满为患，"酒楼餐馆，一掷千金不惜，理发店内，吹风烫发者触目皆是。至于娼赌，更是公开的秘密；汽车载货走私，尤为世人所健羡，政府三令五申，社会习为故常。"③ "前方吃紧，后方紧吃"的说法由此而来。可见，重庆、贵阳这些抗战阵地并无战时所宣传的所谓"秩序""整洁""人格化的美"之气象，更是让所谓的"城市下乡""建设西部"的宣传在很大程度成为欺世之言。

---

① 陈浩雄：《龙华风景的片断》，《上海漫画》第1卷第1期，1936年。
② 孟：《大众营养》，《市政评论》第6卷第4期，1941年，第2页。
③ 罗承侨：《今年市民应有的认识与努力》，《贵阳市政》第2卷第1期，1942年1月，第11页。

二 城市布局的分散化

在抗战前，国内已经兴起了"国防城市计划"，这个理念和城市疏散的理念也始终是联系在一起的。城市本是因人口集中于某个地区而兴起，流行的"功能分区"理念就是将人口集中在几个专门领域。但是国防城市理念却指出为了防空的需要，必须拆散城内的固定区域，同时将城市内人口向郊区疏散。分散首先是将市内设施分散布置，不集中于一处的城市规划，这一点尤其体现在"防空城市"的设计理念中。"空袭，因不使火灾及其他之损失，不波及于全市，则多数之家屋，密集于一个地方，凡似猬形者，尤为不利，务必作成家屋之小密集群，而使分散于各地区。"[1] "都市内重要之建筑物，例如公署、制造工厂、坦克仓库、银行、营盘等，勿固定于一处，务须分散之为要。"[2] 国民党政府当时也是将行政机关分散建设在南京城内。1929年的"首都计划"中，拟离开旧城，再辟新区，其中就有军事上的理由："形势险要，关系军事至巨，一建炮台实具优势，军用机械厂、机场实在其南，兵营又相接近，调遣灵活。"[3] 当然，这种规划在当时脱离了实际，未能实施。

1933年中国颁布了第一部"都市营建计划纲要"，之前中国虽然有不少如"大上海计划"之类的城市计划，却都是某个城市的规划设计，没有全国意义上的城市规划蓝图。可是这部全国性的都市计划居然是由国民党军事委员会颁布的，可以看出城市建设与国防的紧密联系。在计划纲要中，对花园都市的建设的内容里，第九款第一条规定："打破集中政治商业工业住宅文化机关等于一定地面之分区制"，就是为了疏散城市建筑，以利防空。对于旧城市的改造，纲要也是首重防空原则，其要点就是疏散与防火，

---

[1] 李敬之：《防空战与都市计划》，《军事杂志》第40期，1931年，第60页。
[2] 李敬之：《防空战与都市计划》，《军事杂志》第40期，1931年，第61页。
[3] 董鉴泓：《中国城市建设史》，中国建筑工业出版社2004年版，第251页。

第12条第1款规定:"原有城市之有城垣者,其妨碍交通疏散部分均需拆除。"第2款规定:"原有城市主要街道过于狭窄者,应加以放宽。"第4款规定:"通城外之主要道路,应区放射直线式,向四郊伸屈。"都是为了疏散。为了防火,则在第12条第3款规定:"横街较少之纵长街道,应多开横断街,或多开辟火巷。"第5款规定:"被空袭损毁之地点,应随时将新路线及火巷划出,以免拆卸。"① 处处体现出军事方面的考虑。

董修甲在1937年发表的《都市建设的分散主义之实施》中指出在遭受战争空袭威胁时,分散布置会将工商实业的损失减到最低,而不至于"敌人只需集中其空袭于数大都市,并于大都市中集中其空袭于各市之一二处,则全国工商实业可以完全被其毁灭"。② 于此看出,"国防城市计划"与前述的"城市下乡"有所不同,它着重将城市内部设施不集中于一处,而分散布局,以避免侵略国的空袭,这也是一种"城市疏散"理念。

抗日战争的爆发,无疑促使这种重构城市空间的"逆城市化"理念进一步变成了实践。抗战期间,首府西迁,为对付日军的狂轰滥炸,"国防都市计划"提上了日程。陪都的建设完全是为抗战而服务,著名市政学者郑梁强调:"陪都建设计划的前提应该以'战为中心',一切从战争的准备着眼,一切为战争而计划,计划成一个国防的都市计划。"③ 国防要求迅速对于主要都市的城市布局进行较大的调整,"都市分区应打破一向都市分区的划一与整齐的法则,为了避免敌机容易将集中于陪都的一隅的行政建筑物加以破坏,在防空建筑及都市计划的立场,我们均有主张陪都的行

---

① 陈独真:《都市营建计划纲要之研究》,《现代防空》第1卷第2期,1942年,第86页。

② 董修甲:《都市建设的分散主义之实施》,《国民经济》第1卷第1期,1937年,第11—46页。

③ 郑梁:《论陪都建设计划的二大要点》,《市政评论》第6卷第7期,1941年,第3页。

政建筑物疏散于市内各区,不必另有行政区之划定,而死板硬将一切主要行政建筑排在该区域之必要"。①

1939年5月,民国政府在重庆召开第一次全国生产会议,就是研究西南工业布局问题。会议强调根据生产和战争的需要,必须实行大分散和小集中的原则,"宜选定若干中心地点,充实其动力与运输设备,使各种工业依其性质,得有适当萃聚之所,是曰散者聚之"。② 同时还提出了军事企业的选址要隐蔽、以原有经济较发达地区为依托、因地制宜等原则。在陪都内各种经济部门的空间规划中,自然要特别注意到对于工业的保护。工业资源同样应当进行疏散安排,以免被敌机轰炸一空,"今后陪都建设计划应如何处理工业之合理配置,以求达到防空之安全,此实为一极重要之课题。根据行政区之解散的同一理由,我们同样主张陪都不应死板划定某一地区,而局限一切轻重工业厂房均集中于该区内建筑,以让敌人空军之全部破坏。"③ 战时重庆工业地域分布基本都是在沿长江、嘉陵江两岸、地势较为平坦的土地上修建厂房,或在河谷隐蔽处开凿山洞建厂。在磁器口、相国寺、唐家沱等地的兵工厂,把生产车间都设置于了人工开凿的隧道里。其具体布局为:半岛工厂最多,占全部工厂的28.7%,其次为南岸弹子石地区,占11.2%,再次为小龙坎占9%,以后为龙门浩、海棠溪、江北、化龙桥、溉澜溪、沙坪坝、相国寺、玄坛庙、菜园坝、李子坝、磁器口。④ 这种布局在当时基本利用了重庆地理特点达到了扬长避短的作用。

当然,不仅是陪都建设,整个城市建设的理念在这时都和战

---

① 郑梁:《论陪都建设计划的二大要点》,《市政评论》第6卷第7期,1941年,第3—4页。

② 引自陈东林《三线建设:备战时期的西部开发》,中央党校出版社2003年版,第15页。

③ 郑梁:《论陪都建设计划的二大要点》,《市政评论》第6卷第7期,1941年,第4页。

④ 罗澍伟:《近代重庆城市史》,四川大学出版社1991年版,第256页。

第七章 "逆城市化"浪潮：民族危机催动的文明重构　313

争直接联系，特别是当面临着日军的大轰炸，城市建设首要考虑的就是防空。城市建设的理念自然都把为抗战服务放在了首位，"都市营建，关系抗战大业至巨。"[①] 在这种国防化的视野下对以往的都市建设理念进行了反思，以为那种一味学习欧美修建豪华高楼大厦的做法脱离了中国实际，在战争中极易沦为日军轰炸对象，所以今后国人"对近代都市建设之复杂性应有相当察觉，而于现代都市之建设，须切实际，不可再如往昔"。[②] 殷体扬说道："武器天天进步的结果，大都市御防敌人的作用早已失去。第一次欧战之后，大家才知道密集的都市，反足以招致敌人的空军破坏。从前城市造以御敌，现在反成为招敌的目标。……我们为着永久国防打算，来日都市的建设，应以防空安全为第一任务，这是不容争辩的事。都市防空最有效的办法，最好还是采取分散式的都市计划。"[③]

虽然时人认为中国城市当行城市之疏散理念，盖因感觉到战争威胁之故，然而在这种尝试中，战后人们对于防止城市过分膨胀的问题也有了比战前更为深刻和理论化的认识。时人意识到，城市有一个发展规律，就是当人口集中到了某个程度就必然向四周疏散，以减轻城市压力。有论者以欧美国家城市发展现实为例，指出城市发展的规律就是在向心集居与离心疏散之间循环。当时兴起的"田园都市"、"卫星城市"、地方计划等都是企图将城市人口疏散到郊区以救城市过度集中之弊。中国当时之情形，"再就防空观点而言，现今之都市亦应以疏散为原则。故今日之时期，可谓为第三次离心集居之现象。"[④] 可见，有识者此时并非仅将这

[①] 陈独真：《都市营建计划纲要之研究》，《现代防空》第 1 卷第 2 期，1942 年，第 85 页。

[②] 陈独真：《都市营建计划纲要之研究》，《现代防空》第 1 卷第 2 期，1942 年，第 85—86 页。

[③] 殷体扬：《都市农村化问题》，《市政评论》第 6 卷第 5 期，1941 年，第 3—4 页。

[④] 卢毓骏：《防空城市计划之研究》，《市政评论》第 6 卷第 4 期，1941 年，第 4 页。

种规划当作战时的权宜之计,更看作战后城市规划也需遵循的指导理念,郑梁认为:"中国战后应采用之都市计划是国防化的都市计划。……在形式上是为了分散(扩大)全国工商业的分布地域,以减小战时所蒙受空袭之损害……在这一大前提下,首先我们是反对密集的大都市之再出现,同时,我们对在战前已经膨胀到达某一限度之沿海大都市(如上海、南京等)在战后亦应停止其再行任意作过度之膨胀,应该设法于都市之外另建小的子都市,在两者之间应设置广大的绿地田园以为人工的防塞。"① 并认为,都市人口的过度膨胀,无论在战时平时都是一种畸形的现象。"故我们主张今后都市之人口应加以适当之限制,不得使之趋于无限制的发展。"主张都市人口不得超过百万以上,沿海都市人口已超过百万以上的应停止膨胀,应建立子都市以达到疏散人口之目的。②

因此,抗战结束后,面对重建工作,不少人已经有了鲜明的布局分散意识,"疏散原则,实为原则中之基本者"。③"现代战争之破坏力特强,此后都市之建设,除加强有关军事之设备外,所有工厂、商店、机关、学校以及一般住宅之建筑,不可过分集中,而应采取分散之政策。"④ 基于总结战争对于城市破坏的教训,市政界更是明确提出了城市建设亟应思考的问题:"总之将来的战争总少不了还是以都市为下手的目标,所以今后都市的建设是不是仍然几百万人聚集在一起,都市的建筑物是不是应该仍然毗连在一块,都市的精华是不是应该仍然集中在一个小范围里?"⑤

---

① 郑梁:《论都市人口之集散》,《市政评论》第 6 卷第 6 期,1941 年,第 15 页。
② 郑梁:《论都市人口之集散》,《市政评论》第 6 卷第 6 期,1941 年,第 15 页。
③ 赵曾珏:《铁路运输与都市建设》,《市政评论》第 9 卷第 6 期,1947 年,第 19 页。
④ 刘震武:《为南昌市建设进一言》,《市政建设》第 9 卷第 1 期,1947 年 1 月 1 日,第 29 页。
⑤ 龚学遂:《市政与交通》,《市政评论》第 11 卷第 3—4 期,1949 年,第 3 页。

但是，疏散不等于凌乱无章地分布，而是政府进行有组织、有计划的规划。上海市公用局局长赵曾珏认为："所谓疏散者，为有计划之设计，而非零乱之措施……大都市除中心商业区外，必须有许多小商业区，疏散于外围，而与各工业及住宅区相配合，各种工业，应依性质之不同，而各设工与地形等关系疏散于外围，各住宅区应与各业区相隔离而配合之堆栈谷仓，燃料与大都市之资源消耗有莫大关系，应配合各工商区而疏散之。基于都市疏散原则，除各业本身，市民福利享有极大之直接裨益外，于解除市内交通之拥挤，可有釜底抽薪之效。"① "大都市除中心商业区外，必须有许多小商业区，疏散于外围，而与各工业及住宅区相配合。各种工业，应依性质之不同，而各设工与地形等关系疏散于外围、业区，各住宅区应与各业区相隔离而配合之堆栈谷仓，燃料与大都市之资源消耗有莫大关系，应配合各工商区而疏散之。"② 因此，从"小城市计划"和"城市疏散"等"逆城市化"理念中可以看出，和推行市政独立、设市运动及发展大城市的计划一样，都是体现了依靠政府组织和计划杠杆来安排城市化运动和市政建设的理念。

在民国时期，无论是"小都市计划""城市疏散"，还是"大都市计划""城市扩张"理念，它们都是在民族、国家的大旗下表达自己的诉求，并且都宣称有助于民族工业的成长。这种现象说明，民族主义思想是一个包含内在紧张的思潮，市政也是一个包含各种紧张的活动。发展大都市、进行城市扩张建设和发展中小城镇建设、限制城市扩张之间的紧张一直贯穿在中国的现代化道路中。

---

① 赵曾珏：《铁路运输与都市建设》，《市政评论》第 9 卷第 5 期，1947 年，第 20 页。

② 赵曾珏：《铁路运输与都市建设》，《市政评论》第 9 卷第 6 期，1947 年，第 19—20 页。

余 论

城市就代表着进步、文明，乡村就代表落后、野蛮，这是一种偏见，其产生的根本原因在于人类历史上由于城乡分工的出现，而统治阶级多集中于城市，于是产生出了城里人高人一等的身份优越感。一种城乡等级模式也在这种分工下而形成："都市"要以"乡村"的存在作为自己的支撑，同时又要"乡村"成为自己的附庸。这种等级结构自资本主义产生和工业革命发生后又一直不断以国家和世界的规模被再生产出来，现代的世界首先是被资本主义塑造而成的。人类社会的最终发展方向，还是当以消除城乡差别，而非以成为"都市"去压榨更多的"乡村"，作为自己最合理的文明选择。这就不仅必须对传统文明进行扬弃，还要对通常意义上的现代文明也进行反思和批判。

城市乡村化、疏散城市、小城镇理念和发展大都市、鼓励多多设市的那些主张、实践无疑是存在矛盾的，甚至是对立的。它是对盲目追求宏伟、华丽的市政建设理念的一种否定，是企图以小纠大之偏的带有"反现代性"形式的尝试。其反映出一些值得深思的问题：一个国家实现由农业文明向工业文明的转型，是历史必经之路，也是巨大的文明进步，工业文明也必然伴随城市文明的发展。但是在处于某些特殊历史阶段的特殊地区，如半殖民地半封建社会的中国，如后发次生型的发展中国家，以及工业文明已经过度发展的发达国家，它们即使发展城市文明，是否就一定要以"都市"的形态进行？反之，塑造乡村文明是否就一定等于强化前工业社会的文明？城市文明和乡村文明是否就一定截然对立？或许存在着另一种历史的可能性——在乡村文明的形态中展开工业文明和新型城市文明的建设。

从城市发展走向为少数权贵阶层和士绅集团服务的这一意义上来说，当代城市史和城市化研究中有一个概念可以形容这种现象，那就是"士绅化"。笔者以为，自城市生活的唐宋革命以来，中国城市一直在朝着"士绅化"方向发展，近代的城市表面现代化主要是继承了这一"士绅化"趋向。城市和经济的繁荣越来越趋于东南沿海、西北西南日益贫困，以及城乡差别越来越大，都是这一"士绅化"发展的结果。

"逆城市化"思潮和尝试的出现，客观上是对这种城市"士绅化"趋势的一种纠正。它是以战争为契机、以政治手段进行介入，以限制大城市、鼓励中小城市发展、动员资源迁往郊区和西部乡村地区为主要内容的一场文明重构运动，其出现于民国，一直延续到中华人民共和国成立之后。这场思潮和实践，也可看作一场都市文明的自我反思和自我调整，其动因既有城市文明的内在发展规律使然，又有中国历史地理的特殊要求。从城市发展规律来看，遏制大都市过度膨胀、支持小城市发展、疏散城市资源、合理利用乡村文明的资源，是中外城市文明发展到一定阶段的共同现象。盲目发展大都市、放任都市的无节制扩张，已经成为当时世界和中国的共同文明弊病，尽管二者出现的具体原因和反映出的文明层次并不一样。这场中国的"逆城市化"运动，又有着其他国家所没有的特殊历史动因。中国长期呈现的"东南重于西北西南、沿海强于内陆"的历史地理格局，形成了中国经济发展的严重不平衡、城市化水平的严重不平衡，导致全国的经济纽带十分脆弱，阻碍了统一的现代国家的形成，又直接造成长期国防尤其是海防的孱弱。从明朝倭寇为患，至鸦片战争、第二次鸦片战争、"一·二八事变"、"八一三事变"，皆是乱起于东南沿海。东南沿海是"海权"时代的外洋侵略势力必经之地，却偏偏又是全国经济中心和城市最繁荣的地方，国民政府还以此建都。一旦失陷，全国经济都要陷入大乱，这种城市发展格局确实不能适应中国现代化需要了。无论是从国防，还是从经济的平衡发展、文明的统一等方面考虑，都需要改变这种历史地理格局。"逆城市化"运动和抗战时期的开发西北、建设西南以及建都之争一样，都是在这样一种"复兴中西部地区"、以中西部为复兴中华文化阵地的目的下而兴起的。因此，民国时期出现的"城市疏散""田园城市""城市下乡"等理念，主要并非如西方发达国家的"逆城市化"理念是由于城市过度发达带来了市民生活诸多不便、为了满足市民的舒适生活需要而产生。它直接是基于战争的威胁，为了城市财产和人员的安全考虑而向城市四周和郊区转移的一种考虑。这种出于战争的紧迫压力下而出现的"城市疏散"活动，由于不是城市发展到较高水平而向乡村自然发生的转移，它更多反映出城市向乡村郊外地区的避难，而未表现出城市文明对于乡村世界的强大改造力量。因此，在这场"城市疏散"和"小城市"实践中，城市对乡村的改造能力仍然十分有限，也并未实现"城市征服乡村"的结果。反而是乡村郊野为城市和工业提供了强大的庇托之所和文明的支撑，更多表现的是"乡村对城市的庇护"，旧式"城乡二元结构"并未发生根本改变。

民国的"逆城市化"运动在一定程度变成达官贵人们下乡旅游的问题，也向后人提示了一个道理：纠正"城市士绅化"，仅仅从布局上逆向而行仍然是不够的，因为，原先的城市统治阶级也可以将这种"逆城市化"变得适合自己需要，使这种"逆城市化"变成另一种形式的"士绅化"。雷蒙·威廉斯指出，城镇与乡村的对立，往往只是掩盖了真正的对立，简单去讴歌乡村生活无助于问题的解决，只有改变社会关系和核心价值观念才是解决之道。[①] 真正的反"士绅化"和消除城乡差别以及根治"城市病"，还是必须着眼于新政治主体的构建。现代政治国家的构建、工业文明的奠基、新型生产型城市的发展和城乡矛盾的解决，都首先需要新型政治主体的形成。这不仅是局部的改良，而且是整体阶级关系的变革。

---

① 根据［英］雷蒙·威廉斯《乡村与城市》，韩子满、刘戈、徐珊珊译，商务印书馆2013年版，第76页。

参考文献

(一) 史料文献

1. 报刊

《北平特别市市政公报》1930年。

《北平商报》1933年。

《诚报》1933年。

《成都市》1945年。

《道路月刊》1923—1935年。

《东方杂志》1929—1937年。

《独立评论》1933年。

《都市与农村》1936、1937年。

《大上海》1943年。

《光华卫生报》1919年。

《广州市市政公报》1925—1931年。

《广州市政府新署落成纪念专刊》1934年。

《国闻周报》1935年。

《国民周刊》1937年。

《国民经济》1937年。

《国风（重庆）》1943年。

《贵阳市政》1941、1942年。

《工程》（武汉版）1947年。

《工程》1948年年会特刊。

《汉市市政公报》1929年。

汉口市政府秘书处；《汉口特别市市政统计年刊民国十八年度》
　　1930年，中国国家图书馆藏。

《湖北地方政务研究半月刊》1934年。

《建设》1919年。

《吉林省建设厅公报》1929年。

《江苏旬刊》1928年。

《军事杂志》1931年。

《建国月刊》1933年。

《昆明市政》1947年。

《留美学生季报》1927年。

《每周评论》1919年。

《民国日报》1933年。

《民族杂志》1937年。

《民族呼声》1937年。

《南京特别市市政公报》1928年。

《南京特别市市政公报补编》1928年。

《南京社会特刊》1931年。

《南昌市政半月刊》1934年。

《农村经济》1934年。

《平旦周报》1932年。

《平凡》1936年。

《青岛画报》1935年。

《全民抗战周刊》1939年。

《清华周刊》1931年。

《群众》1948年。

《市政通告》1914年。

《申报》1922年、1926年、1927年、1933年、1940年。

《市政公报》1927年。

《首都市政公报》1928年。

《市政月刊》1928、1930、1931年。

《社会月刊》1929年。

《市政期刊》1930年。

《市民月刊》1931—1948年。

《世界日报》1932—1933年。

《时事月报》1933年。

《社会半月刊》1934、1935年。

《市政评论》1934—1949年。

《沙市市政汇刊》1936年。

《上海漫画》1936年。

《上海市政建设专刊》1945年。

《时代公论》1946年。

《市声》1947年。

《市政建设》1947—1949年。

《四十年来之北京》1949—1950年。

《武汉市政公报》1929年。

《万县市市政月刊》1929年。

《无锡县政公报》1929年。

《无锡市政》1929、1930年。

《新青年》1920年。

《新上海》1926年。

《新汉口市政公报》1929年。

《新中华杂志》1933年。

《新社会半月刊》1934年。

《行健月刊》1934年。

《行政问题》1936年。

《新镇江》1938年。

《新新新闻每旬增刊》1939年。

《新满洲》1940年。

《现代防空》1942年。

《新市政》1943年。

《新时代》1945年。

《西风》1946年。

《新重庆》1947年。

《中国建设·宁夏省建设专号》1932年。

《中学生杂志》1933年。

《中国建筑》1936年。

《浙江潮》1938年。

《中国建设》1945年。

2. 著作

白敦庸：《市政述要》，商务印书馆1928年版。

白敦庸：《市政举要》，大东书局1931年版。

北平反对违法自治选举市民团：《如此完成的北平地方自治！》，1934年版。

北平市工务局：《北平市都市计划设计资料》第1集，1947年版。

曹谷冰述：《苏俄视察记》，1930年版。

重庆市政府秘书处：《九年来之重庆市政》，1936年版。

陈训烜：《都市计划学》，商务印书馆1940年版。

董修甲：《市政问题讨论大纲》，青年协会书报部1929年版。

董修甲：《市政与民治》，上海大东书局1931年版。

董修甲：《京沪杭汉四大都市之市政》，上海大东书局1931年版。

傅荣恩：《江浙市政考察记》，时事月报社1931年版。

顾彭年：《市行政选集》，商务印书馆1929年版。

《满洲国大系》第7辑《地方·都市》，国务院总务厅情报处1934年版。

汉口市政府：《汉口市政概况》，1933年版。

蒋建策：《市政与新中国》，正中书局1940年版。

陆丹林编：《市政全书》，中华全国道路建设协会1931年版。

南京特别市市政府秘书处:《首都市政要览》,1929 年版。

上海法学社:《市政学纲要》,广益书局 1928 年版。

舒新城:《中国教育建设方针》,中华书局 1931 年版。

王理孚、刘绍宽修纂:《民国平阳县志》,1925 年版。

吴景超:《实用都市社会学》,有志书屋 1934 年版。

许仕廉:《中国人口问题》,商务印书馆 1930 年版。

杨哲明:《都市论 ABC》,世界书局 1928 年版。

杨哲明:《现代市政通论》,民智书局 1929 年版。

周世勋编:《上海市大观》,文华美术图书公司 1933 年版。

朱启钤:《蠖园文存》,紫江朱氏 1936 年版。

张金鉴:《美国之市政府》,正中书局 1936 年版。

张君俊:《战后首都之研究》,国都研究会 1944 年版。

中国通商银行:《五十年来之中国经济》,1948 年版。

3. 当代出版的史料

北京市政协文史资料研究委员会、中共河北省秦皇岛市委统战部编:《蠖公纪事——朱启钤先生生平纪实》,中国文史出版社 1991 年版。

陈赓雅:《西北视察记》,甘肃人民出版社 2002 年版。

陈翰笙、薛暮桥、冯和法合编:《解放前的中国农村》第二辑,中国展望出版社 1987 年版。

陈翰笙、薛暮桥、冯和法合编:《解放前的中国农村》第一辑,中国展望出版社 1985 年版。

陈真、姚洛编:《中国近代工业史资料》第四辑,生活·读书·新知三联书店 1961 年版。

陈中民:《官僚政治批判》,《民国丛书》第 2 编第 21 册,上海书店 1990 年版。

范祥善:《现代社会问题评论集》,《民国丛书》第 5 编第 20 册,上海书店 1996 年版。

冯和法编:《中国农村经济资料续编》,台北:华世出版社 1978

年版。

国都设计技术专员办事处编:《首都计划》,南京出版社2006年版。

侯杨方:《中国人口史》第6卷,复旦大学出版社2001年版。

《湖北革命历史文件汇集(群团、苏维埃文件):1927—1933》,中央档案馆、湖北省档案馆1985年版。

黄宗羲:《宋元学案》,载沈善洪编《黄宗羲全集》,浙江古籍出版社1992年版。

翦伯赞等著,中国史学会编辑:《戊戌变法》,上海人民出版社1957年版。

蒋梦麟:《西潮与新潮——蒋梦麟回忆录》,东方出版社2006年版。

蒋廷黻:《蒋廷黻回忆录》,岳麓书社2003年版。

蒋廷黻:《中国近代史》,上海古籍出版社2006年版。

《抗战时期工厂内迁史料选辑》(一),《民国档案》1987年第2期。

李文海主编:《民国时期社会调查丛编:城市(劳工)生活卷》下册,福建教育出版社2005年版。

李宗黄:《考察江宁、邹平、青岛、定县纪实》,载张研、孙燕京主编《民国史料丛刊》第748卷,大象出版社2009年版。

《梁思成全集》第4卷,中国建筑工业出版社2001年版。

《梁思成全集》第5卷,中国建筑工业出版社2001年版。

《梁思成全集》第1卷,中国建筑工业出版社2001年版。

《鲁迅全集》第5卷,人民文学出版社1981年版。

《鲁迅全集》第4卷,人民文学出版社1981年版。

陆九渊:《陆九渊集》,中华书局2016年版。

南京市档案馆编:《民国珍档:民国名人户籍》,南京出版社2013年版。

千家驹等:《农村与都市》,大象出版社2009年版。

《文史资料存稿选编·经济》上册,中国文史出版社2002年版。

《文史资料存稿选编·社会》，中国文史出版社 2006 年版。

上海通社：《上海研究资料续集》，《民国丛书》第 4 编第 81 册，上海书店 1992 年版。

《沈从文全集》第 14 卷，北岳文艺出版社 2002 年版。

孙中山：《孙中山选集》上卷，人民出版社 2011 年版。

王韬：《漫游随录》，陈尚凡、任光亮校点，岳麓书社 1985 年版。

王亚南：《中国地主经济封建制度论纲》，华东人民出版社 1954 年版。

翁文灏：《科学与工业化——翁文灏文存》，中华书局 2009 年版。

（清）吴乘权等辑：《纲鉴易知录》（上），中华书局 2014 年版。

吴景超：《第四种国家的出路》，商务印书馆 2010 年版。

武汉市地方志办公室主编：《民国夏口县志校注》补遗《建置志·赛马会》，武汉出版社 2010 年版。

行政院秘书处撰，李强、黄萍选编：《行政院工作报告（1934—1947）》第 2 册，国家图书馆出版社 2013 年版。

薛福成：《出使四国日记》，湖南人民出版社 1981 年版。

《晏阳初全集》第一卷，湖南教育出版社 1992 年版。

叶恭绰：《遐庵汇稿》上编，《民国丛书》第 2 编第 94 册，上海书店 1990 年版。

殷梦霞、李强选编：《民国铁路沿线经济调查报告汇编》第 14 册，国家图书馆出版社 2009 年版。

张枬、王忍之编：《辛亥革命前十年间时论选集》第 1 册下，生活·读书·新知三联书店 1979 年版。

《张申府文集》第 1 卷，河北人民出版社 2005 年版。

章有义编：《中国近代农业史资料》第三辑，生活·读书·新知三联书店 1957 年版。

中国社会科学院近代史研究所编：《孙中山全集》第 2 卷，中华书局 1982 年版。

周谷城：《中国社会之变化》，载《民国丛书》第 1 编《历史地理类》，上海书店 1989 年版。

(二) 经典著作及当代论著

1. 经典著作

马克思:《资本论》第 1 卷,《马克思恩格斯全集》第 44 卷, 人民出版社 2001 年版。

马克思:《资本论》第 3 卷,《马克思恩格斯全集》第 46 卷, 人民出版社 2003 年版。

马克思:《经济学手稿 (1857—1858 年)》,《马克思恩格斯全集》第 30 卷, 人民出版社 1995 年版。

恩格斯:《反杜林论》,《马克思恩格斯全集》第 26 卷, 人民出版社 2014 年版。

恩格斯:《德国的制宪问题》,《马克思恩格斯全集》第 4 卷, 人民出版社 1958 年版。

马克思、恩格斯:《德意志意识形态》,《马克思恩格斯文集》第 1 卷, 人民出版社 2009 年版。

马克思:《共产党宣言》,《马克思恩格斯文集》第 2 卷, 人民出版社 2009 年版。

列宁:《评经济浪漫主义》,《列宁全集》(第 2 版增订版) 第 2 卷, 人民出版社 2013 年版。

2. 国内论著

包亚明主编:《现代性与空间的生产》, 上海教育出版社 2003 年版。

曹聚仁:《我与我的世界》, 人民文学出版社 1983 年版。

陈嘉明等:《现代性与后现代性》, 人民出版社 2001 年版。

陈立旭:《都市文化与都市精神》, 东南大学出版社 2002 年版。

陈东林:《三线建设：备战时期的西部开发》, 中央党校出版社 2003 年版。

陈旭麓:《陈旭麓文集》第 4 卷, 华东师范大学出版社 1997 年版。

程雨辰主编:《抗战时期重庆的科学技术》, 重庆出版社 1995

年版。

池子华:《流民问题与社会控制》,广西人民出版社2001年版。

池子华:《农民工与近代社会变迁》,安徽人民出版社2006年版。

邓力群主编:《毛泽东读社会主义政治经济学批注和谈话》,中华人民共和国国史学会1998年版。

邓正来、[英]J. C. 亚历山大编:《国家与市民社会:一种社会理论的研究路径》,中央编译出版社1999年版。

董鉴泓主编:《中国城市建设史》,中国建筑工业出版社2004年版。

傅筑夫:《中国经济史论丛》(上),生活·读书·新知三联书店1980年版。

高瑞泉、[日]山口久和主编:《中国的现代性与城市知识分子》,上海古籍出版社2004年版。

贺照田主编:《后发展国家的现代性问题》,吉林人民出版社2002年版。

胡焕庸、张善余:《中国人口地理》(上册),华东师范大学出版社1984年版。

姜进主编:《都市文化中的现代中国》,华东师范大学出版社2007年版。

李长莉、左玉河:《近代中国的城市与乡村》,社会科学文献出版社2006年版。

梁元生:《晚清上海:一个城市的历史记忆》,广西师范大学出版社2010年版。

刘小枫:《现代性社会理论绪论——现代性与现代中国》,生活·读书·新知三联书店1998年版。

刘晔:《知识分子与中国革命》,天津人民出版社2004年版。

罗志田、葛小佳:《东风与西风》,生活·读书·新知三联出版社1998年版。

《马超俊先生访问纪录》,"中央研究院"近代史研究所1992

年版。

皮明庥主编:《武汉通史·民国卷（上）》,武汉出版社2006年版。

皮明庥主编:《武汉通史·民国卷（下）》,武汉出版社2006年版。

钱瑞升等:《民国政制史》（下册）,上海人民出版社2008年版。

秦晖:《共同的底线》,江苏文艺出版社2013年版。

汪晖:《去政治化的政治:短20世纪的终结与90年代》,生活·读书·新知三联书店2008年版。

汪晖:《死火重温》,人民文学出版社2000年版。

汪晖:《现代中国思想的兴起》上卷,生活·读书·新知三联书店2004年版。

王国斌:《转变的中国——历史变迁与欧洲经验的局限》,江苏人民出版社2008年版。

王军:《城记》,生活·读书·新知三联书店2003年版。

王绍光:《民主四讲》,生活·读书·新知三联书店2008年版。

隗瀛涛主编:《近代重庆城市史》,四川大学出版社1991年版。

吴承明:《中国的现代化:市场与社会》,生活·读书·新知三联书店2001年版。

伍江:《上海百年建筑史（1840—1949）》,同济大学出版社1997年版。

忻平:《从上海发现历史——现代化进程中的上海人及其社会生活（1927—1937）》,上海人民出版社1996年版。

西安市地方志编纂委员会:《西安市志》第2册《城市建设志》,西安出版社1996年版。

阎步克:《士大夫政治演生史稿》,北京大学出版社1996年版。

杨子慧主编:《中国历代人口统计资料研究》,改革出版社1996年版。

张复合主编:《中国近代建筑研究与保护》第2册《2000年中国近代建筑史国际研讨会论文集》,清华大学出版社2001年版。

章开沅、马敏、朱英主编:《中国近代史上的官绅商学》,湖北人民出版社2000年版。
章有义:《明清及近代农业史论集》,中国农业出版社1997年版。
赵可:《市政改革与城市发展》,中国大百科全书出版社2004年版。
中国社会科学院近代史研究所民国史研究室、四川师范大学历史文化学院编:《1910年代的中国》,社会科学文献出版社2007年版。
周敏凯:《当代资本主义国家的文官制度》,福建人民出版社1996年版。

3. 国外论著

[美]阿尔文·古尔德纳:《新阶级与知识分子的未来》,杜维真、罗永生、黄蕙瑜译,人民文学出版社2001年版。

[英]艾瑞克·霍布斯鲍姆:《论历史》,黄煜文译,中信出版社2015年版。

[法]安克强:《1927—1937年的上海——市政权、地方性和现代化》,张培德、辛文锋、肖庆璋译,上海古籍出版社2004年版。

[英]安东尼·史密斯:《全球化时代的民族与民族主义》,龚维斌、良警宇译,中央编译出版社2002年版。

[法]白吉尔:《中国资产阶级的黄金时代(1911—1937)》,张富强、许世芬译,上海人民出版社1994年版。

[美]白修德:《探索历史——白修德笔下的中国抗日战争》,马清槐、方生译,生活·读书·新知三联书店1987年版。

[美]彼得·罗、[美]关晟:《承传与交融——探讨中国近代建筑的本质与形式》,成砚译,中国建筑工业出版社2004年版。

[美]卞历南:《制度变迁的逻辑:中国现代国营企业制度之形成》,卞历南译,浙江大学出版社2011年版。

[英]大卫·哈维:《希望的空间》,胡大平译,南京大学出版社2008年版。

[法]费尔南·布罗代尔:《十五至十八世纪的物质文明、经济和资本主义》第1卷,顾良、施康强译,生活·读书·新知三联

书店 1992 年版。

[美] 费正清主编：《剑桥中华民国史（1912—1949）上卷》，杨品泉等译，中国社会科学出版社 1993 年版。

[美] 黄仁宇：《资本主义与二十一世纪》，生活·读书·新知三联书店 2006 年版。

[美] 吉尔伯特·罗兹曼主编：《中国的现代化》，国家社会科学基金"比较现代化"课题组译，沈宗美校，江苏人民出版社 1988 年版。

[英] 杰弗里·帕克：《城邦：从古希腊到当代》，石衡潭译，山东画报出版社 2007 年版。

[美] 卡尔·瑞贝尔：《世界大舞台——十九、二十世纪之交中国的民族主义》，高瑾译，生活·读书·新知三联书店 2008 年版。

[英] 雷蒙·威廉斯：《乡村与城市》，韩子满、刘戈、徐珊珊译，商务印书馆 2013 年版。

[美] 约瑟夫·列文森：《儒教中国及其现代命运》，郑大华、任菁译，广西师范大学出版社 2009 年版。

[美] 刘易斯·芒福德：《城市发展史——起源、演变和前景》，宋俊岭、倪文彦译，中国建筑工业出版社 2005 年版。

[美] E. A. 罗斯：《罗斯眼中的中国》，晓凯译，重庆出版社 2004 年版。

[美] 罗兹·墨菲：《上海——现代中国的钥匙》，上海社会科学院历史研究所译，上海人民出版社 1986 年版。

[德] 马克斯·韦伯：《经济与社会》（下），林荣远译，商务印书馆 1997 年版。

[美] 史明正：《走向近代化的北京城：城市建设与社会变革》，王业农、周卫红译，北京大学出版社 1995 年版。

[美] 史书美：《现代的诱惑：书写半殖民地中国的现代主义（1917—1937）》，何恬译，江苏人民出版社 2007 年版。

[美] 汪敬虞：《中国资本主义的发展和不发展》，李伯重、连玲玲

译，经济管理出版社2007年版。

［美］周锡瑞：《改良与革命——辛亥革命在两湖》，杨慎之译，中华书局1982年版。

（三）期刊、论文

董佳：《首都营造与民国政治：南京〈首都计划〉研究》，《学术界》2012年第5期。

黄兴涛：《晚清民初现代"文明"和"文化"概念的形成及其历史实践》，《近代史研究》2006年第6期。

李百浩、熊浩：《近代南京城市转型与城市规划的历史研究》，《城市规划》2003年第10期。

李百浩、吴皓：《中国近代城市规划史上的民族主义思潮》，《城市规划学刊》2010年第4期。

童乔慧等：《近代青岛城市与建筑的现代转型初探：1929年—1937年》，《华中建筑》2009年第10期。

王先明：《现代化进程与近代中国的乡村危机述略》，《福建论坛（人文社会科学版）》2013年第9期。

熊鲁霞：《走近编制"1946年大上海都市计划"的中国规划先辈（上）》，《上海城市规划》2012年第3期。

张庆军：《民国时期都市人口结构分析》，《民国档案》1992年第1期。

赵可：《孙科与20年代初的广州市政改革》，《史学月刊》1998年第4期。

赵津：《"大上海计划"与近代中国的城市规划》，《城市》1999年第1期。

胡江伟：《中国近代城市规划中的传统思想研究》，硕士学位论文，武汉理工大学，2010年。

邱红梅：《董修甲的市政思想及其在汉口的实践》，硕士学位论文，华中师范大学，2002年。